UN GIN-TONIC PARA MAMÁ

Gill Sims

UN GIN-TONIC PARA MAMÁ

Editado por HarperCollins Ibérica, S.A.
Núñez de Balboa, 56
28001 Madrid

Un *gin-tonic* para mamá. Diario de una madre desbordada
Título original: Why Mummy Drinks
© 2017, Gill Sims
© 2019, para esta edición HarperCollins Ibérica, S.A.
Publicado por HarperCollins Publishers Limited, UK
© Traducción del inglés, Sonia Figueroa Martínez

Diseño de cubierta: © HarperCollins*Publishers* Ltd. 2017
Ilustraciones de cubierta: © Tom Gauld/Heart Agency

ISBN: 978-84-9139-240-8
Depósito legal: M-3883-2019

Para D

ÍNDICE

SEPTIEMBRE

Martes, 8 de septiembre

Primer día de cole. Este año, lo del colegio de los niños lo voy a clavar al cien por cien. ¡Yo puedo con lo que sea! Durante este curso me organizaré así:

06:00: Levantarme, ducharme, ponerme la moderna y elegante ropa sacada de mi minimalista vestuario básico que dejé preparada anoche; aplicar un maquillaje ligero a la par que sofisticado, tal y como aconsejan en Pinterest, que remataré con un lápiz de ojos elegante y ligero; secar el pelo y, siguiendo de nuevo los dictados de Pinterest, recogerlo en un moño de esos que parecen fáciles para crear en conjunto una imagen moderna a la vez que clásica y con un toque personal. Una vez que esté perfecta, arreglaré la casa para que al final de la jornada podamos regresar a un entorno sereno y acogedor.

07:00: Despertar a mis adorados muñequitos y ofrecerles un surtido de saludables desayunos caseros; contestar sonriente que claro que pueden ayudarme a preparar las tortitas o los gofres o los huevos revueltos; sonreír con amor maternal al ver la concentración que se refleja en sus caritas llenas de entusiasmo mientras colaboran en armonía para elaborar sus deliciosas creaciones mientras yo, por mi parte, preparo una cena para chuparse los dedos en la olla de cocción lenta.

07:45: Mandar a mis adorables hijitos a que se laven y se vistan, lo que huelga decir que es una actividad rápida y sencilla porque sus uniformes quedaron preparados la noche anterior. Mientras ellos se visten yo puedo meter rápidamente los platos del desayuno en el lavavajillas, y después solo tengo que sacar de la nevera las fiambreras que les dejé preparadas con la nutritiva comida del mediodía, que incluirá bocadillos decorados con caras graciosas y una amplia selección de fruta natural cortada en formas divertidas.

08:00: Cepillarle el pelo a Jane y hacerle unas trenzas o algo similar; pasar un peine por el pelo de Peter, dispondré entonces de diez minutos para contarles un bello cuento antes de dedicar cinco minutillos a unos últimos retoques finales; llega la hora de ponerse los zapatos y los abrigos.

08:25: Salir rumbo al cole, entonando quizás entusiastas canciones, y pasar por el parque para que el perro pueda correr un poco por el camino; ver a mis queridos querubines correteando entre las hojas caídas, ver cómo juegan juntos y con mi precioso perrito; sentirme satisfecha sabiendo que respirar el aire fresco y hacer ejercicio antes de entrar a clase habrá estimulado sus jóvenes cerebros y estarán listos para absorber información como esponjas.

8:50: Despedirme amorosa de mis preciosos retoños en el patio del colegio con un montón de abrazos y besos antes de regresar a casa a paso brioso con el perro y entonces, una vez que el animalito se aposente en su canasta para esperar relajado a que la chica que lo saca a pasear llegue al mediodía, montarme en mi coche recién lavado y poner rumbo al trabajo.

15:15: Recoger del cole a los dulces muñequitos. Charlar cordialmente con las otras madres en el patio sobre temas inocuos y neutrales.

15:30: Darles a los niños un tentempié nutritivo, a poder ser debería incluir granola casera; mientras ellos comen, revisar ambas mochilas y leer con detenimiento cada carta y tomar nota de todas las actividades/salidas/solicitudes. Estaría bien tener carpetas de distintos colores para cada niño donde guardar esas cartas y poder encontrarlas fácilmente cuando sea necesario. Revisar las agendas para ver los deberes que les han puesto, elaborar un horario equilibrado para que cada noche puedan completarse varias tareas.

15:45: Mandar a los niños a que se cambien de ropa para las obligadas actividades extraescolares típicas de la clase media.

16:00: Llevar a los niños a natación/música/tenis/baile/*jiu-jitsu*, tal y como debe ser; en caso de que solo uno de ellos esté haciendo alguna actividad, pasar ese rato estrechando lazos con el otro y conversar con él sobre cómo le ha ido el día o sobre sus esperanzas/sueños/ambiciones. Si los dos están practicando alguna actividad, ponerme al día con los correos electrónicos del trabajo que tenga pendientes, tal y como debe hacer una eficiente mujer trabajadora del siglo veintiuno.

17:00: Supervisar las tareas que se hayan seleccionado del horario que habrá sido planeado con tanto esmero.

17:30: Servir una cena casera que estará deliciosa y que habré preparado sin esfuerzo alguno en la olla de cocción lenta. Tomarme un breve momento para sentirme satisfecha de mí misma por lo excelente madre que soy, y sentir lástima por quienes carecen de mi aguda capacidad de organización y de mis incomparables instintos maternales.

18:00: Supervisar las prácticas de piano y repasar la ortografía y las tablas de multiplicar.

18:45: Permitir media hora de tele.

19:15: Hora del baño.

19:45: Hora de acostarse. Leer otro capítulo del educativo libro que hayan elegido los niños.

20:00: Premiarme a mí misma por mi productiva jornada con una reconfortante taza de té verde.

Este año no se va a repetir ni por asomo lo del año pasado, en el que los días acababan por ir así la mayoría de las veces:

05:00: Despertar por el ruido de un crío bajando la escalera como una tromba; bajar medio dormida y trastabillante para ver qué pasa y encontrarme al crío en cuestión encorvado en el sofá y pegado al iPad; ordenarle airada a ese endiablado monstruo malcriado que vuelva a la jodida cama de inmediato; acostarme de nuevo hirviendo de furia; dormirme de nuevo por fin justo antes de que suene la alarma del despertador.

06:00: Apagar de un manotazo la alarma del despertador.

06:10: Darle otro manotazo al despertador.

07:10: Despertarme de golpe, meterme en la ducha a toda prisa, vestirme con lo primero que tengo a mano, sufrir un pequeño sofocón porque el trasero se me ha expandido a tope y no puedo subirme las bragas más allá de las rodillas, darme cuenta de que al vestirme con tanta prisa no me he dado cuenta de que había unas bragas de Jane en mi cajón y estoy intentando ponérmelas; sollozar de alivio porque, aunque no tenga el más firme y respingón de los traseros, desafío a cualquier mujer adulta a que consiga enfundar el suyo en las bragas de una niña de ocho años. Bajar la cabeza y poner el secador al máximo, contemplar con desaliento el desmelenado pelo tipo puercoespín y recogerlo en una coleta con una goma de Hello Kitty; intentar fingir que en realidad quiero llevar una goma de Hello Kitty como reflejo de mi individualidad única y poco convencional. No lo logro ni por asomo.

07:30: Bajar a la primera planta y gritarles a mis adorados muñequitos que dejen de una vez las perniciosas maquinitas electrónicas y vengan a desayunar.

07:37: Arrebatar las perniciosas maquinitas electrónicas de las manos de los niños y vociferar que están confiscadas para siempre y ordenarles de nuevo que vengan a desayunar; los niños me miran con cara de sorpresa porque ni siquiera se habían dado cuenta de que su madre lleva siete jodidos minutos allí, actuando como una desquiciada.

07:40: Darles (por no decir lanzarles) los cereales de chocolate a los niños, hacer que dejen de pelearse por el dichoso juguete de plástico que viene en el paquete; responder once mil millones de preguntas absurdas (como que quién ganaría en una pelea, una ardilla vampiro o un gato nutria, o si los jabalís verrugosos son comestibles), gritar: «¡No lo sé!, ¡no tengo ni idea! ¡Después lo busco en Google!, ¡dejad de jugar con la comida y comed de una vez!, ¡venga, por favor, daos prisa! Pero si no es más que un plato de cereales, ¿cuánto tiempo hace falta para comérselo? ¡No, por favor, no hagas eso, vas a derramar...! ¡Sí, muy bien, te he dicho que ibas a derramarlo si hacías eso...! ¡No, déjalo, ya lo limpio yo! ¡Venga, DESAYUNAD DE UNA VEZ!».

08:00: Mandar a los niños a que se laven y se vistan; a pesar de que anoche dejé los uniformes preparados, ahora resulta que insisten en que no los encuentran y aseguran que no están allí, así que subo escalera arriba hecha un basilisco y señalo con dedo airado hacia los uniformes, que, como cada dichosa mañana, están a plena vista sobre las sillas. Al mismo tiempo, intentar dejar listas las fiambreras con el almuerzo y preparar a toda prisa en la olla de cocción lenta algo que puede que no se nieguen a comer: espaguetis a la boloñesa. Darle de comer al perro; ver cómo se traga la comida, cómo se atraganta y vomita. Limpiar la vomitona.

08:20: Intentar desenredar el pelo de Jane, que es un verdadero nudo gordiano; explicar de nuevo que NO, NO SÉ HACER TRENZAS y hacerle un par de coletas; aguantar que me diga que soy una mamá horrible porque las mamás de todas las demás niñas saben hacer trenzas y, de hecho, hasta el papá de Tilly Barker sabe hacerlas; soportar una larga diatriba en la que Jane se lamenta de que su vida ha quedado arruinada y de la completa futilidad de toda su existencia debido a su cabello carente de trenzas mientras persigo a Peter por la casa intentando alisar los extraños remolinos que le han aparecido en el pelo de la noche a la mañana, mientras él grita y me esquiva como si estuviera intentando atraparlo para clavarle agujas.

08:35: Empezar a gritarles a los niños que se pongan los zapatos y los abrigos y agarren las mochilas «¡De una vez!, ¡ya! ¡HE DICHO QUE YA!»; intentar no echar espuma por la boca de la ira al ver que me miran con cara de confusión, como si no tuvieran ni idea de que existen los zapatos, los abrigos y las mochilas; uno de ellos me informa de que hay una autorización importantísima que debe entregarse hoy sin falta; rebuscar inútilmente entre los montones de papeles, encontrar al fin la autorización; intentar sacar de donde sea las cinco libras que pone que hay que entregar, porque solo tengo un billete de veinte.

08:47: Salir por fin de casa y llevar a los niños al cole a toda prisa mientras tironeo del perro, que se queda rezagado al intentar mear en todas y cada una de las farolas.

08:57: Hacer entrar a los niños en el patio a la carrera; lanzarle una mustia sonrisa a la draconiana directora, que está plantada en la puerta para juzgar a los padres bajo el pretexto de saludarles; detener al perro al ver que va a levantar la pata para mearse en las medias de la susodicha; regresar a casa lo más rápido posible, pidiéndole perdón al pobre perro en voz baja porque no ha podido dar un paseo en condiciones.

09:07: Dejarle una nota a la chica que saca al perro para ver si puede alargar el paseo cinco minutos más de lo normal si tiene tiempo, meterme apresuradamente en el coche, preguntarme vagamente a qué huele y poner rumbo al trabajo intentando maquillarme mientras intento convencerme de que aplicarse pintalabios mientras conduces no es peligroso ni ilegal. Intentar no pensar en que la casa ha quedado hecha un arrasado cráter infernal.

15:15: Recoger a los niños del cole; conversar distraída con otros padres mientras intento eludir al Aquelarre de Mamás Jodidamente Perfectas cuya cabecilla es la Más Perfecta de Todas, la Mamá Perfecta de la Perfecta Lucy Atkinson; intentar evitar otra metedura de pata más, como afirmar, por ejemplo, que cierto presentador muy querido de un programa infantil me parece un pervertido.

15:30: Darles patatas fritas a los niños mientras intento lidiar con el caos.

15:45: Decirles a los niños que vayan a cambiarse para las actividades extraescolares propias de la clase media; discutir con ellos para intentar hacerles entender por qué tienen que ir y por qué las clase de natación/música/tenis/baile/*jiu-jitsu* no son una absurda pérdida de tiempo; oír cómo me dicen de nuevo que soy una mamá estúpida que estoy echándoles a perder la vida; jurar que si vuelvo a oír una vez más las palabras «Pero ¡no es justo!» no seré responsable de mis actos; decirle a Peter que no quiero subir a oler el pedo que acaba de tirarse; subir y encontrar la ropa que, según afirman ellos de nuevo, se ha esfumado; intentar ir al lavabo, encontrarme un truño enorme en todo su esplendor, despotricar largo y tendido sobre el Cagón Fantasma mientras los niños deambulan de acá para allá con solo los pantalones puestos; pasar diez minutos como mínimo insistiendo a gritos en que «¡Nos vamos en CINCO MINUTOS!»; me dicen otra vez que no es justo, así que contesto con sequedad que la vida no es justa; preguntarme cuándo voy a poder tomarme una copa de vino.

16:05: Llevar a los niños a actividades inútiles y ridículas típicas de la clase media a las que ni siquiera quieren ir en un vano intento de conseguir que se conviertan en miembros cabales de la sociedad; si uno de ellos está realizando una actividad, permitir que el otro juegue con alguna maquinita electrónica a pesar de las amenazas huecas de confiscación eterna de esta mañana mientras espío a unos y otros en Facebook con el móvil; en caso de que ambos estén realizando alguna actividad, abrir mensajes electrónicos del trabajo, contemplarlos con desaliento y proceder entonces a espiar a unos y otros en Facebook.

17:00: Ceder ante el clamor y permitir que los niños pasen más tiempo con las maquinitas electrónicas.

17:30: Darme cuenta de que esta mañana no encendí la dichosa mierda de olla de cocción lenta, joder; optar por servirles a los niños pasta con queso y obligarles a comer después una pieza de fruta en un débil intento de darles algo nutritivo; buscar en Google lo que es el escorbuto en cuanto se ponen a protestar y mostrarles imágenes, ellos afirman que les importa un bledo enfermar.

18:00: Preguntar si tienen deberes, me aseguran con rotundidad que no; permitir que pasen cinco minutos más, solo cinco, con las maquinitas electrónicas; abrir botella de vino; intentar adecentar el estercolero en el que se ha convertido la que alguna vez fue mi elegante e impecablemente decorada casa.

18:30: Decirles a los niños que apaguen las maquinitas electrónicas y se pongan a practicar con el piano/la ortografía/las tablas de multiplicar mientras yo paso la aspiradora y cargo la lavadora once mil millones de veces.

18:45: Darme cuenta de que reina un silencio de lo más sospechoso y no se oye ni el piano ni ninguna otra cosa; descubrir que los niños se han limitado a cambiar una maquinita electrónica por otra alegando que yo solo les dije que tenían que dejar sus iPod, que no mencioné las demás.

19:00: Decirles a los niños que es hora de bañarse, ellos afirman que tienen que hacer unos deberes de vital importancia que deben entregar mañana; mascullar en voz baja todas las palabrotas que me sé; hacer los deberes con los niños mientras intento reprimir las ganas de preguntarles si realmente son tan bobos al ver que afirman que no se acuerdan de cuál es el número que le sigue al tres y que donde pone p-e-r-r-o se lee «gato».

20:30: Tener por fin a los niños bañados y acostados. Caer rendida en el sofá y trincarme de golpe el vino que serví a las seis de la tarde y que no he tenido oportunidad de beberme hasta ahora; murmurar «¡Qué asco de vida!» repetidamente mientras mi alma se marchita poco a poco.

Sí, no hay duda de que este año va a ser mucho mejor, seré mucho más organizada. A ver, aún no he tenido tiempo de comprar las fiambreras ni el minimalista vestuario básico, y tendré que tomarle el gusto al té verde (me parece asqueroso), y aún no le he pillado el truquillo a lo del lápiz de ojos elegante y ligero ni a lo de hacer trenzas, pero tengo la serena convicción de que esos no son más que meros detalles dentro de mi gran plan maestro.

Viernes, 11 de septiembre

No me jodas, hoy cumplo los treinta y nueve. ¡No quiero tener treinta y nueve años! ¿Cómo habré llegado hasta aquí?, ¿cuándo habrá sido? Se suponía que no iba a pasar de los veintiocho como mucho (e incluso eso ya me parecía de una decrepitud inimaginable), y ahora veo que se ciernen ante mí los cuarenta y un futuro que seguramente consistirá en faldas con estampados extravagantes de empresas de venta por catálogo y, si me siento realmente atrevida, puede que algún que otro vistoso pañuelo para el cuello de esos que te sirven para decir «¡Mirad qué pedazo de personalidad tengo!».

Veo ante mí un futuro en el que mi vida social se reduce a gente preguntándome si quiero ir a sus clases avanzadas de yoga o a sus correctísimos clubes de lectura, unos clubes donde solo se leen libros serios y que te ayudan a cultivarte y donde todos llevan sus vistosos pañuelos para el cuello sobre jerséis de cuello cisne y se achispan con tomarse una copa de un neutral Pinot Grigio. Y entonces dicen cosas como «¡Anda! ¡No me digas que vas a tomarte otra copa! ¡Qué valiente eres!» mientras yo reprimo el impulso de contestar que la verdad es que no soy valiente, que no lo soy para nada porque una persona valiente sería capaz de soportar sus dichosos parloteos absurdos sin ayuda de anestesia; de hecho, lo que necesito para aguantarlos no es otra copa de este vino barato, sino una botella entera de vodka y hasta puede que un poco de crac. Y por favor, por el amor de Dios, ¿POR QUÉ SOIS TODOS TAN ABURRIDOS?

Si aguanto las ganas de gritarles eso a las Otras Madres, puede que el tedio del club de lectura se vea aliviado por la esporádica invitación a una reunión de esas en las que te venden bisutería por catálogo, y donde por lo menos la bebida fluye con menos reparos para incitarte a comprar, comprar y comprar. Pero entonces, al despertar al día siguiente, me llevaré un sofoco al darme cuenta de que he gastado 150 libras que no tengo en unas baratijas de pacotilla que no necesito.

Siempre había dado por hecho que, en el improbable caso de llegar a los cuarenta, sería una elegante y sofisticada mujer de mundo capaz de hablar francés con fluidez, con un empleo lucrativo a la par que humanitario y con amplios conocimientos en arte y literatura y política..., en fin, una de esas personas a las que la gente se acerca en fiestas de alto copete para preguntarles su opinión sobre la situación en Oriente Medio. Y tendríamos entonces una ilustrada e instructiva conversación sobre el tema, durante la cual quedaría patente que soy mucho más inteligente que ellos.

Y, en vez de eso, la gente se me acerca en las fiestas porque alguien ha dicho que tengo pitis; y la realidad es que tengo un aburrido trabajo de informática a tiempo parcial porque lo puedo combinar con el horario de los niños y así me ahorro lo que me costaría dejarlos al cuidado de alguien, por lo que mi amplia y cara educación no me sirve de nada. A veces, en las épocas más disfuncionales de cuando era una veinteañera, quería ser mayor y más madura..., la yo de los veintipico era tonta de remate.

Ahora, lo de ser una mujer madura suena horrible. No quiero adentrarme en ese crepúsculo de mujeres con peinados sensatos que «viven para sus hijos», que se quedan en el patio intentando superarse las unas a las otras contando el sinfín de actividades extraescolares y de logros de sus dichosos retoños, que compiten por ver qué marido tiene el empleo más importante y alardean de sus más recientes vacaciones exóticas.

Quiero beber *whisky* en exceso en clubes de *jazz* con el ambiente cargado, vestida con una faldita inapropiada mientras un hombre que no me conviene me susurra al oído.

Quiero un empleo interesante que requiera mi ingenio y mi inteligencia (estoy convencida de que aún me queda algo de ambas cosas en alguna parte...).

Quiero emoción y romance y peligro de nuevo.

Quiero huir a París y enamorarme en un desván (pero sin la pobreza y el hambre, claro).

Aunque me parece que tanto Simon como los niños le encontrarían algunas pegas a mi plan, y eso sin tener en cuenta que el *jazz* no me gusta lo más mínimo.

Sábado, 12 de septiembre

Nada de clubes de *jazz* de ambiente cargado, de desvanes parisinos ni de hombres que no me convienen, anoche Simon me llevó a comer unas tapas para celebrar mi cumpleaños y me achispé un poco más de lo planeado. Lo de la faldita inapropiada y el *whisky* sí que lo conseguí, lástima que dicho *whisky* tan solo fuera parte de un cóctel en un bar alternativo muy pretencioso; en fin, mucho me temo que los bares alternativos son los clubes de *jazz* de hoy en día, ahora que está prohibido fumar en todas partes.

También tengo un vago y desafortunado recuerdo de haber gritado «¡*Hipsters* pretenciosos!» un poquitín más alto de lo que pretendía antes de que Simon lograra sacarme de allí y me llevara a un bar menos pretencioso, uno donde había vasos propiamente dichos en vez de tarros de mermelada. Las pruebas que quedaron en mi móvil sugieren que, llegados a ese punto, ya nos habíamos quedado sin tema de conversación y que básicamente me dediqué a tomar un montón de *selfies* y de fotos de mis cócteles y a publicarlos en Facebook con comentarios ilegibles, pero para entonces ya eran las once y media de la noche más o menos y Simon tenía que irse a casa a dormir si no quería convertirse en una calabaza; aun así, por sorprendente que pueda parecer, habíamos logrado ir encontrando suficientes cosas de las que hablar, así que no tuve que recurrir a publicar en Instagram alguna foto desagradable de mi cena.

La verdad es que esta mañana desperté sintiéndome de maravilla, además de muy ufana por haber sido avispada y haberme limitado a beber cócteles en vez de mezclar bebidas y que los dientes se me mancharan con el vino tinto. No, esta vez no caí en eso, ¡claro que no! Fui la viva estampa del más elegante y femenino refinamiento tomando con delicadeza mis cócteles.

Pero entonces salí de la cama y me sentí un poco menos ufana, y el dolor ha ido en aumento desde entonces. No tardé en darme cuenta de que, de hecho, no tengo nada de avispada, porque al final resulta que no había logrado esquivar la bala de la resaca y tenía una de esas épicas que se cuecen a fuego lento (una de esas que te engañan haciéndote creer que estás bien, así que comienzas con la rutina diaria con normalidad, pero que de repente te golpean de lleno en la cabeza cual gorila salvaje y lo único que quieres es morirte). Tengo la impresión de que un tejón se me cagó en la boca.

La resaca también trajo consigo unos recuerdos horripilantes. Después del pretencioso cóctel de *whisky* había pasado a tomar otros de ginebra, y me vino a la mente alguna que otra desafortunada escena en la que me vi sollozando en el taxi de vuelta a casa, atenazada por el miedo provocado por la ginebra, preguntándole al taxista si le parecía que tengo pinta de ir a cumplir los cuarenta el año que viene. Me parece que contestó que no, pero lo más probable es que no lo dijera con sinceridad, sino por miedo.

Y entonces, cuando estaba rezando para que el dolor se desvaneciera, Hannah llamó hecha un mar de lágrimas para decirme que Dan iba a dejarla. La verdad es que no hay gran cosa que decir cuando tu mejor amiga del mundo mundial te llama para informarte de que el capullo de su marido piensa dejarla aparte de «¿Quieres venir a casa?» y «No, qué va, puedes traerte a los niños sin ningún problema».

Huelga decir que Hannah está hecha polvo y que yo lo lamento mucho por ella, pero, para ser totalmente sincera, los demás nunca pudimos entender qué le veía a Dan, quien se las ingeniaba para ser al mismo tiempo el hombre más aburrido del mundo y un asqueroso y ruin controlador obsesivo. En fin, una no puede decir estas cosas por si el tipo cambia de opinión, claro, o por si mi amiga pierde la cabeza y accede a volver con él, pero la verdad es que lo más probable es que esto acabe siendo algo muy, pero que muy positivo para ella. Ah, y tampoco dije en ningún momento «Por favor, ¿podrías llorar más flojito? Es que me duele mucho la cabeza y me parece que voy a vomitar de un momento a otro». No sé si eso me convierte en una amiga buena o mala.

Miércoles, 16 de septiembre

Hoy, como parte de mi excelente determinación de ser una mamá mejor, más cariñosa y atenta, en vez de llegar jadeante a la puerta del cole a las 08:59 gritando «¡Vamos!, ¡corred! ¡Llegamos tarde! ¡Llegamos tarde!!!», he llegado a las 08:50 y he entrado en el patio con los niños mientras charlaba con ellos animadamente sobre lo que creen que van a hacer hoy y las divertidas actividades que les depara este nuevo curso.

Por desgracia, hete aquí que, cuando estaba despidiéndome con la mano de mis pequeñines, la Perfecta Mamá de la Jodidamente Perfecta Lucy Atkinson y su Aquelarre de Jodidamente Perfectas Mamás se abalanzaron sobre mí como aves de presa para preguntarme si había tenido «unas buenas vacaciones». Las preguntas de esa índole siempre se formulan ladeando un poco la cabeza simulando empatía y con un brillo acerado en la mirada. Les importa un comino cómo me han ido las vacaciones, tan solo quieren asegurarse de que me entere de que han estado en la Toscana o en Barbados, y comprobar que yo no haya estado en algún lugar mejor que ellas para poder alardear modestamente sobre cuánto desearían haber podido disfrutar de unas «vacaciones tan agradables y simples como las tuyas» mientras al mismo tiempo presumen de su bronceado.

Huelga decir que no tuve «unas buenas vacaciones» porque eso implica holgazanear en algún lugar lujoso, y leer libros espléndidos de autoras como Jilly Cooper y Penny Vincenzi mientras un hombre de lo más atento te trae cócteles. Gritarle a Simon medio borracha que a ver qué es lo que puede hacer con la ginebra Aldi y la botella poco fiable de un licor indeterminado que compramos en Malta hace doce años y que siempre nos ha dado miedo abrir, mientras echo un vistazo en Netflix en busca de algo, lo que sea, que los niños no hayan visto aparte de la serie *The Inbetweeners* (que resulta que no es nada apropiada para niños, tal y como quedó patente cuando Peter le preguntó a su profesora cómo iba al cole y le dijo a continuación que era una *follautobuses*), no son «unas buenas vacaciones». Pero no iba a admitir eso ante el Aquelarre Jodidamente Perfecto, por supuesto.

Así que empezamos con el jueguecito de rigor. Ellas me preguntaron si nos habíamos limitado a quedarnos en casa, y entonces comentaron quejicosas lo exhaustas que estaban por haber tenido que acarrear solitas con su multitud de hijos perfectos por todo el mundo porque la niñera se había empeñado en tomarse una semana libre para visitar a su familia; yo, mientras tanto, sonreí y apreté los dientes y me juré a mí misma que la próxima que hiciera un comentario condescendiente recibiría un sonoro porrazo en la cabeza con su propio bolso Céline azul celeste (jamás haría tal cosa, por supuesto. La aporrearía con el mío barato de Primarni, y me quedaría el Céline mientras ella aún estuviera atontada por el golpe).

Por el amor de Dios, ¿es de extrañar que beba si tengo que aguantar al Aquelarre? ¡Lo raro es que no beba más! Esta noche iba a portarme muy bien, pero después del Aquelarre y de que Peter pasara una hora contándome «chistes» al salir del cole (el mejor de todos fue: «¿Qué sale al cruzar una cabra con la luna? ¡Una cabra lunática!». Los otros eran incluso peores...) me quedé un poco hecha polvo, así que cuando vi que había una botella de Sauvignon Blanc en la nevera a la que solo le quedaba un vaso más o menos, me pareció una grosería dejar al pobre vino ahí solito cuando podía ser feliz uniéndose a sus compañeros de la noche anterior; de hecho, al final resultó ser un vaso bastante grande.

Viernes, 18 de septiembre

El vino es mi amigo, y también el de Hannah. Cuando ella vino a casa obligó a Dan a quedarse cuidando a sus propios hijos, nos trincamos un montón de vino rosado y gritamos a diestro y siniestro «¡Dan es un capullo!». Simon se escondió de Hannah porque en el mejor de los casos le cuesta lidiar con mujeres que están sensibles, y ni te cuento si es más que probable que la mejor amiga de su esposa vaya a romper a llorar frente a él y pueda verse obligado a hablar sobre sentimientos. La idea que tiene él de una conversación franca y abierta sobre las emociones de una es darte unas palmaditas en el brazo con nerviosismo y murmurar «Tranquila, tranquila» mientras busca frenético la vía de escape más cercana.

Hannah y yo nos las ingeniamos para acorralarlo en un momento dado, cuando estaba intentando escabullirse a la cocina para abrirse otra cerveza al creer que estábamos distraídas cantando canciones de Gloria Gaynor, e insistimos en que antes de irse tenía que admitir que Dan es un soberano imbécil; por suerte, a él tampoco le cayó bien nunca y, de hecho, comentaba a menudo que el tipo parecía un *goblin* (lo cual es bastante cierto), así que no existió ese aburrido momento tan incómodo en el que él podría haber salido con lo de no querer tomar partido por nadie, porque huelga decir que no existe ni la más mínima duda de que tiene que estar de parte de Hannah (ella es mi mejor amiga y él mi marido, así que está obligado a ponerse del lado que yo le diga). Obviamente, yo haría lo mismo por él si alguno de sus amigos se divorciara y afirmara que su esposa es una zorra descarada..., bueno, a no ser que se tratara de alguno de sus amigos capullos, por supuesto.

Me temo que el vino no será nuestro amigo mañana.

Lunes, 21 de septiembre

Esta mañana ha habido mucho revuelo en el patio del colegio. Había un hombre, ¡un hombre! Por supuesto que no es la primera vez que aparece uno por allí (este barrio no es calcado del todo al de *Las mujeres perfectas*), pero los hombres que aparecen por el patio suelen pertenecer a dos grupos: unos son Papás Superocupados e Importantes Trajeados que entran y salen como una exhalación, que lanzan a sus hijos desde la puerta o los meten medio a rastras a toda velocidad mientras hablan en voz bien alta por el móvil para que los demás seamos plenamente conscientes de que están Superocupados y son Megaimportantes y si están aquí es solo porque la niñera ha sido una desconsiderada y ha enfermado de apendicitis; los otros son Papás Amos de Casa y son encantadores, pero siempre da la impresión de que les haría falta asearse un poco y parecen estar un poco perdidos y al borde de las lágrimas. Hay otros muchos hombres perfectamente agradables y normales que traen a sus hijos al cole en alguna que otra ocasión, pero esos pasan desapercibidos y ni destacan ni encajan en una de las categorías anteriores.

Hoy, sin embargo... ¡Hoy ha aparecido un Hombre Sexi! Sí, vale, no es la primera vez que pasa, pero el otro «hombre» en cuestión fue el novio francés de treinta y tres años de una de las guapas niñeras, y todas nos sentimos como las renqueantes y encantadoras viejecitas cachondas de Harry Enfield mientras le observábamos con disimulo y murmurábamos entre nosotras «¡Qué jovenzuelo!» entre risitas lascivas. Él no volvió a aparecer por allí. Qué raro, ¿verdad?

El hombre que ha aparecido ahora es sexi y tiene una edad apropiada. Va del rollo ese de pelo revuelto, barba incipiente y chaqueta de cuero, pero le sienta realmente bien (una no piensa «Qué pena da, está en plena crisis de los cuarenta»); de hecho, tiene pinta de ser justo el tipo de hombre que se sentaría junto a ti en un club de *jazz* de ambiente cargado y te susurraría propuestas indecentes al oído. Ah, y tiene un trasero que no está nada mal.

Yo, respetable mujer de treinta y nueve años, casada y madre de dos hijos, estoy avergonzadísima de mí misma por haber estado admirando el trasero de un hombre en el patio del cole, rodeada de los inocentes corazones y mentes de inocentes criaturitas, pero..., joder, es que era un culo realmente impresionante. Además, Simon puede afirmar hasta la saciedad que no mira los traseros de las *au pairs* cuando va a recoger a los niños, pero miente como un bellaco porque es imposible pasarlos por alto. Las mamás pasamos mucho tiempo debatiendo en el patio sobre si nosotras tuvimos alguna vez un trasero como el de ellas y, tras darle muchas vueltas al asunto, la conclusión es que probablemente no porque somos británicas y, por tanto, pasamos nuestros años de formación bebiendo sidra y comiendo patatas fritas a diferencia de la sana gente del continente, que come ensalada y monta en bici.

En fin, volvamos al estupendo trasero del hombre en cuestión. Incluso la Perfecta Mamá de la Perfecta Lucy Atkinson estaba con las hormonas revueltas (va a pillar candidiasis como siga mojando de la excitación esos pantalones de deporte que lleva puestos). Los tambores de la jungla ya habían empezado a sonar, por supuesto, así que la susodicha pudo revelar sin apenas aliento que el nombre del foco de nuestra atención es Sam (tal y como era de esperar. Está claro que un culo tan espléndido y masculino como ese tenía que tener un nombre sólido, práctico y varonil como «Sam», que semejante culo no podía llamarse «Norman» o algo así). Es un padre soltero porque su mujer lo dejó por otro y fue tan insensible como para abandonar también a los niños (por Dios, ¿qué clase de trasero tendría el tipo por el que le dejó?), también trabaja de informático (¿en serio? No lo parece, pero... ¡vaya, vaya! ¡Tenemos algo en común!) y tiene dos hijos, un niño que está en la clase de Peter y una niña que está en la de Jane (¡más cosas en común!).

¿Sería una persona horrible si intentara alentar a mis hijos a hacerse amigos de los suyos para poder ver mejor ese magnífico trasero? Sí, por supuesto que sí, pero saltaba a la vista que todas y cada una de las madres que tienen hijos en esas clases estaban pensando lo mismo.

Mis adorados muñequitos aportaron muy poca información sobre sus nuevos compañeros de clase. Jane logró recordar que la niña se llama Sophie y que es «bastante simpática»; Peter, por su parte, se quedó mirándome con cara de no entender nada y al final dijo «Ah, te refieres a Elliot, ¿no? El que tenía los Monstruos Moshi superraros». Mis hijos me desesperan a veces.

Por supuestísimo, si voy a empezar a peinarme bien y a ponerme algo de maquillaje extra al llevar y traer a los niños del cole no es más que por mi decisión de poner algo más de empeño y dejar de ser una dejada perezosa. El hecho de que Sam y su culo hayan aparecido en el patio es una mera coincidencia, nada más.

Miércoles, 23 de septiembre

Jane me recordó a las ocho y media de esta mañana que hoy tenía una excursión, lo que provocó que cundiera el pánico mientras me esforzaba por recordar si había firmado el permiso y le había entregado al colegio la enorme suma de dinero que parece ser que cuesta llevar a los niños a visitar un lugar de entrada libre (al parecer, lo de alquilar autobuses es carísimo. Quizás debería plantearme cambiar de trabajo, comprar un autobús y ofrecer mis servicios. A Edie McCredie parecía gustarle su trabajo en *Balamory*, aunque... ahora no sabría decir si era conductora de autobús o taxista y me niego a buscar la serie en Google por una cuestión de principios, ya que esos días han quedado atrás. No me apetece ver de nuevo la sonrisa fija de la señorita Hoolie ni plantearme por qué Archie el Inventor tenía tantos botes de yogurt, ni preguntarme si Josie Jump se ponía hasta el culo de anfetas. A la mierda, lo he buscado en Google y al final resulta que Edie sí que era conductora de autobús, ahora me siento sucia).

A las 08:40, Jane me preguntó como si tal cosa si me hacía ilusión ir a la excursión, y me dieron ganas de tirarme de los pelos. No había marcado la casilla de *Me gustaría ayudar*, ¿verdad? Pues sí, sí que lo había hecho, aunque no alcanzo a entender por qué..., a lo mejor estaba enfadada cuando rellené el formulario, es lo único que se me ocurre para explicar por qué me ofrecí a ayudar en mi día libre (yo lo llamo mi «Día para intentar que la casa se parezca menos a un estercolero», y el idiota de Simon mi «Día para tomar café»). Pero es que no solo marqué por error la casilla, sino que además no me molesté en revisar las agendas de los niños y no vi el mensaje en el que la Encantadora Profesora me emplazaba con toda amabilidad a ayudar a supervisar a los querubines, lo cual es una tarea similar a intentar arrear una manada de gatos.

Diez minutos, ese era todo el tiempo que tenía. Diez breves minutos para lograr tener un aspecto presentable y respetable... y también un poco sexi, por si el culo de Sam también iba a la excursión..., ¡no! ¡Mal, muy mal! ¡Chica mala! Daba igual que el culo de Sam fuese o dejase de ir, yo no tenía por qué estar sexi.

Al final opté por cepillarme los dientes, recoger mi rebelde cabello en una coleta y ponerme algo de maquillaje para disimular la mayor parte del desastre. Cuando llegué al patio del colegio agradecí no haber tenido tiempo de transformarme en una radiante y esplendorosa Diosa Sexual, porque el lugar era un húmedo mar de brillantes pintalabios y pestañas batiéndose con coquetería y jerséis un poco más ajustados de la cuenta. Estaba claro que todas habían tenido los mismos pensamientos impuros sobre el culo de Sam, pero no había ni rastro del sagrado culo en cuestión porque fue la niñera quien se encargó de traer a los niños (por cierto, debo decir que ella también iba bastante provocativa).

Sobra decir que la excursión fue un suplicio. No tenía ni idea del pestazo que puede crearse en un autobús lleno de niños, ¿qué les dan de comer sus padres? Treinta niños confinados en un espacio reducido, tirándose pedos sin parar desde que subimos al autobús hasta que llegamos al enorme museo donde había un sinfín de artefactos de incalculable valor que habrían de contribuir a su aprendizaje, mientras los adultos nos esforzábamos por intentar evitar que robaran algo o que hicieran algún destrozo. Para cuando bajamos del autobús, me lloraban los ojos y me ardían los pulmones; el pestazo era tan grande que llegué a pensar que alguno se había cagado encima.

Habría que facilitarles a los profesores máscaras de oxígeno si van a tener que pasar el día entero metidos en esa neblina fétida, aunque cuando le comenté lo de los pedos a la Encantadora Profesora se echó a reír y me aseguró que al final una deja de notarlo, pero yo dudo mucho que sea así. El año pasado, Peter llegó muy ufano a casa un día y anunció con orgullo que se había tirado un pedo tan apestoso que su profe se había sentido descompuesta. Debo admitir que mi hijo es bastante guarro, a una pobre niña tuvieron que sentarla lejos de él porque el hecho de que Peter se tirara pedos y se desternillara de risa cada vez que lo hacía no la dejaba concentrarse. Cabría pensar que vivir con él y con mi fétido perro (tiene el estómago bastante suelto) me harían inmune al hedor, pero no ha sido así. Quién sabe, puede que la Encantadora Profesora esté tomando alguna medicación. Eso explicaría muchas cosas.

En fin, la cuestión es que la excursión fue una pesadilla. Los niños se descontrolaron. Vi a Freddie Dawkins restregando mocos sobre una de las vitrinas, pero, como ahora todo el mundo está bajo sospecha de ser un pedófilo, al menos no tuve que llevar a nadie al lavabo.

Parece ser que los niños estaban allí para aprender de la cultura egipcia, pero a mí me parece que no aprendieron nada de nada aparte de cómo malgastar el dinero en las bagatelas de la tienda de regalos. Jane parecía estar convencida de que yo estaba allí para suministrarle una cantidad ilimitada de dinero con la que comprar todas y cada una de las ya mencionadas bagatelas, y se puso de morros cuando me negué a gastarme 35 libras en un paraguas decorado con una bailarina. ¿35 libras por un paraguas? ¡Venga ya! Yo ni siquiera sabía que fuera posible gastarse esa cantidad en un paraguas aunque, a decir verdad, suelo comprar los míos de los baratos y en cuanto los uso tres veces la palman o los pierdo, así que en el cómputo global supongo que me he gastado bastante más de 35 libras en paraguas a lo largo de los años. Puede que sea eso, un paraguas con personalidad, lo que le falta a mi vida. Quizás hubiera tenido que comprarle a Jane el paraguas de 35 libras, puede que con eso hubiera contribuido a que ella crezca y se convierta en una adulta cabal y equilibrada que al acercarse a los cuarenta no esté preguntándose cuándo se ha hecho mayor. ¡Mierda, he vuelto a incumplir mi deber como madre!

Dado que soy una persona virtuosa y santa que colabora con las excursiones del cole y no se pintarrajea la cara como una arpía para atraer la atención de un hombre de culo imponente, me he ganado el derecho a beber vino en miércoles, aunque mañana tengo que ir a mi aburrido trabajo porque resulta que los autobuses son muy caros y tienes que hacer un examen para poder conducir uno. Me saqué el carné de conducir a duras penas llevando un coche muy pequeño (hice tantos intentos con el mismo examinador que al final me dijo que si me aprobaba tan solo era porque habían empezado a surgir habladurías sobre nosotros), así que ni de coña podría aprobar un examen conduciendo un enorme autobús.

Viernes, 25 de septiembre

Respira, respira, respira. Hoy solo tenía media jornada de trabajo porque tenía hora en el médico y no valía la pena volver para trabajar media hora más antes de ir a por los niños, así que saqué a pasear al perro por el parque antes de que terminaran las clases. Y mira por dónde, me encontré ni más ni menos que al guapísimo Sam y a su culo cuando estaba persiguiendo al marrano de mi perro alrededor del estanque de los patos, exigiéndole a gritos que volviera y que dejara de intentar hacerles eso a los patos. Sam estaba paseando a su perro (un staffie precioso) y, aunque el mío me dejó en ridículo portándose mal, como de costumbre, al menos decidió correr hacia Sam y empezar a dar saltitos a su alrededor como un desquiciado mientras yo le gritaba en vano que parara. Lo bueno es que eso me dio una excelente excusa para hablar con Sam sin dar la imagen de una golfa patética y desesperada (porque es mucho mejor la imagen de escandalosa dueña de un terrier, claro). Así que charlamos sobre los perros (descubrimos que ambos habíamos adoptado al nuestro en una protectora), y entonces me dijo que me había visto en el colegio (¡cielo santo!) y me preguntó si nuestros hijos no estaban en las mismas clases.

¡Sam se había dado cuenta de que existo! ¡Se había fijado en mí!, ¡en mí!

Y entonces va y me dice (ahí me llevé una pequeña decepción, porque de sus palabras podría deducirse quizás que si se había dado cuenta de que existo es porque Sophie le había dicho que soy la madre de Jane, no porque quedara maravillado desde el otro extremo del patio al verme ayer tan impactante con mis medias rotas y mi pelo encrespado por la lluvia) que Sophie le había comentado que Jane le caía bien y que le gustaría que fuera a jugar a su casa después del cole, que qué tal me iba esa misma tarde; ah, y que también llevara a Peter para que jugara con su hijo, Toby.

Titubeé por un segundo mientras me preguntaba si podría ingeniármelas para lograr que me incluyera también en la invitación... solo para husmear un poco por su casa y ver si es tan perfecto y maravilloso como parece, y también porque así podría mencionarlo como si tal cosa durante alguna conversación con el Aquelarre de Mamás Jodidamente Perfectas que han estado cotorreando sobre él como una bandada de pajarracas con las hormonas revueltas, pero que, por lo que yo sé, no han recibido invitación alguna ni para ellas ni para sus respectivos hijos. Y entonces Sam me dijo: «Ya sé que es un poco raro que tus hijos vayan a casa de un desconocido, así que no dudes en venir con ellos, por favor. Es comprensible». ¡Ja! Así que podía ir a su casa y me había librado de nuevo de parecer una desesperada patética, aunque lo malo era que él creía que yo creía que él podría ser un pedófilo o un traficante de niños o el jefe de una banda criminal. No se puede tener todo en esta vida.

La verdad es que la casa de Sam no se parece en nada a lo que me esperaba. Yo me lo había imaginado viviendo en una caja de cristal supermoderna y llena de aparatos de última generación, con muebles elegantes a la par que incómodos del siglo veinte (básicamente, algo digno de salir en *Grand Designs*; el concepto de casa que tanto le gusta a Simon y en el que no podrían faltar las sillas de Mies van der Rohe con las que tanto sueña mi marido y que no podemos permitirnos comprar porque, para empezar, el perro marrano las mordisquearía y los niños saltarían sobre ellas y las romperían).

A decir verdad, la casa encaja mucho más con mi idea de lo que es un hogar. Hay sofás mullidos, preciosos muebles franceses pintados y un desorden moderado que no tiene nada que ver con el desorden caótico que hay en la mía. Tuve la falta de tacto de hacerle un comentario a Sam al respecto, pero él fue muy amable y me aseguró que el hecho de que no hubiera más desorden se debía en gran medida a que acababa de mudarse a vivir allí y la mitad de los muebles y demás se los había quedado Robyn, su pareja, después de la ruptura; al parecer, la tal Robyn es diseñadora de interiores, y de ahí la proliferación de cosas monísimas.

Estaba deseando sacarle más información sobre la errante Robyn. Me moría por saber cómo y por qué había dejado a un hombre como Sam, quien sumaba más puntos aún a su perfección general por tener galletitas de menta (las reinas de las galletitas), pero él cambió de tema con firmeza y acabamos por hablar sobre las distintas actividades extraescolares que hay disponibles para los niños en la zona y que, aunque buenas, no valen las grandes sumas de dinero que cuestan. Fue una conversación aburrida, pero que no conllevaba riesgo alguno y con la que yo no tenía ni la más mínima oportunidad de decir cosas como: «¿Te molestaría mucho que te chupara? Es que eres bastante sexi».

Y entonces aparecieron Sophie y Jane gritando porque Toby y Peter las habían interrumpido mientras jugaban a emperifollarse y las habían atacado con pistolas Nerf. A lo mejor tendríamos que haber dado gracias a que las interrumpieran, teniendo en cuenta la cantidad de maquillaje y purpurina que ya se habían puesto a pesar de que, al parecer, el proceso de emperifollamiento tan solo estaba a medias. Entre gritos y protestas, saqué de allí a toda prisa a la joven *stripper* calcada a mí y al pequeño Rambo y los llevé medio a rastras a casa mientras aún existía una mínima posibilidad de que Sam pensara que somos una familia agradable y normal, gente con la que a sus hijos y a él podría apetecerles entablar amistad.

Y, por si fuera poco, estamos a viernes, mi día de mandarlo todo a la mierda, más conocido como «viernes *pasotil*». ¡Aleluya! Puedo renunciar a la desequilibrada batalla de intentar salvar a los niños del escorbuto, descartar el brócoli y optar por unas *pizzas* congeladas; también puedo dejar de fingir que voy a ponerles un límite de tiempo para ver la tele, enchufarles a sus niñeras electrónicas, empezar a emborracharme poco a poco con el primer vino que tenga a mano y dedicarme a cotillear los perfiles de Facebook de mis exnovios; Simon, mientras tanto, se queda dormido en el sofá por enésima vez mientras ve *Joyas sobre ruedas* y, a pesar de que ronca como un jabalí cabreado ahogándose en una cuba de gachas, me grita que está viendo el programa si intento quitarle el mando. En cualquier caso, no me serviría de mucho hacerme con el control del mando en cuestión, ya que Simon está tan desquiciado por la dichosa tecnología que por su culpa soy incapaz de usar la tele entre tantos aparatejos y dispositivos de *streaming* que, por supuesto, traen consigo sus respectivos mandos que a su vez hay que sintonizar en canales distintos. Como soy incapaz de recordar qué mando le corresponde a cada cacharrito, al final termino dándole a la desesperada a todos los botones hasta que uno de los niños se apiada de mí y pone el canal que busco.

El perro me está mirando con mucha desaprobación esta noche, me temo que ha intuido que estoy albergando pensamientos impuros sobre Sam y me considera una mujerzuela desvergonzada por haberle usado como excusa para entablar una conversación con el susodicho.

Sábado, 26 de septiembre

Simon se ha pasado la tarde en su cobertizo, y yo pintando el aparador del comedor en un intento de copiar el ambiente original y ecléctico de la casa de Sam. Mientras yo estaba ocupada con eso, los niños intentaron hacer algo creativo con lo que en el pasado fue pegamento con purpurina, pero, dado que con el paso del tiempo se había secado y yo intenté revivirlo con algo de agua tibia y cola, la sustancia con la que mis hijos estaban embadurnándose y llenando la mesa se parecía más bien al semen de un unicornio.

Simon no se lo tomó demasiado bien cuando le mostré el aparador reformado (que había quedado esplendoroso decorado con pintura a la tiza), porque parece ser que había pertenecido a su abuela y era un legado familiar. Insistió con bastante aspereza en que en vez de original me había quedado cutre, y puede que por eso mi reacción fuera un poco exagerada.

Debido a la estrechez de miras de Simon en lo que a mis esfuerzos por aportar algo de originalidad y eclecticismo a nuestro hogar se refiere, se disipó por completo cualquier reparo que hubiera podido tener en abandonarle para salir a tomar unas copas con Hannah. Él puso cara de sorprendido cuando me vio aparecer vestida para salir, bien peinada, con pintalabios y rímel; de hecho, incluso me dijo: «Estás muy bien, ¿te has arreglado por mí?», a pesar de que debía de haberle dicho como mínimo nueve veces que esa noche iba a tener que ocuparse de los niños (lo que conllevaría también lavarles la cabeza para quitarles el semen de unicornio del pelo), porque yo iba a salir para hacerle compañía a Hannah. Sus hijos iban a pasar la noche en casa de Dan, y yo no quería que ella pasara la velada sola en su casa vacía.

A lo mejor le contesté con más aspereza de la necesaria, porque le vi un poco tristón y desanimado al saber que mis esfuerzos por arreglarme no habían sido con él en mente; decidí preguntarle si le parecía que estaba guapa, y él va y me contesta: «Sí, no estás mal». Justo lo que una mujer quiere oír. Capullo.

La pobre Hannah ha vuelto a hundirse en la fosa de la desesperación al enterarse de que Dan ha estado tirándose a una zorrita veinteañera a la que conoció en el gimnasio; por si fuera poco, no se mostró ni mínimamente contrito por ello cuando le preguntó si ese era el motivo de que la hubiera dejado. Menudo cabronazo. Al menos sé que Simon no va a encontrarse a ninguna atractiva veinteañera en su cobertizo.

A lo mejor sería buena idea intentar emparejar a Hannah con Sam cuando ella haya superado un poco lo de Dan. Ayudarles a encontrar de nuevo el amor sería una acción generosa a la par que altruista y, por otra parte, un pequeño acto de contrición por el descarado encaprichamiento que tengo con él. No sé, quizás me atraería menos si estuviera emparejado. Ah, y a Dan le sacaría de quicio ver a Hannah con alguien tan imponente como Sam. Su conejita veinteañera del gimnasio no tendría nada que hacer contra semejante culo.

Pasar una velada entera oyendo a mi amiga despotricar sobre el capullo de Dan mientras compartíamos una botella de Sauvignon Blanc hizo que me sintiera inclinada a ser más comprensiva con Simon, e incluso decidí hacérselo saber a él al llegar a casa. Pero lo encontré frito en el sofá con una carrera de motos a todo volumen en la tele, no entiendo cómo puede dormir con todo ese ruido. Estaba roncando, llevaba puesto su jersey de lana más viejo y desgastado y no despertó ni cuando le lancé un cojín a la cabeza con bastante fuerza, así que le dejé allí y fui a acostarme.

No sé cuándo ha envejecido tanto, antes solíamos quedarnos despiertos hasta tarde mientras charlábamos y escuchábamos música. Ni siquiera hablábamos de algo en particular, no puede decirse que estuviéramos iluminando el mundo con nuestras opiniones radicales sobre arte y política... De hecho, no sabría decir de qué hablábamos, pero sé que lo hacíamos. Cuando le conocí era una mezcla de gótico y neorromántico, llevaba puesto un voluminoso abrigo negro que había comprado en una tienda de segunda mano y fumaba un Marlboro Red detrás de otro, y a mí me pareció de lo más interesante. Puede que él, al mirarme ahora, se pregunte también qué es lo que me ha pasado. Recuerdo aún lo que yo llevaba puesto la noche que le conocí: una minifalda negra muy corta, botas Dr. Martens, una especie de jersey de pescador que le había robado a un exnovio y una chaqueta que me quedaba grande porque era de mi padre, quien me llamaba por teléfono cada semana para pedirme que se la devolviera (pero a esas alturas no podía hacerlo, porque apestaba a humo y a hachís). Pensándolo bien, la verdad es que debía de parecer una loca, pero en aquel momento me sentía muy ufana de mí misma.

Estábamos en la universidad, en Edimburgo, y durante mi primer año allí le había visto por el campus pero no había hablado nunca con él porque era mayor que yo, iba un curso por delante de mí y se juntaba con gente bohemia que molaba mientras que yo..., en fin, yo no era bohemia ni molaba por mucho que me esforzara en lograrlo. Fue cuando estaba por terminar mi segundo año de universidad cuando se me acercó una noche en el *pub* Pear Tree y me pidió fuego, aunque más adelante me confesaría que no había sido más que una excusa para entablar conversación conmigo (posiblemente sea la cosa más absurdamente halagadora que me ha pasado en la vida).

Y hétenos aquí ahora, con dos hijos y una hipoteca un poco más alta de lo que habríamos querido, insatisfechos con nuestros respectivos empleos y con un aparador echado a perder que debo admitir que no ha mejorado ahora que la pintura se ha secado aunque yo tenía la esperanza de que así fuera (de hecho, parece algo sacado de un contenedor de basura, así que puedo decirle adiós a mi plan de cambiar de trabajo y hacerme diseñadora de interiores). Y, para acabarlo de rematar, el otro día Steve Wright puso *Disco 2000* en la lista de viejos éxitos, ¡es increíble! *Disco 2000* no es un viejo éxito, es la mejor canción que ha existido jamás y hará como un año que la lanzaron, ¿no? ¿Cómo cojones va a ser un viejo éxito? ¡Joder, mi juventud ha muerto!

OCTUBRE

Domingo, 4 de octubre

Simon aún sigue dándome la lata por lo del dichoso aparador. Que si «¿Cómo se te ocurrió hacer algo así, Ellen?», que si «¿Qué vas a hacer al respecto, Ellen?», que si «¿Qué va a decir mi madre cuando lo vea?». Al final me harté de sus lloriqueos y le grité exasperada:

—¡No es más que un aparador!, ¡un pedazo de madera! ¡No es el fin del mundo!, ¡ni siquiera tiene un mínimo de valor!

Él me miró dolido como si aquello fuera una tragedia, y contestó con voz lastimera.

—¡Tiene un valor sentimental inmenso, Ellen, y tú te lo cargaste sin ni siquiera preguntarme antes! Me parece que tengo derecho a sentirme un poco molesto, ¿no?

—Pues mira, queridísimo mío —espeté yo con aspereza—, si no hubieras pasado el fin de semana entero encerrado en tu dichoso cobertizo, evitando tener cualquier tipo de interacción con tus hijos y conmigo porque parece ser que tenías un montón de cosas urgentes e importantes que hacer allí, a lo mejor habrías estado presente y habrías podido darme tu opinión, ¿no te parece?

—¡Siento mucho pensar que tengo derecho a disponer de algo de tiempo para mí mismo, queridísima mía, pero algunos tenemos que trabajar durante todo el día! Algunos no tenemos el lujo de acabar la jornada al mediodía ni de tener días libres en medio de la semana, queridísima mía, así que algunos estamos un poco hechos polvo por el jodido cansancio cuando llega el fin de semana.

—¡Algunas no terminamos la jodida jornada al mediodía! ¡Algunas terminamos justo a tiempo de conducir como locas rumbo a la escuela para recoger a los hijos de algunos, queridísimo mío! Algunas nos pasamos entonces el resto de la tarde llevando a los hijos de algunos a las actividades extraescolares, preparando la cena, haciendo la colada, supervisando los deberes y la hora del baño y acostando a los hijos de algunos, porque resulta que algunos están tan jodidamente cansados después del trabajo que lo único que hacen es sentarse delante de la dichosa tele con una cerveza. ¡Algunas pasamos nuestro supuesto día libre intentando que en este estercolero de casa vuelva a haber algo de orden!, ¡algunas pasamos después el resto de nuestro fin de semana limpiando, haciendo la colada, planchando y entreteniendo a los hijos de algunos! ¿Te queda claro, queridísimo mío?

Estaba convencida de haber expresado argumentos muy válidos, pero me preocupaba que, debido a las enormes proporciones que había alcanzado mi furia, mi voz hubiera sonado tan aguda que solo un delfín habría sido capaz de oír mi excelente razonamiento para demostrar que Simon era un capullo egoísta.

—¡Por el amor de Dios, Ellen! ¿Todo tiene que ser siempre una competición contigo? ¡Has destrozado el aparador de mi abuela, pero te centras en ti, en lo injustamente tratada que te sientes! —protestó él.

—No es ninguna competición, me he limitado a relatar cómo paso el tiempo que supuestamente tengo libre. Y ahora, si me disculpas, voy a pasar algo más de tiempo libre con tus hijos, han quedado para jugar con unos amigos.

—Vamos a casa de Sophie y Toby —le informó Peter.

Jane decidió aportar también su granito de arena.

—Ellos no tienen mamá; viven con su papá, Sam. La mamá de Lucy Atkinson dice que él está buenísimo.

—¿Quién es ese Sam? —preguntó Simon con frialdad.

Fui yo quien contestó.

—Un padre nuevo que hay en la escuela, es padre soltero.

—Ah. ¿Y está buenísimo?

—Pues no me he fijado, la verdad —mentí descaradamente mientras rezaba para no estar ruborizándome.

Fue muy agradable ir a casa de Sam, me encanta ese lugar. En más de una ocasión me sorprendí a mí misma imaginándome tomando un café por la mañana en la mesa color beige y azul celeste de la cocina con Sam sentado frente a mí, en bata y con el cabello revuelto. No, nada de batas, no son nada sexis. Quizás podría ir vestido con unos pantalones de pijama de Calvin Klein y una buena camiseta, una bastante ajustada, y tener una barba incipiente... ¡Para el carro, Ellen! ¡Ya basta!

Sábado, 10 de octubre

Esta tarde he ido con los niños al parque, aunque al final nunca acaba siendo el idílico lugar para retozar que, en mi opinión, debería ser. Para empezar está la maravillosa tarea de revisar la zona de juegos al llegar para asegurarse de que no haya botellas rotas ni condones que fueron abandonados la noche anterior por adolescentes aburridos (supongo que una debería dar gracias a que al menos estén tomando precauciones incluso después de una botella de vodka del barato, pero no es agradable mantener la conversación sobre las razones por las que los niños no deben tocar el «globito especial» mientras una tiene resaca); después, por supuesto, hay que aguantar a los miembros del Aquelarre de Mamás Jodidamente Perfectas dándoles sus saludables barritas caseras de dátiles y *muesli* a sus hijos de lozanas mejillas sonrosadas mientras que tú no has traído nada para comer porque tenías la impresión de que, ahora que tus hijos están en edad escolar, pueden pasar una hora entera sin que se les embuche comida cada treinta segundos. Pero como eres la única madre sin comida da la impresión de que estabas equivocada y en realidad hay que alimentarlos constantemente como si fueran polluelos piando en el nido, aunque, tal y como descubrí cuando Peter tenía tres años, no está bien visto dejarles comer gusanos.

Estaba rebuscando en mis bolsillos para ver si llevaba algo comestible (hasta el momento había encontrado un objeto recubierto de pelusa que quizás fuera una gominola en otros tiempos), cuando mira por dónde hizo acto de aparición ni más ni menos que Sam, quien al parecer tampoco venía pertrechado con comida suficiente para alimentar a sus hijos durante un asedio de un mes. Vino hacia mí y se sentó a mi lado a pesar de que la Mamá Perfecta de la Perfecta Lucy Atkinson y sus acólitas le saludaron con coquetería al pasar e intentaron sobornar a Sophie y a Toby ofreciéndoles pastel de calabacín («¡No te preocupes, Sam, no lleva azúcar, solo uso zumo de manzana como endulzante en mis platos!»). Es posible que él tan solo optara por sentarse junto a mí porque había llegado la primera al parque y había tenido la picardía de pillar el único banco que resguardaba algo del fuerte viento del este que azota el lugar, un viento que pone a los padres en peligro de sufrir hipotermia mientras los niños se desprenden de sus caras chaquetas de abrigo y corretean a sus anchas, ajenos al frío.

—No lo entiendo, Ellen —me dijo Sam—. ¿Por qué están comiendo todos estos niños?, ¿no los alimentan en casa? Y ¿se puede saber qué es lo que comen? Toby acaba de decirle a ese crío rubio de ahí que «no le van» las tartas verdes, lo que me parece bastante razonable.

—¿Es la primera vez que te encuentras con una competición de madres? A lo mejor a ti no te lo hacen porque están muy ocupadas contemplando tu... eh... maestría como padre. —¡Madre mía, por poco se me escapa «culo»!—. Obsérvalas bien. La idea es demostrar, mediante el tentempié más repugnante posible, lo saludables y equilibrados que están tus hijos. Se obtienen puntos extra cuanto más tardes en preparar tu plato, lo ideal sería haber dejado semillas de chía remojándose en leche de almendras una noche como mínimo; ah, y cuanto más rebuscados sean los asquerosos ingredientes, mucho mejor.

Aunque es de lo más gracioso cuando a alguna le sale el tiro por la culata; la semana pasada, Emilia Fortescue vomitó encima de las bailarinas de French Sole de su madre cuando esta intentó hacerle comer a la fuerza una magdalena con cáñamo y espirulina.

Una vez que termine la hora del tentempié, se pondrán a alentar a gritos a los niños para que demuestren su destreza gimnástica en los columpios o sus conocimientos arquitectónicos en el arenero. A la Mamá Perfecta de la Perfecta Lucy Atkinson le encantaba gritar las instrucciones en francés, pero la semana pasada la superaron con creces cuando la madre de Tabitha MacKenzie lo hizo en mandarín. La cara que se le quedó a la madre de Lucy fue para enmarcarla.

Me sorprendí mucho al ver que Sam se reía con mis explicaciones. No estaba contándoselo en tono de broma, digamos más bien que había estado desahogándome con actitud criticona y malhumorada tras pasar una hora congelándome el trasero en ese banco, manteniendo la mirada fija en mi móvil (no tenía fuerzas para hablar con el Aquelarre de Madres Jodidamente Perfectas, cuya condescendiente actitud de superioridad me hunde irremediablemente en un Remolino de Ineptitud). Tan solo la alzaba cuando oía algún grito especialmente espeluznante, para asegurarme de que dicho grito no procedía de mis hijos ni había sido causado por ellos.

—¿Por qué se comportan así? —me preguntó Sam con incredulidad.

—No lo sé. Yo creo que puede ser porque ocuparon puestos importantísimos en el trabajo, pero renunciaron a todo eso para tener hijos que les cuida una niñera de Europa del Este mientras ellas van de compras; a veces, si quieren fingir que aún siguen trabajando, juegan a ser diseñadoras de algo, de lo que sea. Lo más habitual son las joyas y la ropa infantil, y en este momento los pijamas de una pieza de cachemira para niños son el negocio en boga para las mamás emprendedoras; ah, y si tu marido tiene muchas propiedades puedes afirmar que eres diseñadora de interiores por haber comprado un par de cojines, claro. Y todo ello se compagina con ir a clase de pilates y revisar el móvil del marido para ver si está liado con La Niñera (a las niñeras no se las conoce por el nombre, por supuesto), así que sienten la necesidad de validar su propia importancia compitiendo y luciéndose para ver cuál es la más orgánica y buena madre y, por tanto, cuál es la que tiene los hijos más equilibrados, bien cuidados y, por encima de todo, más inteligentes y brillantes. Ah, y también mienten. ¿Ves a aquella de allí? Fiona Montague. Le restaba dos meses a la edad de su hijo cuando iban a las clases de «música con mi mamá» para que diera la impresión de que era más avanzado de lo que era en realidad, pero no pensó en que tarde o temprano iba a llegar el cumpleaños del niño.

Madre mía. Una vez que había empezado a desahogarme, parecía incapaz de parar de criticar a diestro y siniestro.

—¿No te dan ganas de unirte a ellas? —me preguntó Sam—. No sé, igual estás deseando llenar a tope tu fiambrera de deliciosas lonchas de queso Vacherin aderezadas con las lágrimas de cabras del Pirineo.

¡Ja! Vaya, vaya, resulta que él también era un poquito criticón.

—¿Qué dices?, ¿te has vuelto loco? Estos niños no consumen lactosa ni gluten, y tienen un montón de intolerancias; de hecho, el año pasado se puso de moda buscar el ingrediente más raro posible, decir que le daba alergia a tu hijo e intentar que se prohibiera su uso en el colegio. Yo intenté convencerles de que los míos eran alérgicos a la purpurina, pero la cosa no funcionó.

—A ver, hablando en serio, ¿cómo has evitado dejarte arrastrar por ellas y sus locuras?

—Es que no me quieren en su circulito. Son más elitistas que una pandilla de colegialas, y no me consideran adecuada porque no soy lo bastante adinerada y tengo que trabajar para ganarme la vida, porque no puedo permitirme estar ociosa debido a que cometí la locura de decidir casarme con mi novio de la universidad en vez de esperar a tener un trabajo lo bastante importante para atrapar a un tipo rico de ciudad, lo que me habría permitido entonces montar mi propio negocio de diseñadora de chorradas que poder encasquetarle a otras millonarias hastiadas; ah, y soy incapaz de disimular del todo que me parecen una panda de arpías insufribles, lo que tampoco ayuda que digamos. Pero les encantaría que tú entraras en su grupito, para ellas sería genial contar con un sexi padre soltero con el que flirtear y darle celos al marido.

Me callé de golpe al darme cuenta de que había hablado más de la cuenta, lo que supone la peor metedura de pata para un británico. Le vi tan horrorizado que murmuré apresurada algo sobre ir a ver lo que hacían los niños.

—Están bien —me aseguró él—. Están allí con los míos, los hambrientos mocosos que no quieren tarta verde. Uy, espera, me parece que hay algún problema.

Nunca en mi vida me había sentido tan agradecida por tener que intervenir en un incidente causado por Jane. En el parque hay una especie de platillo giratorio donde unos niños se sientan y otros los hacen girar; mi hija había convencido a la Perfecta Lucy Atkinson de que se subiera allí, y había procedido entonces a intentar hacerla girar a toda velocidad mientras se reía como una posesa. Cuanto más le suplicaba Lucy a gritos que parara, cuanto más sollozaba diciendo que iba a vomitar, más fuerte la hacía girar Jane. Llegué justo a tiempo de derribar a mi hija con un placaje de *rugby* y de parar con el pie la cosa giratoria esa, pero, por desgracia, a esas alturas el trasto ya iba a tal velocidad que cuando lo detuve de golpe Lucy Atkinson salió catapultada y aterrizó como un fardo verde empapado de mocos y lágrimas a los impecables pies de su madre. Gracias a Dios, no llegó a vomitar encima de los Zapatos Perfectos de su Perfecta Mamá, pero los embadurnó de mucosidad. Una verdadera pena, porque tenían pinta de ser caros.

—¡Cuánto lo siento, ha sido un malentendido! —exclamé con toda dulzura, mientras me apresuraba a llevarme a mi hija de allí—. Jane creía que Lucy estaba gritando porque se divertía y quería girar más rápido. Cómo son los niños, ¿verdad? ¡Qué gracia! ¡Peter! ¡Peter, es hora de irnos!

Me largué de allí a toda velocidad, lo que tuvo el beneficio añadido de permitirme evitar hablar de nuevo con Sam después de revelarle que era un sexi padre soltero y que todas las madres se lo querían tirar.

Simon estaba en su cobertizo cuando los niños y yo llegamos a casa. Estaba poniendo todo su empeño en intentar lijar el viejo aparador, pero sus esfuerzos eran en vano. Estoy convencida de que no tardará en ver el lado divertido de la situación.

Viernes, 16 de octubre

¡Otro viernes *pasotil* más! Se suponía que Simon estaba trabajando desde casa y, aunque eso se traduce básicamente en «leer la página web del *Daily Mail* y comerse todas mis galletas» (aunque, para ser sincera, yo hago lo mismo cuando consigo uno de esos «días para trabajar desde casa»), lo bueno era que él iba a tener la gran dicha de encargarse de la cena mientras yo me preparaba para salir con Hannah y Sam, ya que había decidido que la mejor forma de deshacerme de mis pensamientos impuros en lo que a él se refería era emparejarlo con mi amiga. Huelga decir que a ellos les había asegurado que tan solo íbamos a salir para divertirnos, tomar unas copas y que Sam conociera a más gente de la zona..., en fin, lo típico. No podía confesar mi plan secreto de, por un lado, atajar de raíz mi encaprichamiento con él y, por el otro, tener la oportunidad de comprar un sombrero precioso para la que sería la boda del siglo, boda por la que, por supuesto, yo me llevaría todo el mérito por haberla hecho posible gracias a mi increíble maestría como celestina. Lo más probable era que hasta me pidieran que dijera unas palabras; quién sabe, a lo mejor podía ayudar a organizarla. A veces me da por pensar que no estaría mal ser organizadora de bodas, tengo la impresión de que es algo que se me daría bien.

Tenía la esperanza de poder disfrutar de unos momentos de paz y relajación mientras me preparaba, pero no fue así. Además de las interrupciones por parte de Peter y Jane, Simon no estaba llevando demasiado bien la rutina de «cenar, bañarse, hora de acostarse» y cada dos por tres entraba desesperado en el dormitorio y se lamentaba diciendo: «¡No entiendo lo que les pasa! ¿Por qué se portan así?», mientras se oían gritos procedentes del cuarto de baño y oleadas de agua se colaban por debajo de la puerta.

—Se portan así porque les has dado gominolas, que los convierten en demonios locos e hiperactivos salidos de los infiernos.

—¿Ah, sí? ¿Por qué has dejado que se las diera?, ¿por qué no me has avisado?

—Te he dicho mil veces que no les des gominolas, Simon. Lo que pasa es que sueles dejarme a mí con el marrón mientras tú te largas a hacer otra cosa.

—A ver, ¿se puede saber por qué tenemos gominolas en casa si tienen ese efecto en ese par demoníaco?

—No lo sé, no sé cómo entran las gominolas en la jodida casa, están ahí sin más y, por muchas que los niños se coman, siempre hay más. Yo había dado por hecho que tú las comprabas, pero, si no es así, entonces puede que sea uno de esos misterios de la vida cuya respuesta estamos destinados a no descubrir jamás. Como por qué siempre hay zanahorias en el vómito incluso cuando uno ni las ha probado. Y en este momento me trae sin cuidado, porque voy a salir.

Al menos tuvo el detalle de decirme que estaba guapa cuando, sacudiendo el pelo y con la frente muy alta, me disponía a salir de casa; lo hizo sin que yo le pidiera su opinión, así que me sentí un poco mal por largarme y abandonarle allí sin más y me pregunté si habría tenido que invitarlo a venir.

Pero al llegar al *pub* decidí que era mejor que él no hubiera venido, porque si fuéramos dos parejas habría sido más que obvio que mi intención era intentar emparejar a Hannah y a Sam y es mejor ser sutil con esas cosas.

A Sam se le veía bastante incómodo, distaba mucho de ser el macizorro sofisticado e imponente que aparecía en mis sueños. Pero lo peor de todo era que su lenguaje corporal no reflejaba interés alguno por Hannah (yo soy toda una experta en el tema porque de joven era una lectora compulsiva de esos artículos tipo *Cómo saber si le gustas* que salen en todas las revistas femeninas, desde *Just 17* hasta *Cosmopolitan*). Pensé para mis adentros que estaba claro que había que echarles una mano si quería lograr mi objetivo de ser la sublime invitada de honor y la organizadora de la boda del siglo.

Aproveché mientras él estaba en la barra para contarle a Hannah en detalle lo maravilloso que es, me explayé contándole que es un gran padre y un tipo genial. Solo me faltó decirle «¡Y mira qué culazo tiene! ¡Vamos!, ¡fíjate bien!», pero no lo hice porque no quería que ella pensara que yo veía a su futuro marido como un mero objeto sexual. Pero mi amiga seguía sin estar convencida del todo, y alegó que lo de Dan aún estaba demasiado reciente como para poder pensar siquiera en algo así.

Lejos de rendirme, esperé a que ella fuera al baño y entonces le pregunté a Sam, con toda la naturalidad del mundo:

—Hannah es genial, ¿verdad?

—Pues... sí, parece muy agradable.

—¿A que es muy guapa? Y tiene un pelo precioso.

—Eh... sí, claro, realmente precioso.

Estaba planteándome si sería buena idea insistir añadiendo que mi amiga también tiene unas tetas preciosas cuando él añadió:

—Mira, Ellen, si estás intentando emparejarme con ella..., en fin, la verdad es que no es mi tipo exactamente.

Ah. Me dio un bajón al ver que la boda del siglo y el precioso sombrero se me escapaban de las manos (había pensado en un elegante casquete con un velo pequeño y coquetuelo, yo creo que no pasa nada por llevar velo en una boda ajena cuando eres la invitada de honor y has organizado todo el evento), pero entonces me animé de golpe cuando se me ocurrió que a lo mejor yo sí que era su tipo y que por eso no le atraía Hannah.

—Entonces ¿qué tipo de mujer es la que te gusta? —Intenté no mostrarme demasiado coqueta ni picarona al preguntarlo.

—Pues... ninguno, la verdad.

¿Ninguno?, ¿cómo que...? ¡Joder, vaya metedura de pata! Comprendí de golpe lo que quería decir, y tan solo fui capaz de farfullar atropelladamente:

—¡Perdona!, ¡perdona! No me había dado cuenta, ¡qué maleducada soy! ¡No sabes cuánto lo siento!

—¿Cómo ibas a saberlo? No me dedico a ir proclamándolo a los cuatro vientos. Nadie espera que los heterosexuales digan: «Hola, me llamo tal y soy heterosexual», así que no entiendo por qué se espera que los gays nos presentemos con un numerito de Judy Garland, bailando y agitando las manos al ritmo del *jazz*. —Sonrió al añadir—: En fin, estoy a salvo de las Mamás Maduritas. Puede que sea un sexi padre soltero..., por cierto, gracias por llamarme así..., pero no les sirvo de nada.

Su optimismo me dio mucha risa.

—¡Ja! De eso nada, ¡estarás más solicitado que nunca! Todas ellas querrán que seas su Mejor Amigo Gay, e imaginar que están viviendo un episodio de *Will & Grace*. Ahora sí que no podrás huir de ellas, ¡estás más que perdido!

—Podría seguir juntándome contigo, para que tú te encargues de mantenerlas a raya. No te consideran digna de entrar en su grupo, igual se me pega algo de eso y me dejan en paz.

Pobrecito. No le bastará con usarme como escudo humano para ahuyentar a la Mamá Perfecta de la Perfecta Lucy Atkinson una vez que esta se dé cuenta del potencial que tiene para ser utilizado como accesorio esencial e imprescindible, pero que lo intente si quiere.

Cuando quedó claro que, lamentablemente, mi talento como casamentera no estaba tan desarrollado como mi habilidad para descifrar el lenguaje corporal (en las revistas nunca te dan demasiada información sobre cómo buscarles novio a tus amigas, igual es porque se supone que las unas competimos con las otras por los chicos y la que consigue atrapar a uno debe mantenerlo a buen recaudo), procedimos a emborracharnos. Sam estaba más relajado y nos contó por fin, gritando «¡Cabrón!» cada dos por tres, que el capullo de su ex (que no se llamaba Robyn, sino Robin) se había largado sin más y le había abandonado.

Al parecer, el tal Robin aseguraba que su apasionado interés por la restauración de muebles rústicos franceses para su negocio era el motivo de que viajara tanto al extranjero, pero en realidad estaba tirándose a un francés que se llamaba «Jean Claude o René o no sé qué, algo ridículo y francés», tal y como nos contó Sam después de varios cócteles (gracias a él descubrimos el Manhattan, está muy bueno y sabe a cerezas aunque es puro alcohol y se te sube a la cabeza de golpe). Robin terminó por largarse con el francés y dejó a Sam con los niños, pero las cosas no le fueron bien con Jean Claude/René y varios meses atrás intentó volver con Sam («¡Pero yo le dije que se fuera a la mierda! ¡Sí señor, eso le dije!»). Así que Sam decidió que a los niños y a él les convenía empezar de cero y aquí está, pero tiene que comportarse civilizadamente con Robin el Cabrón por el bien de los niños y no puede mandarlo a la mierda por mucho que quiera hacerlo. Sam habla mucho cuando está cabreado.

Hannah nos contó entonces que Dan (quien también fue tildado de «cabrón» cada dos por tres a voz en grito) ha anunciado que su ramera (yo ni siquiera sabía que la gente aún seguía usando esa palabra hasta que mi amiga la lanzó como un dardo desde el otro extremo de la mesa) va a quedarse con él este fin de semana y los niños van a conocerla.

—¡Hijo de puta! —exclamó Sam—. El cabrón de Robin al menos no presentó a los niños a Henri el Idiota, o *comoquieraquesellame*.

—¡Mássss cócteles! —dije yo arrastrando las palabras.

Me llevé un sorpresón al llegar a casa y ver que Simon aún estaba despierto, fue un bonito detalle de su parte. Lástima que estuviera borracha como una cuba y mis únicas palabras fueran «Una tostada. Quiero una tostada. Necesito una tostada. Pero ya. Mmm... qué ricas las tostadas. Más tostadas. Te quiero, ricura».

A pesar de mi más que reprobable cogorza, en vez de sermonearme por ser una borracha desvergonzada se echó a reír y me dijo: «¡Ya veo que te lo has pasado bien, cariño!» y me ayudó a acostarme. Esa es una de las muchas razones por las que lo amo aunque a veces me saque de quicio. Creo que voy a quedármelo, me parece que yo también le caigo bien.

Sábado, 17 de octubre

Hoy he pasado casi todo el día hecha polvo, me encontraba fatal. Puede que no fuera tan buena idea lo de los Manhattan. Al levantarme encontré Marmite por toda la cocina y, aunque me encantaría poder echarles la culpa a Simon o a los niños, teniendo en cuenta que soy la única habitante de la casa que come Marmite y que a los demás su mero olor les da náuseas, me parece que no tengo más remedio que asumir la responsabilidad del Desastre *Marmitil* a pesar de no tener ni idea de cómo me las ingenié para embadurnar también las paredes hasta arriba. Mi único consuelo fueron los mensajes de texto que me enviaron tanto Hannah como Sam para preguntarme si sabía cómo habían logrado llegar a sus respectivas casas. Sí que me acuerdo al menos de haber tomado un taxi para regresar a la mía, así que es posible que no estuviera tan borracha como ellos dos.

Marmite aparte, la verdad es que la casa estaba sorprendentemente ordenada teniendo en cuenta que había sido Simon quien había estado al mando la noche anterior; de hecho, hasta se había quitado ese horrible jersey de lana y se había puesto otro bastante bonito, lo que, dado que soy una mujer bastante frívola y vanidosa por mucho que intente fingir lo contrario y teniendo en cuenta lo bien que se comportó cuando llegué a casa borracha, me hizo sentir bien predispuesta hacia él, sobre todo teniendo en cuenta el repugnante comportamiento de los *abandonahogares* Dan y Robin, así que acabé disculpándome por destrozar el aparador de su abuela.

Él se mostró excepcionalmente comprensivo al respecto finalmente y me dijo que no me preocupara, que al fin y al cabo no era más que un aparador (¡¡¡por el amor de Dios, si eso era lo que había dicho yo desde el principio!!!).

Sin embargo, Simon añadió también que lo sucedido quizás lograra hacerme aceptar el hecho de que lo de restaurar muebles no es lo mío, y me recordó varias ocasiones en las que intenté algo similar cuando éramos estudiantes y todavía me parecía aceptable llevarme a casa cosas que encontraba en contenedores de basura. En una ocasión encontré a un australiano en un contenedor, poco antes de que Simon y yo nos hiciéramos novios. No me lo llevé a casa aunque estaba bastante bueno, me limité a indicarle cómo llegar al albergue juvenil más cercano. Lamenté dejarle ir, pero en el fondo no podía quitarme de la cabeza la idea de que, si me lo llevaba a casa y resultaba ser mi príncipe azul, cuando nos preguntaran cómo nos habíamos conocido me vería obligada a contestar, por el resto de nuestra vida, que le había encontrado en un contenedor de basura.

La actitud comprensiva de Simon respecto a lo del aparador y las risas que compartimos al recordar los tiempos en que éramos jóvenes y sin preocupaciones y con menos dinero dieron pie a que nos pusiéramos bastante románticos, y él propuso que aprovecháramos mientras los niños estaban catatónicos frente a *Bob Esponja*. A decir verdad, si acepté de inmediato no fue por un deseo desatado de dar rienda suelta a la pasión, sino más bien porque la idea de estar tumbada en una habitación en penumbra me resultaba de lo más atractiva debido a la horrible resaca que tenía; en fin, la cuestión es que nos escabullimos rumbo al dormitorio, pero mira tú por dónde, justo cuando Simon estaba quitándome el sujetador, Peter nos interrumpió al ponerse a llamarnos hecho una furia desde el otro lado de la puerta (menos mal que la habíamos cerrado), porque Jane había cometido el imperdonable pecado de cambiar de canal sin consultárselo antes. Ah, y también dijo algo sobre *Ninjago* y no sé qué injusticia, y para entonces el momento romántico se había echado a perder por completo.

Mis hijos son buenos, eso hay que reconocérselo. Parecen estar dotados de una especie de radar innato que detecta cuándo podríamos estar a punto de echar un polvo, y colaboran como un equipo perfectamente coordinado para asegurarse de que no suceda. Ya le advertí a Simon que el mero hecho de poner un cerrojo en la puerta no bastaría para ganarles la partida; tendríamos que construir una especie de *follabunker* nuclear subterráneo insonorizado y revestido de plomo para poder hacerlo sin que ellos irrumpieran de repente, y es probable que incluso entonces se las ingeniaran para superar nuestras defensas.

Martes, 20 de octubre

El pobre Peter está enfermo. Anoche se encontraba perfectamente bien al acostarse, pero apareció a las tres de la madrugada quejándose de que le dolía la garganta y no hubo forma de aliviarle ni con traguitos de agua ni con abrazos ni contándole un cuento, así que al final le di Calpol y se quedó dormido. Esta mañana deambulaba por la casa como alma en pena, con un gran aire de autocompasión y gimoteando lastimero que aún le dolía mucho la garganta. Yo tenía muchas cosas por hacer y tenía la esperanza de que otra cucharada de Calpol bastara para solventar la situación y poder llevarlo a la escuela, pero cuando le puse a prueba con mi táctica patentada (conocida como «¡Vamos a ver si estás malo de verdad!») y le dije que, si no podía ir al cole porque no se encontraba bien, iba a tener que quedarse acostado y leer plácidamente, que ni soñara que iba a poder pasarse el día entero jugando con sus maquinitas, se limitó a asentir sin apenas fuerzas y contestó: «Sí, muy bien. Tengo mucho frío, mamá. ¿Puedo acostarme ya? No tengo ganas de nada, solo quiero dormir».

Teniendo en cuenta que, por regla general, Peter preferiría que le torturasen a pasar un solo minuto más de lo necesario en la cama voluntariamente, llegué a la conclusión de que debía de estar enfermo de verdad y no estaba fingiendo con la esperanza de pasar el día alcanzando el siguiente nivel de su dichoso juego de Pokémon, así que actué como una madre atenta y responsable y procedí a tomarle la temperatura. El termómetro marcó 38,5 °C y tuve que acudir a Google, claro, porque nunca me acuerdo de cuál es la temperatura que se supone que es normal para el cuerpo humano y en qué punto una fiebre se convierte en «peligrosa» (a los 39,4 °C, según el doctor Google); además, iba demasiado corta de dinero como para comprar ese termómetro especial dotado de luces y sonidos de alarma que te avisan cuando considera que la temperatura de tus adorados muñequitos es preocupante.

Le di a Peter otra dosis de Calpol, el mejor amigo de madres y padres (ojalá hubiera comprado acciones de ese dichoso medicamento cuando nacieron los niños; nadie te advierte de las cantidades ingentes que vas a usar, bien sea para enfermedades reales o a modo de placebo para esos misteriosos dolores y molestias que tan solo surgen a la hora de irse a dormir). A pesar de tener ya seis años, Peter se resiste tercamente a pasar a la versión un poco más fuerte recomendada para críos de esa edad en adelante y me suplicó lastimeramente que le diera el rosa, que es el que le gusta. Le acosté en el sofá, le tapé bien con una manta e incluso accedí a hacer una excepción y prepararle una taza de té porque estaba tan malito; al fin y al cabo, parecía tan debilitado que estaba convencida de que ni siquiera la mezcla de cafeína y Calpol conseguiría revitalizarlo tanto como para devolverlo a su habitual nivel de hiperactividad, y mucho menos ponerlo en ese demoníaco estado tipo conejito de Duracell que la cafeína suele generar en mis hijos.

Simon ya se había marchado a trabajar esta mañana, así que Sam tuvo la amabilidad de acceder a llevar y traer a Jane de la escuela para que yo no tuviera que exponer a mi retoño enfermo al frío mundo exterior. A Jane no le hizo ninguna gracia tener que ir al cole mientras que su hermano se quedaba en casita, así que se puso a toser como una loca para demostrar por qué también debía permitírsele a ella quedarse en casa y tomar el Mágico Elixir Rosa de la Vida, pero cuando la puse a prueba con mi ya mencionada táctica patentada falló estrepitosamente al explicarme de inmediato por qué debía permitirle pasar el día entero viendo la tele; según ella, aunque no se encontraba malísimamente mal, era más que probable que tuviera algo contagioso, y a lo mejor yo no sabía cuál era el periodo de incubación de lo que tenía Peter, y podría ser algo realmente grave como el ébola, y si la obligaba a ir a clase estaría arriesgándome a contagiar a todo el colegio (está claro que mi hija ha estado viendo Discovery Channel a mis espaldas de nuevo). Total, que la mandé al cole mientras ella seguía quejándose de lo injusto que era todo.

Llamé a mi trabajo para avisar que iba a trabajar desde casa porque mi hijo estaba muy malito (Peter cooperó tosiendo durante toda la llamada, para añadir algo de realismo) y, dado que había pasado media noche despierta con el niño, el sofá empezó a parecerme de repente de lo más tentador.

—¿Quieres que mamá te abrace, cariño? —le pregunté, en un alarde de sutil astucia.

—¡Sí, mami, por favor! ¡Qué bien!

Me tumbé sin dilación bajo la manta y él se acurrucó contra mí, la verdad es que fue un rato muy bonito. Hoy en día no tengo demasiadas oportunidades de abrazar y hacerles arrumacos a mis hijos porque siempre estamos atareados con algo y yendo de acá para allá, corriendo como pollos sin cabeza de una actividad extraescolar a otra y haciendo deberes e intentando preparar algo de comer y haciendo la colada. Nunca hay tiempo para nada.

Peter siempre fue un niño cariñoso al que le encantaba pasar horas y horas acurrucado contra mí, pero cuando empezó a caminar descubrió de repente que existía un mundo nuevo esperando a ser descubierto y desmantelado, y permanecer sentado en el regazo de su madre interfería sobremanera con sus importantes planes de meter los dedos en enchufes y sacar el filtro de la lavadora. Al ir creciendo fue encontrando más y más cosas con las que entretenerse y los abrazos se convirtieron en algo pasado de moda; y ni que decir tiene que quien no ayuda en nada es Jane, quien a la madurísima edad de ocho años ha decretado que los abrazos son cosa de niños pequeños y se regodea recalcándoselo a Peter en las escasas ocasiones en que este quiere que yo le dé uno. Debo decir que Jane nunca fue dada a los abrazos; de pequeña ya detestaba que la tomáramos en brazos y se ponía a berrear para que la dejáramos en el suelo, y después se convirtió en la niñita más empecinadamente independiente del mundo. Básicamente, en sus primeros años de vida lo único que decía era «¡Yo hago!» y «¡No!».

Así que, después de todo, aunque hizo falta que una enfermedad dejara noqueado a mi querido hijito, la verdad es que fue muy agradable volver a tener a alguien a quien poder abrazar, sobre todo teniendo en cuenta que lo que le aquejaba era un dolor de garganta y no un virus de esos que te hacen vomitar, así que pude relajarme con la tranquilidad de saber que era improbable que mi hijo me vomitara en el canalillo mientras yacía acurrucado contra mí.

Miércoles, 21 de octubre

Peter aún no está en condiciones de ir a la escuela, pero no hay duda de que está recuperándose, porque cuando hoy me tumbé a su lado en el sofá no dejó de moverse inquieto y, en vez de ver tranquilamente la tele, cuando *Up* terminó empezó a protestar a gritos diciendo que vaya película tan absurda, que el hombre necesitaba su casa, que qué iba a hacer el hombre sin una casa. Yo insistía entre lágrimas que lo único que necesita una persona es amor, solo amor, pero él se empecinó en que no y que no, que uno también necesita una casa. Cuando le pedí sollozante que viniera a darme otro abrazo, adujo que tenía que ir al lavabo y se largó mientras seguía mascullando que lo que la gente necesita son ladrillos y cemento, no la estupidez esa del amor. Me alegro de que se encuentre mejor, por supuesto, pero echo de menos a mi niñito cariñoso.

Jane, mientras tanto, a pesar de que parece gozar de una salud de hierro, ha estado buscando en Google enfermedades raras y arcaicas y sigue amenazando con propagar la peste, porque se indignó más aún al ver que Peter disfrutaba de un segundo día de fiesta. Afirmaba sentirse mareada y dictaminó que sufría de «garganta *anginera*», pero perdió bastante credibilidad al comer un copioso desayuno y por el hecho de que su capacidad de discutir por todo no ha mermado lo más mínimo. Me arrepiento un poco de haberle leído recientemente *Las cosas de Katy*, porque desde entonces se considera una especie de tirana doméstica que puede apoltronarse en la cama, gobernar la casa y ordenarles a todos cuantos están abajo que acudan a su corte a rendirle homenaje. Esta situación imaginaria resulta más que alarmante, porque me temo que a mí se me asignaría el papel de la tía Izzie y estoy bastante segura de que Jane no tendría ningún reparo en deshacerse de mí para poder hacerse con el control de la casa. Parece haber pasado por alto dos cosas: a) la parte en la que Katy queda paralizada durante varios años; b) que carecemos del personal de servicio doméstico que haría falta en dicha situación imaginaria una vez que Jane se deshiciera de la tía Izzie (es decir, de mí) y se dispusiera a tomar el mando desde su cama. Que Dios nos ayude cuando tenga edad de leer la obra de Brönte.

Me sentiría fatal si mi hija enfermara, por supuesto, y más aún después de acusarla de estar fingiendo, así que me he pasado el día inquieta y echándole un vistazo al móvil cada dos por tres para asegurarme de que no han llamado del cole para pedirme que vaya a recoger a mi pobre muñequita enferma, pero de momento no parece tener problema alguno (lo que probablemente la tenga sumamente indignada).

Lunes, 26 de octubre

Ya ha pasado medio trimestre, ¿cómo puede ser? Hace apenas dos minutos que los niños volvieron al cole, y ya tienen toda una semana de vacaciones. Simon se ha negado de nuevo a tomarse algo de tiempo libre en el trabajo en estas fechas; alega que está demasiado ocupado con asuntos muy importantes y se cree con la autoridad moral porque gana más dinero que yo, pero esquiva el hecho de que eso tan solo se debe a que calculamos el coste global que implicaría el que ambos trabajáramos y decidimos conjuntamente (sí, la decisión la tomamos entre los dos, no fui yo sola) que era mucho más sensato, desde un punto de vista financiero, que yo trabajara a tiempo parcial para reducir el tiempo que habría que dejar a los niños a cargo de alguien, porque si lo hiciera a tiempo completo el dinero se iría de todas formas en pagar a una niñera.

Ingenuos y optimistas, acordamos que durante las vacaciones nos repartiríamos el cuidado de los niños, pero, como da la casualidad de que cuando llega el momento Simon siempre tiene que hacer algún viaje importantísimo o debe completar algún proyecto, al final son mis vacaciones anuales las que acaban consumiéndose a base de días de fiesta en el cole, eventos escolares, jornadas de puertas abiertas y funciones navideñas porque él está tan tan ocupado. Yo no me trago que esté tan ocupado, lo que pasa es que es un tipo listo. Tengo que espabilar.

Por desgracia, mi aburrido trabajo de informática enclaustrada en una oficina no es como el de arquitecto, que conlleva viajes y conferencias y visitas para supervisar las obras, así que él se ha largado a Barcelona y aquí estoy yo con los niños, que están hambrientos. De verdad que no paran de comer. Cada cinco minutos aparecen quejándose de que tienen hambre, sobre todo Peter, que consume una cantidad obscena de comida a diario y nunca engorda; a veces me pregunto si tendrá la solitaria, en ese caso al menos podría compartirla conmigo. Me encantaría comer tanto como él y mantener esa delgadez; en una ocasión incluso llegué a consultar en Google si se pueden comprar solitarias por Internet (en teoría sí que se puede, pero solo a través de páginas muy poco fiables y que no son nada recomendables porque, además de que lo más seguro es que te llenen el ordenador de virus, vete tú a saber qué cosas espantosas serán en realidad sus supuestas solitarias. Y eso suponiendo que no se limiten a limpiarte la tarjeta de crédito mientras están ahí tan panchos, riéndose de las pobres y holgazanas gordas ilusas).

A veces me pregunto si debería darle a Peter algún medicamento para las lombrices, pero me da miedo pensar en cuáles podrían ser los resultados y temo que me pidiera que fuera a verlas. Ya es bastante desagradable tener que desparasitar al perro, mi hijo es tan guarro que lo más probable es que quisiera quedarse sus lombrices a modo de mascotas.

Soy tan ingenua que tenía la esperanza de que esta supuesta semana de fiesta me permitiera tener algo de tiempo para ordenar la casa, limpiar la nevera, averiguar de dónde sale esa peste a orines rancios que no se va del cuarto de baño y, en términos generales, convertir nuestra casa en un limpio, de buen gusto y elegante hogar digno de Pinterest; lamentablemente, había olvidado que una semana de fiesta es algo que no existe con mis muñequitos adorados. Aparte de que la posibilidad de que mueran por inanición es un peligro potencial que hay que mantener a raya constantemente, también hay que detener discusiones, encontrar tesoros y darles algo con lo que entretenerse.

No sé cuándo se puso tan caro lo de entretener a unos niños. A riesgo de parecerme a los cuatro de Yorkshire de la escena aquella de los Monty Python, diré que mi madre me habría mandado a la porra si en las vacaciones le hubiera dado la lata a diario preguntando «¿Qué vamos a hacer hoy, mamá?» y exigiendo ir al cine o a jugar en los hinchables (Dios misericordioso, que en estas vacaciones la desesperación no me haga sucumbir ante los fétidos y carísimos encantos del parque de juegos hinchables; ayúdame a mantenerme firme contra esas sucias y espeluznantes Celdas Acolchadas de la Perdición).

Ayer la nevera estaba llena, hoy está casi vacía. Peter tan solo tiene seis años, ¿cómo diantre voy a costear su alimentación cuando sea un adolescente? Me acuerdo de cuando mis hijos eran pequeños y yo solía proponerle a mi amiga Claire que saliéramos a tomar un café, al parque o a tomar algo. Ella tenía un hijo adolescente además de una niña de la edad de Jane e insistía a menudo en que fuéramos a su casa si acababa de ir al supermercado porque tenía que proteger la nevera de las garras de su hijo, quien se lo comería todo si ella salía y le dejaba sin supervisión. Yo creía que era una exagerada, pero entonces me topé con Peter y su solitaria y ahora veo ante mí el voraz futuro que me espera.

Miércoles, 28 de octubre

Dios bendito, me doblegué y llevé a los niños a jugar en los hinchables. Aún me zumban los oídos y me retumba la cabeza y quiero restregar a los niños y a mí de pies a cabeza con antiséptico y un cepillo de alambre, y no existe vino suficiente en el mundo para aliviar el dolor. Peter se puso a pelear con un cabeza rapada aterrador que tenía una madre igual de aterradora con *Juztin Beebor 4ever* tatuado en el cuello. Yo estaba segura de que íbamos a morir todos, y entonces Jane pisó un charco de pis en los baños y se quedó atascada en lo más alto de la jodida estructura esa que se escala y tan solo me quedaron dos opciones: subir hasta allí arriba para intentar rescatarla y que mi trasero volviera a quedar atascado otra vez en los rodillos de espuma (con lo que tendría que aguantar la humillación de que los adolescentes pasotas que trabajan allí intentaran extraerme como si fuera Winnie Pooh en la madriguera de Conejo) o quedarme allí abajo chillándole a mi hija con mi estridente voz de clase media e intentar convencerla de que bajara con frases como: «¡Por favor, cariño, solo tienes que pasar por ese tubo y bajar por el tobogán! ¡Venga, cariñito mío de mi corazón, hazlo y después nos vamos a casa a merendar pan *au chocolat!*», con mi bolso fuertemente apretado contra el pecho y rezando para que no me apuñalaran de un momento a otro. A la mierda con el vino, voy a ir directa a la ginebra. Mucha ginebra. La botella entera.

Viernes, 30 de octubre

Simon ya está de vuelta en casa, ¡gracias a Dios! Ah, y eso no es todo, además me ha traído un regalo. Me gustan los regalos. El regalo en cuestión y el hecho de que los dementes niños loro estén dándole la lata a él y no a mí pidiéndole que los acueste compensan en cierto modo (aunque no del todo) el que se haya quejado de lo agotado que está por pasar una semana en un agradable hotel, comiendo desayunos de hotel y deliciosas tapas, y haya añadido después en una voz de lo más lastimera que le gustaría algo muy sencillo para cenar..., lasaña, por ejemplo. Para preparar una lasaña se usan un montón de ollas y sartenes, no tiene nada de sencillo, pero aun así estoy haciéndosela a pesar de que hoy es viernes *pasotil* porque soy una buena esposa y le he echado de menos y eso me da una excusa legítima para esconderme en la cocina bebiendo la ginebra española de marca dudosa que también ha traído de su viaje mientras los niños dan saltos encima de él y le taladran el oído con preguntas absurdas, aunque se me había olvidado cuánto tarda en hacerse una dichosa lasaña y ahora estoy refunfuñando para mis adentros por la cantidad de sartenes que he usado. Ah, y si Simon me asegura una jodida vez más que hospedarse en hoteles no es tan placentero como se cree, no me hago responsable de mis actos.

Sábado, 31 de octubre

Bueno, este Halloween ha sido divertido. Al final resultó que tener que hacerle a Peter en el último momento un disfraz de vampiro con un viejo par de calzones míos de encaje porque quince minutos antes de salir a pedir caramelos por el vecindario (o, como yo prefiero llamarlo, «ir rogando de casa en casa como hambrientos pordioseros de la época victoriana» mientras me quejo en voz baja de esta ridícula americanización de una antigua tradición

65

pagana) cambió de idea y decidió que no quería ir disfrazado de murciélago fue el momento álgido de la velada. Jane se las ingenió para escapar de mi vigilante mirada en la fiesta de Halloween que una amable vecina había organizado para después de la expedición recolectora, y consiguió engullir su propio peso en dulces y golosinas antes de que yo la atrapara. Intentar impedir que la vociferante pelotita de goma en la que se había convertido mi hija rebotara de una pared a otra fue una pesadilla, pero realmente creí estar fuera de peligro una vez que la calmé por fin y logré acostarla junto con Sophie, que había venido a pasar la noche en casa. Pero justo cuando me había sentado con un vasito (vasazo enorme) de un delicioso y reparador vino tinto (decidí que, en honor al espíritu de Halloween, era buena idea tragármelo en grandes bocanadas cual vampiro sediento de sangre), oí un grito lastimero procedente del dormitorio de Jane.

Mi hija y yo hemos hablado en varias ocasiones sobre el hecho de que, si va a vomitar, yo estaría muy pero que muy agradecida si pudiera evitar quedarse quieta y dejar la cama perdida. No hay duda de que el concepto le ha quedado muy claro, porque en vez de permanecer tumbada se había asomado por el borde de su cama y había vomitado encima de Sophie, quien estaba acostada al lado en otra plegable. La vomitona había caído de lleno sobre la pobre niña, que tiene un pelo muy largo y espeso.

A Simon se le da bastante bien lidiar con vomitonas, a mí se me da muy mal, así que él se encargó de la ropa de cama manchada (porque a pesar de haber intentado no vomitar sobre su cama, Jane había esparcido una buena cantidad sobre el edredón), el saco de dormir y la alfombra; yo, mientras tanto, me apresuré a meter en la ducha a una histérica Jane y a una adormilada y desconcertada Sophie, e intenté quitarle todo el vómito del pelo a esta última mientras me moría de asco y mascullaba imprecaciones para mis adentros. La cantidad de vómito era increíble, la cosa estaba incluso peor que aquella vez en que Peter vomitó desde lo alto de su litera y lo salpicó todo de tal forma que me arrepentí de haber decidido poner suelo laminado en su habitación. Esa noche tiré un montón de piezas de Lego.

Todavía tengo el olor del vómito metido en la nariz, y ni siquiera me atrevo a beberme mi vaso de vino por si la Princesa Vomitona ataca de nuevo. Menos mal que Sophie no se enfadó (aunque no tengo claro si estaba lo bastante despierta para darse cuenta de lo que pasaba), pero me mortifica la idea de tener que contárselo a Sam por la mañana.

NOVIEMBRE

Jueves, 5 de noviembre

¡Ha llegado la noche de las hogueras!, ¡qué ilusión! El olor de la leña quemada y las crepitantes llamas, patatas y salchichas asadas, emocionadas caritas iluminadas por el asombro y el entusiasmo a la luz de los fuegos artificiales. ¿Qué pegas se le podrían poner a algo así? Pues, para empezar, que el querido marido de una decrete que no es necesario ir a ver una exhibición oficial porque ha decidido dar rienda suelta al pirómano que lleva dentro y va a montar una propia en nuestro jardín. «¡Qué divertido!», pensé yo, y procedí de inmediato a invitar a todos los vecinos a una fiesta de fuegos artificiales para que ellos también pudieran disfrutar de la munificencia del humo y las patatas y las emocionadas caritas y etcétera, etcétera.

Pero hete aquí que Simon cometió la idiotez de confiarme a mí la compra de los petardos y me distraje un poco porque había llenado el depósito del coche de gasolina antes de ir a comprarlos al supermercado y, no sé cómo, me había salpicado las botas de gasolina y estaba preguntándome si le venderían petardos a alguien que apestaba a gasolina o llamarían a la policía para informar de que tenían a una pirómana chalada en la tienda. Me entusiasmé tanto al ver que nadie mencionaba el *eau* de gasolina que emanaba de mí que me dejé llevar y compré un montón de cajas de los petardos más grandes que tenían (en mi defensa diré que si te llevabas dos cajas te daban una tercera gratis, y nunca he podido resistirme a una oferta especial).

Nadie (yo incluida) mencionó hasta que ya fue demasiado tarde el hecho de que había comprado varias cajas de cohetes en las que se advertía con letras muy pero que muy grandes que no se debían encender a menos de cien metros de edificios o personas. Se mire por donde se mire, nuestra casa no está rodeada de una zona de cien metros despejada de edificios (están las casas de los vecinos, claro), y a esas alturas ya era demasiado tarde para regresar a la tienda a comprar otros (en cualquier caso, esos ya me habían costado una fortuna, qué «oferta especial» ni qué leches).

Lejos de amilanarnos, Simon y yo decidimos seguir adelante con la fiesta y el espectáculo pirotécnico, ya que mi querido marido me aseguró muy convencido que las advertencias no eran más que por precaución, para que no pudieras demandar al fabricante si eras uno de esos idiotas que incendian por accidente su propio cobertizo con una bengala. Y por supuestísimo que no había peligro alguno, porque los supermercados no venden cohetes de tamaño profesional (¿eso cómo va, según el tamaño o la potencia? ¿Cómo se mide un cohete? Igual es por la fuerza del petardazo), así que no habría problema alguno y seríamos la admiración de toda la calle.

Una vez que los vecinos se hubieron congregado en mi casa, me dediqué a repartir salchichas y patatas asadas y me imaginé que era una especie de Nigella Lawson, diosa de la vida doméstica y anfitriona de ensueño.

Los niños empezaron a corretear de un lado a otro con bengalas, y llegados a ese punto descarté mi serena imitación de Nigella y me puse a gritar: «¡Guantes! ¡Guantes! ¡Con las bengalas hay que ponerse guantes! ¡No toques la parte caliente! ¡No quemes a tu hermana! ¡Ten cuidado, por favor! ¡Con cuidado! ¡He dicho que con cuidado!!! ¡JODER, TEN CUIDADO CON ESO, QUE ES FUEGO!!!».

Y entonces Simon dio comienzo al espectáculo pirotécnico. En un intento de demostrar que podía organizar uno en casa tan bueno como el que puedes presenciar en un parque o una explanada, con los pies embarrados y aguantando empujones entre cientos de personas, había colocado previamente y de forma minuciosa todos los cohetes en el jardín y se apresuró a ir encendiéndolos sin parar para que estallaran uno tras otro como en un espectáculo profesional...

En fin, resulta que en los supermercados sí que venden cohetes de tamaño profesional; ah, y mira tú por dónde que las firmes advertencias que vienen en las cajas no son una mera precaución.

Las exclamaciones de entusiasmo y los rostros felices iluminados por la luz de los fuegos artificiales dieron paso con suma rapidez a murmullos de preocupación y a frases como: «No sé si eso será muy seguro...», «¡Joder, ese ha estallado muy cerca de mi casa!», «Me parece que alguien debería llamar a los bomberos...» y «¡Madre de Dios, este chalado va a incendiar la calle!». Niños pequeños rompieron a llorar y se propuso formar una cadena de cubos para intentar sofocar el incendio que era más que probable que hubiéramos desencadenado.

En vez de congregarse después alrededor de la hoguera en un ambiente alegre y relajado, saboreando vino especiado y comentando sonrientes lo maravillosamente bien que estábamos pasándolo, los vecinos empezaron a marcharse apresurados para ver si les habíamos incendiado la casa y al final los únicos que quedamos allí fuimos Simon y yo junto con Peter y Jane, apelotonados al final del jardín, viendo cómo convertíamos nuestra pacífica calle suburbana en una recreación muy realista del Beirut de los años ochenta. Los niños estaban impresionadísimos. Hasta ahora no se han oído sirenas, lo que parece indicar que no hemos dejado hecha cenizas la casa ancestral de nadie, y la policía no ha venido a preguntar qué diantres estábamos haciendo con tantos lanzacohetes y granadas.

Cuando el último cohete estalló por fin, Simon recorrió cabizbajo el yermo páramo ennegrecido que otrora estuvo recubierto del césped que él había cuidado con tanto esmero, echando pestes en voz baja por las zonas chamuscadas.

Parece ser que soy yo quien tiene la culpa de lo ocurrido, pero yo se la echo a la tienda. ¿Qué esperan que pase si le venden once mil millones de cohetes a alguien que huele a gasolina?

Lo bueno de todo esto es que es probable que ningún vecino nos mande postales navideñas de aquí en adelante, así que esa es una tarea que me ahorro; además, pude beberme todo el vino especiado y estoy bastante achispada porque creía (equivocadamente) que el vino especiado apenas tiene alcohol.

Sábado, 7 de noviembre

¡Me siento casi casi como una persona de verdad con una vida de verdad! El hecho de tener dos amigos divorciados significa que a sus respectivas medias naranjas (es decir, los cabronazos) les toca quedarse con los niños cada dos fines de semana, así que mis amigos pueden salir y Hacer Cosas; obviamente, la ruptura de ambas relaciones es algo muy triste tanto para Hannah y Sam como para sus respectivos hijos, pero para mí es muy positivo porque así puedo ir al *pub* con ellos.

Esta noche, una vez que cubrimos a fondo el tema de la multitud de defectos y pecados de los dos ex (aunque ambos siguieron lanzando algún que otro «¡Cabronazo!» airado de forma esporádica cuando se les ocurría alguna ofensa más del ex en cuestión), Sam admitió al fin que yo había tenido razón al advertirle que el Aquelarre Jodidamente Perfecto iba a perseguirle. Parece ser que Sophie le ha dicho a la Perfecta Lucy Atkinson que tiene dos papás, y la madre de Lucy ha invitado a Sophie ni más ni menos que cinco veces a que vaya a jugar a su casa, pero la niña dice que ni hablar porque parece ser que no aguanta a Lucy Atkinson «porque tiene cara de estúpida», lo que parece una razón tan válida como cualquier otra. El resto del aquelarre también ha estado acechando a Sam, invitándole a que se pase algún día a tomar un café, obligándole a aceptar aterradoras «magdalenas saludables» caseras y, con una falta de tacto alucinante incluso conociendo cómo se las gasta Fiona Montague (no se me ha olvidado aquella vez que me dijo con toda la inocencia del mundo lo valiente que soy por no maquillarme a pesar de encontrarme mal, cuando en realidad me sentía perfectamente bien y tenía la cara cubierta por una capa entera de maquillaje), intentando emparejarlo con su peluquero «¡Porque estoy segura que los dos tenéis muchas cosas en común!».

—¡Son como *ninjas*! —nos dijo Sam—. Me sentía como si estuviera metido en una especie de videojuego al llevar a los niños al cole, escondiéndome detrás de setos para evitar que me endosen su asquerosa comida y que me presionen para que vaya a esas reuniones en las que venden bisutería. ¡Que soy gay, joder, no una *drag queen*! ¿Por qué iba a querer pasar la tarde dando grititos de entusiasmo por la mierda de bisutería que venden?

—¿Te acuerdas de los chochitos artesanales?

Solté una risita al hacerle esa pregunta a Hannah, quien aún no me ha perdonado por la vez en que la obligué a acompañarme a una de esas reuniones y, para nuestro horror, descubrimos que la mamá «diseñadora» que organizaba el evento, por motivos que solo ella podía saber, había decidido crear toda una colección de joyas basada en su propia vagina, para celebrar la fecundidad de esta. Teniendo en cuenta los precios astronómicos que aparecían en las etiquetas de los chochitos enjoyados (¡había pendientes, colgantes, anillos y hasta pulseras!), no hay duda de que la parte delantera inferior de esa mujer debía de ser extremadamente fecunda, pero todos los comentarios sobre dichos precios fueron refutados con la afirmación de que las joyas eran artesanales y, por tanto, estaba justificado cobrar el PIB de Luxemburgo por un collar del que pendía un coño de plata de ley. Parece ser que en las cafeterías de la zona se recurre a una justificación similar si alguien se queja por tener que dar un billete de diez por un bocadillo de beicon; al parecer, se trata de un precio bastante aceptable, ya que el beicon procede de una clase especial de cerdo que asistió a clases de baile y practicaba paracaidismo en su tiempo libre y vete tú a saber cuántas cosas más.

Nunca en mi vida he visto a alguien tan horrorizado como Sam mientras Hannah le contaba lo de los chochitos enjoyados; de hecho, se le veía incluso más impactado que a Simon (un hombre que ni siquiera es capaz de pronunciar la palabra «vagina») cuando se lo conté, pero supongo que mi marido se sentía bastante a salvo en el sentido de que tenía la certeza de que nadie va a intentar convencerlo de que vaya a una reunión de esas.

Sam estaba tan horrorizado que afirmó que necesitaba tequila por razones médicas, para anestesiarse y aliviar el horror que le provocaba la idea de que alguien creyera que hacer réplicas de sus propios genitales para vendérselas a sus amigas era una buena idea.

Después de tomar un par de tequilas no podía quitarme de encima la impresión de que Sam había dicho antes algo que me había dado una idea genial, pero por mucho que me devanaba los sesos no lograba recordar cuál había sido esa idea tan buena. Solo sabía que era de una brillantez pasmosa. Ese es el problema con el tequila..., bueno, uno de ellos.

Lunes, 9 de noviembre

Vaya por Dios, me parece que la semana pasada debimos de molestar de verdad a los vecinos con nuestras granadas y lanzacohetes, porque los Jenkins, que viven justo enfrente al otro lado de la calle, han puesto su casa en venta.

Por supuesto que lo primero que hice cuando vi el cartel fue lo que estaba haciendo el resto de la calle en ese momento: consultar a toda prisa *Rightmove* y hacer cálculos frenéticamente para ver si del precio de venta de la casa de los Jenkins podía deducirse que la mía había ganado o perdido valor desde la última vez que alguien se mudó. Y ni que decir tiene que después tuve que ver todas las fotos para opinar sobre la decoración y murmurar cosas como «Madre mía, vaya gente más descuidada, al menos habrían podido bajar la tapa del retrete y esconder las botellas de los productos de limpieza antes de que se tomara la foto».

La verdad es que *Rightmove* me encanta. Así las cosas son mucho más fáciles que en los viejos tiempos, en aquel entonces tenías que llamar a los de la inmobiliaria y fingir que estabas interesada en comprar la casa de los vecinos antes de poder fisgonear. Y también puedes ver otras de ensueño que nunca estarán a tu alcance, casas de esas que antes solo podías ver en la portada de la revista *Country Life* cuando estabas en el dentista.

Pero esta mañana me desvié un poco de mi propósito inicial y empecé a codiciar una torre escocesa romántica a más no poder y una casa solariega de Cornualles que me recordaba a Manderley. Había hasta una pequeña rectoría monísima de la época de la reina Ana en Oxfordshire con la que podría conformarme apurando un poco (de hecho, costaba más que la torre escocesa y la casa solariega de Cornualles juntas). Cualquier cosa distinta a mi aburrida casa suburbana.

Pasar tanto tiempo suspirando por casas de ensueño hizo que me diera cuenta de repente de que ya eran las nueve menos cuarto y ni siquiera había iniciado aún el largo proceso de gritar repetidamente: «¡A PONERSE LOS ZAPATOS! ¿ESTÁIS LISTOS? ¡NOS VAMOS YA! ¿OS HABÉIS PUESTO LOS ZAPATOS? ¿SE PUEDE SABER QUÉ COJONES ESTÁIS HACIENDO? ¡QUE OS PONGÁIS LOS ZAPATOS! ¡YA! ¡NOS VAMOS! ¡SI NO ESTÁIS LISTOS, OS DEJO AQUÍ! ¡NO, NO LO DECÍA EN SERIO! ¡NO, NO ES UNA GRAN IDEA! ¡QUE OS PONGÁIS LOS ZAPATOS, Y PUNTO! ¡NO PUEDO DEJAROS AQUÍ, ES ILEGAL!».

Todo ello parece ser el cántico ritual que hace posible que los niños salgan de casa por la mañana, así que sin él llegamos tarde al colegio, lo que dio pie a miraditas burlonas entre las madres del Aquelarre que estaban charlando en la puerta vestidas con su ropa de yoga, con sus vasitos de Costa de café descafeinado con leche de soja y un chorrito extra de petulancia. No, en serio, ¿quién tiene tiempo de pararse a comprar un café de camino al cole?, ¿por qué no se lo toman en casa antes de salir, tal y como hace la gente normal? No sé si será para fardar de que son tan supermegaorganizadas que pueden salir de casa veinte minutos antes de tiempo (porque la niñera se ha encargado de arreglar a los niños, claro), y de que tienen tanto dinero que pueden darse el lujo de pagar más de tres libras por un vasito de café.

Huelga decir que llegué tarde al trabajo, así que no tuve tiempo de pararme a comprar una tarjeta de rasca y gana en el camino para intentar conseguir la casa de mis sueños (porque está claro que es mejor invertir el dinero en los *rascas* que en los vasitos de café de tres libras, a veces me parezco tanto a Jeremy Kyle que dentro de poco me dará por ir a Tesco en pijama).

Tuve la suerte de que nadie se diera cuenta de que llegué con retraso, así que pude escabullirme a la hora de la comida para comprar un *rasca* (vale, lo admito, compré cinco). No me tocó nada de nada. No sé por qué todavía me sorprendo tanto cuando los *rascas* no me proporcionan la fortuna que llevo toda la vida esperando, lo máximo que llegué a ganar con uno fue una libra que, tal y como cabía esperar, procedí a reinvertir de inmediato comprando otro.

A estas alturas ya debería saber que nunca gano nada; da igual que sea un *rasca*, una rifa o una simple tómbola, no hay manera. Mis míseras ganancias en las rifas se reducen a una caja de pañuelos peluda con forma de perro que gané a los siete años y a un nabo que gané más recientemente. Sí. Un nabo. ¿Quién cojones incluye un nabo en la rifa de una fiesta escolar? Este tema me afectó mucho, porque me preocupaba que al ganar el nabo se hubiera consumido la suerte que había ido acumulando a lo largo de toda mi vida por el hecho de no haber ganado nada nunca, pero tras reflexionar al respecto largo y tendido llegué a la conclusión de que para que te toque un nabo tienes que tener muy pero que muy mala suerte, así que mi suerte seguía intacta y lista para ser exprimida de golpe con un gran premio (lo más probable es que sea con un *rasca*, porque me gusta obtener una satisfacción inmediata y es una lata esperar a los sorteos de lotería).

Dado que mi fracaso con los *rascas* implicaba que mi último sueño pornoinmobiliario había quedado hecho añicos y no iba a mudarme en breve a la casa de mis sueños, llamé a Hannah y le conté mi nueva Gran Idea: en vez de intentar comprarle a Dan la parte que a él le corresponde de la casa, debería venderla y comprar la de los Jenkins y venirse a vivir enfrente de mí. A ella no le convenció demasiado el plan porque no sabía si iba a poder permitírselo una vez que Dan se llevara su parte y se hubiera pagado a los abogados, pero yo argumenté que, después del Desastre *Cohetil*, nos resultará fácil seguir con el comportamiento antisocial y lograr que bajen los precios de las casas del barrio. Puedo conseguirle una camiseta de rejilla a Simon y esparcir unas cuantas latas vacías de cerveza por el jardín, aunque, por supuesto, después de que Hannah se viniera a vivir aquí tendríamos que volver a ser modélicos ciudadanos de clase media para no alterar demasiado los precios (es decir, el precio de nuestra casa).

Me encantaría que Hannah viviera al otro lado de la calle, la una podría pasar a visitar a la otra por las tardes para tomar una copa de vino en vez de vernos, con suerte, una vez al mes (y eso tras haber sincronizado meticulosamente con quién dejar a los niños y sus actividades para poder salir de la casa; para entonces solemos estar tan entusiasmadas por vernos y haber podido salir que por regla general acabamos emborrachándonos).

Pero si ella se comprara la casa de enfrente, podríamos ir una a casa de la otra cada dos por tres, charlaríamos entre risas sentadas alrededor de nuestras desgastadas mesas de cocina, prepararíamos juntas sin esfuerzo alguno deliciosas y nutritivas cenas que todo el mundo se comería sin protestar. He intentado hacer realidad esta imagen mental con alguna que otra vecina con la que pensé que podría tener cosas en común, pero hasta el momento todas han sido una lamentable decepción y dicen cosas como «¡Uy, no, hoy no puedo tomar vino, estamos a martes!» o «Perdona, pero me he apuntado a un plan de adelgazamiento. ¿Sabes cuántas calorías tiene el vino?». Tengo unas vecinas que dan asco. Necesito unas mejores... Hannah, por ejemplo.

Esta tarde no había ningún gerente en el trabajo porque salieron a hacer una actividad de esas típicas de la gerencia para fomentar el espíritu de equipo, así que pasé el rato cotilleando un poco más en *Rightmove* con el pretexto de estar «informándome» para demostrarle a Hannah por qué comprar la casa de los Jenkins sería una decisión de lo más lógica y sensata desde un punto de vista financiero. Lo bueno de trabajar como informática en una compañía donde la ética brilla por su ausencia es que todo el mundo tiene miedo a los ordenadores, así que nadie tiene ni idea de cuánto tiempo se tarda en hacer algo. Y eso quiere decir que puedo haraganear un montón, porque puedo convencer a la gente de que un trabajo que en realidad puedo tener listo en dos horas requiere dos semanas de trabajo, aunque esforzándome a tope y solo porque se trata de la persona en cuestión podría llegar a hacerlo en diez días. Y entonces, si me siento magnánima, puede que incluso lo entregue en una semana, así que todos creen que soy un genio y una superestrella cuando en realidad paso gran parte de la jornada de trabajo comprando por Internet y leyendo foros de cotilleo.

Por si fuera poco, gracias a mi astucia en el trabajo me permiten tener una jornada de 09:30 a 15:00, y cada dos semanas tengo un miércoles libre. Estas ventajillas me compensan en cierta medida por todas esas veces en que estás en una fiesta y, cuando la gente te pregunta a qué te dedicas y contestas que eres informática, ves el aburrimiento que inunda sus ojos incluso antes de que termines la frase; por otra parte, vivo con el temor constante de que un día decidan que estoy tan sobrecargada de trabajo que hay que contratar a alguien más para que me ayude. No habría ningún problema si la persona en cuestión resulta ser igual de vaga y pasota que yo, pero estaría perdida si pasara lo peor y contrataran a alguien que tenga una verdadera ética laboral.

Jueves, 12 de noviembre

¡¡¡Por Dios, qué calvario!!! Ya han empezado a llegar las felicitaciones navideñas por correo electrónico, ¿la gente no se da cuenta de que las Navidades no empiezan hasta diciembre? ¡No entiendo por qué me hace esto mi estúpida familia! Para ser justos, supongo que al esperar hasta noviembre al menos han tenido en cuenta el megaberrinche que tuve el año pasado cuando empezaron a enviármelas en agosto y les dije a todos que se fueran a la mierda, que estaban ECHANDO A PERDER LA MAGIA DE LA NAVIDAD.

El primer correo electrónico llegó esta mañana. Me lo envió la megaengreída y megaexitosa y megarrica y prácticamente perfecta en todos los sentidos de mi hermana Jessica:

Hola, Ellen:

Estaba pensando en lo que vamos a hacer en Navidad, teniendo en cuenta que mamá y Geoffrey estarán de crucero y papá y Caroline pasarán las fiestas con los hijos de ella. Ya sé que me toca invitar a todo el mundo a mi casa, pero es que estoy hasta arriba de trabajo y lo siento mucho, pero no voy a tener tiempo de organizarlo y celebrarlo aquí.

Así que se me ha ocurrido que estaría bien juntarnos todos en algún sitio. Échale un vistazo a Ferraton Hall, es un precioso hotel rural y tienen una oferta fantástica para las fiestas navideñas: dos noches por tan solo 500 libras por persona, y también te preparan la comida del día de Navidad por 75 libras por cabeza (el vino se paga aparte). Pero tendríamos que hacer la reserva ya, solo les quedan plazas libres porque han tenido una cancelación.

Además, si nos alojáramos allí, podríamos limitarnos a seleccionar alguno de los tratamientos del spa a modo de nuestros respectivos regalos navideños, hay una lista en la página web.

Saludos cordiales,
Jessica.

81

¿Qué cojones significa todo esto?

A) Mi propia madre se larga de crucero con mi padrastro en Navidad y no se ha molestado en avisarme, ¿cuándo pensaba decírmelo?

B) Vale, sí, sabía que papá iba a pasar las fiestas con los hijos de su mujer porque les toca a ellos, pero aún estoy un poco ofendida y sigo sintiendo que quiere más a su «nueva familia» que a nosotros a pesar de que yo tenía veintinueve años cuando se casó con Caroline. Me dan ganas de estampar el pie en el suelo y chillar: «¡¡¡Pero él es mi paaaapiii, no el tuyo!!!».

Y, por encima de todo:

C) ¿500 libras por el alojamiento más 75 por cabeza por la comida de Navidad? Por el mero hecho de que a mi querida hermanita le encanta protestar con mucha modestia que no, que su sueldo no llega a las siete cifras exactamente (lo que indica de forma solapada que no llega, pero está muy cerca), espera que nos gastemos 2300 libras incluso antes de comprar un regalo, y todo porque ella está tan jodidamente ocupada que no puede invitarnos a pasar el día de Navidad en su casa. Jessica sabe perfectamente bien que no podemos permitirnos pagar semejante cifra por dos noches de hotel; además, Peter y Jane no es que sean precisamente como sus dos perfectos muñequitos, Persephone y Gulliver (les pusieron esos nombres porque «¡Oh, es que queríamos algo clásico a la par que fuera de lo común!»), y lo más probable es que se desmadren y destrocen o roben las selectas antigüedades que los hoteles como esos suelen tener aquí y allá. Además, ¿qué clase de zorra de gélido corazón termina los correos dirigidos a su propia hermana con *Saludos cordiales*? El paso siguiente será un escueto *Atentamente*, lo veo venir.

Le contesté con el siguiente correo:

Hola, Jess:
El hotel tiene muy buena pinta, siento decirte que es un pelín caro para nosotros en este momento.
E. XXX

En un abrir y cerrar de ojos recibí su respuesta. Para ser una persona tan tan ocupada que ni siquiera puede plantearse encargar la comida de Navidad en M&S por Internet, no veas la prisa que se da en contestar a los correos relacionados con ese tema.

> Hola, Ellen:
> Qué pena lo del hotel, se veía tan agradable… espero que no sigas malgastando el dinero en rascas (ja, ja, es broma!).
> Persephone y Gulliver están deseosos de ver a sus primos en Navidad y, al fin y al cabo, es una época para estar en familia. Si no quieres ir a Ferraton Hall, ¿qué te parece si vamos a pasar el día de Navidad en tu casa? Ya sé que me tocaba a mí invitaros a la mía, así que no me parecería bien que tuvieras que encargarte de todo. Yo me encargo de llevar el budín navideño.
> Saludos cordiales,
> Jessica.

Ya está, lo ha vuelto a hacer. Se las ha ingeniado para lograr que me sienta obligada a celebrar la comida de Navidad en mi casa, y con dos frases lo ha convertido en un hecho consumado (solo hay que ver ese *Yo me encargo de llevar el budín navideño*) incluso antes de que yo haya accedido a que vengan. Y todo porque parece ser que se trata de una época para estar en familia, cuando en realidad ni siquiera nuestros propios padres pueden tomarse la molestia de venir a pasar las fiestas con nosotras. Pero mencionar la ausencia de nuestros chalados progenitores no me servirá para luchar contra el decreto de Jessica de pasar el día de Navidad en familia, porque ella se limitará a contestar que con más motivo aún debemos estar juntos.

Todos los niños tienen un año más que la última vez que nos juntamos, claro, así que en teoría la cosa debería ser más civilizada, ¿no? En las Navidades del año pasado, Peter y Jane se habían comido cada uno una caja entera de dulces y bombones surtidos para cuando llegaron Jessica y Neil, quien es poco menos que mudo (llevan quince años casados y aún no sé si el tipo no habla porque no nos soporta o porque le tiene tanto miedo a Jessica que no se atreve a dar su opinión, o si el caos de mi casa y mis asilvestrados hijos le dejan enmudecido; en cualquier caso, suele permanecer sentado sumido en un sombrío silencio, solo responde a preguntas directas murmurando «No, gracias, así estoy bien, sí, gracias, estoy bien, gracias» y de vez en cuando hace una pequeña mueca).

Persephone y Gulliver habían recibido unos regalos de muy buen gusto de sus padres, unos que no hacían ruido y habían sido diseñados para fomentar la ética; en cuanto a Peter y a Jane, casi todo lo que habían recibido de nuestra parte eran videojuegos ruidosos y molestos, y estaban intentando jugar con ellos a la vez que corrían por la casa como un par de diablillos desquiciados por el azúcar.

Persephone había creado una composición para piano como regalo para todos y exigió tocarla en cuanto llegó, así que diez minutos después de cruzar el umbral de la casa estaba hecha un mar de lágrimas porque parece ser que nuestro piano vertical, que está un poquitín desvencijado, no estaba al nivel del que ella estaba acostumbrada a tocar y, por otra parte, Peter y Jane se negaban a apagar la PlayStation durante el recital. Y entonces, cuando Simon les quitó los mandos de la consola a la fuerza, mis hijos procedieron a inventar una letra para la música que ella estaba tocando y que decía algo así como «Persephone es una cara de caca, es una estúpida requeteestúpida cara de caca»; la boca de Jessica empezó a parecerse tanto al trasero de un gato de tanto fruncirla que pensé que su cabeza iba a volverse del revés, y todo ello me lleva a preguntarme por qué querrá venir a pasar el día de Navidad con nosotros.

En una ocasión le pregunté por qué está tan empeñada en que siempre nos reunamos en ese día, y ella me miró sorprendida y contestó: «Solo quiero que nuestros hijos pasen unas Navidades tan mágicas como las que nosotras teníamos de pequeñas. Estar todos juntos, el gran banquete en familia, los juegos y las tradiciones..., ya sabes, cuando las cosas eran así, antes de que todo cambiara».

A mí me parece que mi hermana confunde las Navidades de nuestra infancia con algún anuncio de John Lewis, porque lo que yo recuerdo es a mamá refunfuñando a puerta cerrada porque la abuela (la madre de papá) estaba siendo una verdadera arpía con ella mientras, al mismo tiempo, aporreaba el relleno de sobre para intentar quitarle los grumos y se trincaba ginebra suficiente para que le resbalaran los comentarios de la abuela sobre su peso. Papá nos quitaba a Jess y a mí los juguetes que llevaran pilas porque, según él, nosotras no sabíamos ponerlas, y entonces alegaba que tenía que ponerlos en marcha para dejárnoslos listos, pero lo que quería decir con eso era que iba a ponerse él a jugar mientras nosotras nos quejábamos y le pedíamos que nos los devolviera. Como mamá no había cumplido con su deber de esposa de darle un varón y heredero y tan solo había podido crear dos frágiles niñas, Jess y yo recibíamos un montón de regalos que requerían pilas (trenes, circuitos de carreras...) que estaba claro que estaban destinados a los inexistentes hijos varones de nuestro padre.

Para cuando llegaba la hora de la comida, mi madre estaba al borde de un ataque de nervios y rompía a llorar cuando estábamos comiéndonos el budín porque acababa de acordarse del relleno que había dejado en el horno y que a esas alturas había quedado incinerado; para cuando llegábamos al Discurso de la Reina (la abuela insistía en que había que verlo), nadie se dirigía la palabra; a las seis de la tarde, a pesar de que nadie quería volver a ver comida en toda su vida, mamá interpretaba el papel de sufrida anfitriona sirviendo un supuesto «té navideño», que consistía en un surtido de sándwiches elaborados a partir de distintas sobras y que, por alguna inexplicable razón, siempre llevaban una buena cantidad de remolacha encurtida. Mamá procedía entonces a ordenarnos a voz en grito que todos nos comiéramos un sándwich de pavo y un pastel de carne, y entonces y solo entonces se nos permitía disfrutar del momento álgido del día: ver el especial navideño de *Gente de barrio*.

A decir verdad, las Navidades de después hacen que esas parezcan idílicas (con lo de «después» me refiero a los años posteriores a que pillaran a papá tirándose a su secretaria y mamá le echara a patadas de casa). Las Navidades de después siempre venían acompañadas de un sentimiento de culpa subyacente al pensar en el progenitor con quien no nos tocaba pasarlas, por mucho que el progenitor en cuestión nos hubiera asegurado muy sonriente que no pasaba nada, que estaba bien, que no nos preocupáramos.

Pobre Jessica, no tendría que ser tan dura con ella. Siempre fue una perfeccionista, incluso antes del «después», y siempre intentaba desesperadamente que la Navidad fuera como la imagen ideal que tenía en su cabeza. Para evitar que la abuela hiciera sus habituales comentarios hirientes, intentaba distraerla jugando al Trivial Pursuit (aunque en el fondo sigo teniendo la sospecha de que elegía ese juego para hacer alarde de cuánto sabía), y se zampaba los pasteles de carne como una valiente para intentar evitar que mamá saliera hecha una furia de la sala gritando que no sabía por qué cojones se tomaba la molestia de esforzarse tanto. Aún recuerdo las primeras Navidades de después, fuimos a pasarlas a casa de papá y el día de Navidad, a la hora del té, Jess sacó el tarro de remolacha encurtida que había comprado expresamente para esa ocasión un día al salir del cole, para intentar que las fiestas navideñas se parecieran un poco a las de antes.

Pero, teniendo en cuenta todo lo dicho, se entiende aún menos el que siempre termine por escaquearse de celebrar las Navidades en su casa y me endose la tarea a mí. En teoría, Jess debería sentirse en su salsa siendo la Reina de la Navidad, restándole importancia con falsa modestia a su elegante decoración navideña mientras ofrece un festín digno de Heston Blumenthal, obligándonos a jugar a las adivinanzas mientras Persephone nos entretiene tocando su piano Steinway. ¡Ostras! ¿Y si mi hermana se niega siempre a invitarnos por Navidad porque mis hijos son tan revoltosos que no quiere tenerlos en su perfecta casa? A lo mejor está dispuesta a invitarnos a ir si propongo sedarlos o algo así.

No estoy dispuesta a ceder tan fácilmente, así que le envié otro correo:

Hola, Jess:
Aún no sé lo que vamos a hacer, lo hablaré con Simon y ya te diré algo.
E. XX

¡Ja! Al final se saldrá con la suya, siempre lo hace, pero al menos le habré hecho perder algo de su supervalioso y superimportante tiempo con correos electrónicos ambiguos, con lo que sentiré que en cierta medida estoy vengándome por la pullita esa de los *rascas*.

Qué asco de vida, cualquiera se daría a la bebida solo con pensar en tener que pasar el día de Navidad con Jessica; en fin, falta poco para el fin de semana, así que un vasito de vino es perfectamente aceptable. El perro acaba de lanzarme una de sus miradas y ha sacudido la cabeza en un gesto de lo más desaprobador, así que le he dicho muy indignada que él no puede juzgarme porque no tiene que soportar a Jessica.

Viernes, 13 de noviembre

Viernes trece, el día más desafortunado del año. Aunque no soy supersticiosa, creo que este día en concreto puede tener algo raro, porque esta mañana recibí un correo electrónico de Louisa, la hermana de Simon..., no, perdón, ahora hay que llamarla Amaris. Hace poco anunció que en adelante ese sería su nombre, parece ser que significa «Hija de la luna».

Louisa/Amaris y su marido, Bardo, regentan algo llamado «retiro espiritual alternativo» en algún lugar de las Tierras Altas escocesas. Comparten ese retiro con un montón de niños mugrientos (el número siempre va en aumento, Louisa/Amaris los va pariendo a un ritmo desconcertantemente constante). Me parece que la última vez que los conté había cuatro.

El correo de Louisa/Amaris decía lo siguiente:

Namaste, Ellen:

La Diosa nos ha bendecido con otro regalo al que hemos llamado Boreas. A Bardo y a mí nos gustaría que Boreas conociera al resto de la familia, y hemos pensado que Navidad (o, tal y como preferimos llamarlo nosotros, la fiesta del solsticio de invierno) sería el momento perfecto para ello.

Vamos a cerrar el retiro para esta ocasión tan importante, y tenemos planeado llegar a vuestra casa el 22 de diciembre. Podemos dormir en Gunnar (nuestra autocaravana, su nombre significa «guerrero valiente»!) si no tenéis espacio para nosotros en la casa y, aparte de cuando haya que hacer la comida o ir al cuarto de baño, no os molestaremos para nada. Pensamos regresar a casa alrededor del 29, para que tengáis tiempo de sobra de conocer a Boreas. Ahora vamos a hacer una desintoxicación digital durante dos semanas, así que, si hoy a las 12 del mediodía no he recibido noticias tuyas, daré por hecho que nuestros planes os parecen bien.

Paz y amor,
Amaris

¡Y la muy zorra me lo envía a las 11:52!

No tengo claro qué clase de «espiritualidad» practican exactamente Louisa/Amaris y Bardo («Hijo de la tierra», conocido formalmente como Kevin). Parece ser una especie de batiburrillo del druidismo, la *wicca* y el budismo, todo ello entremezclado con una generosa dosis de lo que tan solo puede describirse como gilipollez de la Nueva Era. Lo único que tengo claro es que levitan por la vida mirándonos con aire de superioridad a Simon a mí (estando como estamos esclavizados bajo el yugo de nuestros jefes en el trabajo), lo que hace que al menos tengan algo en común con Jessica, quien también se siente superior a nosotros y a nuestra monótona vida de clase media.

Jessica y sus hijos al menos son aseados, Louisa/Amaris y Bardo/Kevin y sus once mil millones de hijos tienen pinta de necesitar con urgencia que les restrieguen bien con un cepillo de alambre y una botella de desinfectante puro. Sigo sin recuperarme de su «boda», que fue una ceremonia *wicca* de unión de manos y ni siquiera estoy segura de que fuera legal. A pesar de mis recelos, di el todo por el todo y al llegar el gran día me presenté allí con un tocado adorable, mi mejor par de zapatos de LK Bennet y esforzándome al máximo por hacer aflorar a la Kate Middleton que llevo dentro. Y resulta que la ceremonia se celebraba en el bosque. El bosque en cuestión tenía el suelo lodoso y los tacones se me hundían, así que la feliz pareja y un amplio abanico de gente mugrienta con ropa *hippy* y gruesas joyas de plata (algunas de las cuales guardaban un parecido muy sospechoso con los chochitos enjoyados artesanales) me miraban de soslayo con sonrisitas burlonas mientras Simon tiraba de mí para liberarme. Pero la cosa no quedó ahí. Como estaba lloviendo, mi elegante tocado quedó hecho un desastre y se me corrió el rímel, por lo que poco después tenía un aspecto tan desaliñado como los demás.

Louisa había parido poco antes y había tenido el generoso detalle de guardar y secar su placenta. Después había procedido a molerla, y nos invitó a sazonar nuestra comida con ella si nos apetecía. Hasta ese momento, yo de verdad que pensaba que nada podría hacer que las «lentejas con sorpresa» de Bardo me resultaran menos apetecibles, pero después de semejante ofrecimiento culinario ni siquiera fui capaz de probar bocado por miedo a lo que pudiera ser la sorpresa en cuestión (¿piel escrotal raspada de Bardo?, vete tú a saber). Simon se dedicó a darme patadidas y a pedirme que me comportara, que estábamos en la boda de su hermana.

Louisa era una persona normal y corriente, trabajaba de diseñadora gráfica en una importante agencia de publicidad y ganaba un sueldo decente. Pero entonces conoció a Bardo, quien tiempo atrás había trabajado en el distrito financiero de Londres y un día, de buenas a primeras, tuvo una revelación estando en la línea Circle del metro. «Y de repente me pregunté: ¿qué estás haciendo, tío? Yo era como ese tren, iba dando vueltas y más vueltas sin avanzar, y me di cuenta de que algo tenía que cambiar, tío» (al parecer, tío, se cree que está en una especie de película sobre algún festival *hippy* de los sesenta, tío). Así que dejó el trabajo, vendió su piso y se fue a recorrer la India, y allí fue donde se encontró a sí mismo y descubrió que en realidad era Bardo. «Así que hice una hoguera en la playa, tío, y quemé todo lo que había pertenecido a Kevin, y adopté este nuevo nombre, y dejé allí a Kevin». O sea, que básicamente se puso hasta el culo de droga y quemó todas sus cosas y se supone que por eso tenemos que considerarle un tipo profundo y de elevados pensamientos en vez de un gilipollas pretencioso.

Después de encontrarse a sí mismo, Bardo decidió que había llegado el momento de regresar a casa y difundir el mensaje para que otros pudieran encontrarse también a sí mismos. Por supuesto que su decisión de volver no tuvo nada que ver con el hecho de no tener ni un solo par de calzoncillos limpios ni dinero después de haberlo quemado todo, aunque tengo la horrible sospecha de que ni siquiera usa calzoncillos. ¡Qué asquete!

Tras su regreso a Londres conoció a Louisa, que siempre ha sido una persona bastante influenciable, la convenció de que dejara de dar vueltas y más vueltas como el metro y, con lo que le quedaba a él de la venta del piso y lo que consiguió ella vendiendo todas sus pertenencias, se largaron a Escocia, donde compraron cuarenta hectáreas de monte bajo en las que pensaban ser autosuficientes y abrir su lugar de retiro para que otros también pudieran ver la luz, esa luz tan única que habían arrojado los calzoncillos de Kevin al arder en la playa.

Y ahora resulta que la pareja ha vuelto a reproducirse de nuevo. Boreas, ¿qué clase de nombre es ese? Ni siquiera voy a tomarme la molestia de buscarlo en Google, porque tengo claro que mi cuñada se explayará largo y tendido explicándome su significado cuando la vea..., porque la voy a ver, me parece inevitable teniendo en cuenta que no he contestado a su correo en el breve plazo que me ha dado antes de marcharse a su desintoxicación digital. Por cierto, ¿qué será eso? Deduzco que se trata de renunciar a todas las malvadas tecnologías modernas, a pesar del hecho de que las escasas almas crédulas que van a ese lugar de retiro suelen hacer la reserva por Internet. A lo mejor les han cortado la luz de nuevo, porque gastarse el dinero que les quedaba en instalar paneles solares en medio de un bosque del norte de Escocia no fue su idea más brillante que digamos. La cosa habría sido pasable si hubieran accedido a talar los árboles de alrededor de los paneles, pero parece ser que no podían hacerlo porque eso habría enfadado a la Diosa.

Seguro que Simon o sus padres tendrán que volver a echarles una mano si es verdad que les han cortado la luz. Ya sé que no tendría que molestarme que mi marido le dé dinero a Louisa (al fin y al cabo, es su hermana), pero me molesta porque no hay absolutamente nada que impida a Louisa y a Bardo conseguir un trabajo normal y corriente como hace todo el mundo. Los dos son personas con estudios y están más que capacitados para realizar un montón de trabajos con los que ganarían un buen sueldo, pero prefieren perder el tiempo con su estilo de vida alternativo y gastarse el dinero en cosas como absurdos paneles solares, y pretenden que los demás financiemos sus chorradas porque se supone que ellos están en un plano superior al nuestro y, por lo tanto, no se les puede pedir que se tomen la molestia de ocuparse de absurdas cosas mundanas como el trabajo o el dinero.

En fin, la cuestión es que vienen a presentarnos a Boreas. Ni siquiera sé si es un niño o una niña. Louisa tiene tantos hijos que no me acuerdo de si incluí el bombo de Boreas al contar que eran cuatro o si es el número cinco; en cualquier caso, esto supone otro regalo que habrá que comprar, un regalo que Louisa contemplará con conmiseración antes de suspirar y explicar por qué ellos solo dan regalos hechos a partir del vello púbico de yaks criados en libertad.

Aún no le he contado a Simon lo de Jessica, y ahora voy a tener que contarle también lo de Louisa. Aunque a mi marido le encanta proclamar a los cuatro vientos lo unido que está a su hermana, yo tengo claro que en el fondo prefiere que ella permanezca en Escocia, que siga lejos con Bardo el Petardo (el chistecito es de Simon, no mío). Además, lo de tener a Jessica y a Louisa cerca la una de la otra podría terminar muy mal.

Joder, ¿por qué tienen que ser tan complicadas las Navidades?, ¿por qué son tan complicadas nuestras familias?, ¿todas las familias son así? Los padres de Simon, por lo menos, se fueron a vivir a Francia después de la jubilación y no dan muestras de querer venir a pasar las fiestas con nosotros; al parecer, prefieren pasar su propio *Joyeux Noël* emborrachándose en su pequeño palacete en compañía de un entretenido grupito de vecinos y que las hordas de nietos los visiten en verano, ya que en esa época del año pueden tenerlos bien controlados y recogiditos en la piscina.

Espero fervientemente que Louisa no traiga su placenta...

Sábado, 14 de noviembre

Qué asco de vida. Se me olvidó hacer la compra por Internet, así que ahora no tenemos comida ni papel de váter (no entiendo a dónde va a parar el papel, ¿cómo es posible que gastemos tanto en una semana? ¿Se lo estarán comiendo los niños? A lo mejor lo sacan a escondidas de la casa para venderlo en algún mercado negro secreto de rollos de papel de váter. ¡Es increíble! Puede que sea Simon quien lo gasta todo, ya que se siente orgullosísimo de pasar tanto tiempo en el cuarto de baño), pero lo peor de todo es que no tengo vino.

Como Simon me dijo que, siendo como es un hombre tan ocupado e importante, tenía que encargarse de unos asuntos del trabajo esta mañana, me vi obligada a llevarme a los niños al supermercado. Eso es una pesadilla en el mejor de los casos, pero en un sábado por la mañana la cosa es peor aún porque es muy probable que te encuentres a los miembros del Aquelarre, que «solo pasaban por allí» después de dejar a sus adorables retoños en el curso nuevo donde acaban de inscribirlos (filosofía de la antigua Grecia impartida en mandarín, o algo por el estilo).

Ese tipo de encuentros resultaban el doble de molestos esta mañana porque, por algún misterioso motivo, había un montón de botellas de Red Label en oferta. Llené mi carro gozosa con cosas como un enorme redondo de ternera por 3,42 libras y filetes de carne por 2,54 libras, pensando dichosa en la profusa abundancia que iba a reinar en mi congelador (ahora solo contiene varias bolsas de guisantes que se han congelado y descongelado repetidamente porque se han usado a modo de compresas de hielo con Peter, para frustrar sus reiterados intentos de acabar otra vez en Urgencias y que me denuncien ante Asuntos Sociales). Los miembros del Aquelarre no ven con buenos ojos el amor por el Red Label y, al ver que la Mamá Perfecta de la Perfecta Lucy Atkinson y Fiona Montague estaban rondando por allí, no me quedó más remedio que jugar a «los *ninjas* del supermercado», que básicamente consistía en asomarse por cada esquina y, tras comprobar que un pasillo estuviera despejado, recorrerlo a la carrera e ir llenando rápidamente el carro con los productos necesarios mientras le susurraba frenética a Jane que se callara de una vez y ella seguía preguntándome a voz en grito: «PERO ¿POR QUÉ NO QUIERES HABLAR CON LA MAMÁ DE LUCY? ¿NO TE CAE BIEN? ¿POR ESO DIJISTE AYER QUE LA MAMÁ DE LUCY ES UNA IDIOTA?».

Huelga decir que todos mis esfuerzos fueron en vano, porque Lucy Atkinson y su Mamá Perfecta nos acorralaron en el pasillo de los cereales y las legumbres. En ese preciso momento, Peter estaba preguntando repetidamente qué pasaría si uno se aguantara los pedos para siempre («¿Explotarías?, ¿explotarías de golpe? Pero ¿y si pudieras aguantártelos para siempre? Dime, mamá, ¿explotarías y la sangre y las tripas saldrían volando por todas partes?»), y procedió entonces a recrear lo que él imaginaba que pasaría al explotar por culpa de aguantarse los pedos.

La madre de Lucy nos miró horrorizada mientras yo me apresuraba a meter paquetes de quinoa en el carro para cubrir las botellas de Red Label y Peter se retorcía en el suelo fingiendo con teatralidad que vomitaba.

—¡Cielos, Ellen, vaya imaginación que tiene tu hijo! —me dijo la madre de Lucy antes de lanzar una mirada hacia la quinoa, tan saludable y propia de la clase media—. ¡Ah, qué gracia, aún coméis quinoa! Deberías probar el arroz rojo de la Camarga, querida, ya verás cuánto te ayuda a deshincharte...

Y se fue de lo más ufana con Lucy caminando obedientemente junto a ella (Sophie tiene razón, esa niña tiene cara de estúpida) mientras yo levantaba a Peter del suelo a la fuerza y volvía a dejar la quinoa en el estante, porque que Simon y los niños se la coman es tan poco probable como que la perfecta mamá de Lucy se coma un bocadillo de pollo a la Kiev (es la nueva comida preferida de Simon. Pero solo lo quiere con pan blanco, por supuesto, y no intentes engañarle con ese que es medio integral porque huele la fibra a la legua); además, en la alacena tengo un paquete de quinoa perfectamente aceptable. Puede que lleve caducado desde 2014, pero aun así cuenta.

El destino me deparaba más humillaciones aún, porque cuando fui a pagar y la cajera vio la cantidad de botellas de vino que llevaba en el carro (y la de un litro de ginebra especiada), me preguntó con una sonrisa de lo más risueña si iba a celebrar una fiesta. Tendría que haberme limitado a contestar que sí, pero en vez de eso tan solo fui capaz de señalar con un gesto a Peter y a Jane (el uno estaba intentando chupar la cinta transportadora, la otra parecía una demente mientras, con un falso acento americano, divagaba relatando toda la trama de una horrible serie infantil a la que es adicta) y contesté que no, que no estaba preparando ninguna fiesta.

A pesar de que la visita al supermercado destruyó mi alma y fue un verdadero suplicio, el juego de los *ninjas* sirvió al menos para poder recordar al fin, después de semanas con esa persistente sensación de que tienes algo justo en la punta de la lengua, la idea tan genial que había tenido en el *pub* antes de que el tequila me nublara la mente. Cuando Sam estaba relatando que había tenido que escabullirse del Aquelarre y del resto de supermadres en la puerta del colegio y en el patio, y comentó que eran como *ninjas*, en un momento de genialidad se me ocurrió que quizás debería existir un juego de ordenador o una aplicación para madres basado en la rutina de llevar y traer a los niños al cole, y también en el resto de las situaciones en las que te puedes encontrar y que tienes que gestionar con éxito cuando estás a cargo de tus hijos. Se podrían ganar copas de vino por cada peligro que logres sortear, y pasar a la ginebra conforme vayas subiendo de nivel. Podría llamarlo *Un* gin-tonic *para mamá*, a lo mejor me da algún beneficio y puedo llevar el aparador que destrocé a un restaurador profesional para sorprender a Simon. ¡Vaya!, ¡a lo mejor se me ha ocurrido por fin una buena idea! (lo que merece una copa de vino, por supuesto).

Salí del supermercado y regresé a casa a toda prisa para ponerme a trabajar en mi aplicación de inmediato, y el trabajo realizado hasta el momento ha consistido en lo siguiente: buscar en Google cuánto dinero puede generar una aplicación que tenga éxito; morirme de envidia al leer artículos sobre niños de doce años que han vendido sus brillantes aplicaciones a corporaciones gigantescas por tropecientos mil millones de libras; descubrir que *Flappy Bird* generaba 50 000 dólares al día (¡¡¡sí, al día!!!) cuando estaba en lo más alto (perdón por el chistecito, no he podido resistirme); imaginar lo que haría con semejante cantidad de dinero (sabría administrarlo mucho mejor que cualquier adolescente lleno de acné); elegir los zapatos de Louboutin que me compraría con 50 000 dólares; calcular cuántas libras son 50 000 dólares; echarle un vistazo al reloj y pensar que ojalá ya fuera la hora de tomar algo de vino, y levantarme cada cinco minutos para buscarle a alguien algo de picar o gritarles a los niños que dejen de pegarse. Cuando tenga una fortuna que supere incluso los más avariciosos sueños gracias a mi querida aplicación, conseguiré una niñera..., bueno, al menos una *au pair*.

Miércoles, 18 de noviembre

Jane iba a ir a casa de una amiga al salir hoy del cole, así que, en un arranque de optimismo maternal, se me ocurrió que sería buena idea que Peter y yo pasáramos algo de tiempo juntos para estrechar lazos. Pensé que iríamos a una agradable cafetería, que él tomaría una taza chocolate y yo un café y compartiríamos una porción de pastel y charlaríamos sobre nuestras respectivas jornadas y sería un rato muy especial; ah, y que probablemente también podría hacerle una foto mientras disfrutaba de su chocolate, y publicarla en Facebook con la etiqueta #bellosrecuerdos para que la gente crea que soy una madre cariñosa y eficiente y todos envidien la relación tan estrecha que tengo con mi hijo.

La cosa empezó a torcerse un poco cuando Peter se negó en redondo a compartir conmigo una porción de pastel y exigió una para él solo; después, aprovechando con descaro mi deseo de intentar crear un momento especial, no quiso tomar chocolate e insistió en pedir un refresco de cola. En el fondo, yo sabía que iba a arrepentirme de dejar que se tomara esa cola, pero terminé por ceder para parecer una mamá genial.

Y Peter procedió entonces a parlotear y parlotear sin misericordia sobre el dichoso Pokémon.

—¿Cuál es tu Pokémon preferido, mamá? No, ese no, ese es un asco. Y Pikachu tampoco, todo el mundo lo prefiere a él. Tu preferido debería ser Eevee, ¡es una pasada! ¿Por qué no lo eliges a él? ¡No puede ser que no hayas oído hablar de Eevee! Anda, di que es tu preferido y punto, ¿vale?

—Cariño, ¿podríamos hablar de otra cosa? —le pedí al fin, agotada ante semejante bombardeo.

Peter se quedó mirándome con cara de desconcierto por un momento, porque estaba claro que hablar de un tema que no fuera Pokémon era algo que su cerebro no podía procesar. Pero al final se le ocurrió una respuesta.

—¿Cuál es el mejor *jedi*, mamá?

—¿El mejor? ¡Ah, eso es fácil! ¡Es Luke Skywalker, por supuesto!

Mi hijo me miró horrorizado.

—¡¡¡CLARO QUE NO, MAMÁ!!! ¡El mejor *jedi* es Yoda!, ¡todo el mundo lo sabe! ¿Cómo es posible que ni siquiera sepas eso, mamá? ¿Por qué eres tan estúpida?

Le dije con desaprobación que no está bien llamar estúpido a alguien, pero él se mantuvo en sus trece e insistió en que quien no supiera que Yoda era el mejor *jedi* era estúpido y no había nada que él pudiera hacer al respecto. Y, como soy tan estúpida, no permitió que le hiciera la foto.

Después, cuando su hermana llegó a casa, él disfrutó de lo lindo contándole que le había llevado a comer pastel, lo que demostraba sin duda que le quería más a él. Jane se vengó asegurándole que es adoptado, y entonces se pusieron a discutir a gritos mientras yo intentaba convencer a Peter de que no es adoptado y a Jane de que no quiero más a su hermano que a ella, hasta que al final me di por vencida y los soborné con sus iPad para que se esfumaran y se quedaran callados.

Después de que se acostaran, le relaté indignada a Simon la conversación sobre Yoda y Luke, le conté lo mucho que se había ofendido Peter y me quejé diciendo que no estaba nada bien que me hubiera llamado estúpida, pero mi marido se quedó mirándome con una expresión idéntica a la de mi hijo y afirmó con firmeza:

—Pero Ellen, es que es verdad que Yoda es el mejor *jedi*. Peter tiene razón, todo el mundo sabe que Yoda es el mejor de todos, ¡hay que ser estúpido para no saberlo!

Joder con los *jedi* y los Pokémon de los cojones, mira tú por dónde que a pesar de todos mis estudios ahora resulta que soy estúpida porque no soy una experta en esas chorradas. Voy a tener que tomarme una copita de vino para calmar la crisis existencial que se cierne sobre mí y amenaza con envolverme debido a mi ignorancia en temas absurdos. Y tampoco hace falta que el perro me lance una de sus miradas de desaprobación esta noche, en este momento parece un *wookiee*. ¡Ja! Como se puede ver, ¡sí que sé alguna que otra cosa sobre *Star Wars*!

Sábado, 21 de noviembre

Pues nada, hora de empinar el codo con Hannah y Sam y de contarnos nuestras penas. En un arranque de optimismo digno de Pollyanna se me ha ocurrido que, si para Navidad no se ha vendido aún la casa de los Jenkins, Louisa y Bardo y cuatro (o puede que cinco) niños pequeños viviendo en una autocaravana durante una semana en nuestro camino de entrada debería ser más que suficiente para que bajen el precio a una cifra que esté al alcance de Hannah. Lo malo es que existe el riesgo de que los precios del resto de las casas de la calle no vuelvan a remontar jamás. Saqué el tema para intentar animar a mi amiga, pero ella sigue insistiendo en que no va a poder permitirse comprar esa casa y ni siquiera quiere ir a verla. Me parece una actitud muy egoísta por su parte, porque a partir de unas fotos tan solo te puedes hacer una idea limitada y me encantaría poder ir a fisgonear a mis anchas.

Por supuesto que no le dije a Hannah lo egoísta que estaba siendo, porque llegó el ya obligatorio momento de despotricar contra Dan y Robin (más conocidos como los «cabrones, cabronazos, hijos de puta cabrones»). Dan nos reveló que Robin, tras haber cancelado los dos fines de semana anteriores que le tocaba estar con los niños alegando «compromisos laborales» («¡No sabía que había empezado a follar a cambio de dinero!», exclamó Sam con voz llorosa), ha anunciado con toda la naturalidad del mundo que espera que los críos pasen el día de Navidad con él porque, según sus cálculos de cuáles son los fines de semana que le corresponden, ha llegado a la conclusión de que ese día es suyo. Sam está hecho una furia y dice que ni hablar, que por encima de su cadáver.

Hannah también estaba muy cabreada. Dan está siendo un verdadero capullo con el tema del dinero, se retrasa con el pago de su parte de la hipoteca y con la manutención de los niños y está portándose como un gilipollas en general; alega que carece de recursos y que tiene enormes gastos, pero ahora ha anunciado que no va a poder ver a los niños en Navidades porque se va de vacaciones. Sí, de vacaciones, y ni más ni menos que al Caribe. Con su zorrita de culito respingón del gimnasio.

—¡Antes de que me abandonara llevábamos dos años sin ir de vacaciones porque él siempre decía que no podíamos permitírnoslo! —masculló Hannah con indignación mientras bebía Pinot Grigio y devoraba patatas con sal y vinagre (lo que es sin duda la combinación perfecta para sufrir ardor de estómago).

—¡Cabronazo! —vociferó Sam con furia—. ¿Qué?, ¿nos pedimos un tequilita?

—¡NOOOOO!!! —grité yo—. ¡Tequila no!, ¡nada de tequila!

Aún me persigue el horrible recuerdo de la última resaca que tuve por culpa del tequila, juro por Dios que al cabo de tres años aún seguía notando el sabor del dichoso tequila en la boca. Por eso me quedé flipando cuando Hannah, que también había jurado no volver a beber tequila después de la última vez y al llegar al bar había afirmado con determinación que en esa ocasión no iba a emborracharse y se limitaría a tomar un par de copas de vino (aunque en ese momento ya iba por la segunda botella), exclamó:

—¡Sí! ¡Tequila, necesito tequila! Tengo que enseñaros una cosa.

Dado que tengo el autocontrol de una niña en la noche previa a su cumpleaños, insistí a más no poder para que fuera directa al grano y nos lo enseñara de inmediato, pero fueron necesarios dos cócteles de tequila para que sacara su móvil y buscara una foto que tenía allí.

—¡Mirad!, ¡mirad esto! —exclamó, mientras blandía el móvil hacia nosotros.

Sam entrecerró ligeramente los ojos mientras contemplaba la foto cual búho cegato antes de dar su veredicto.

—La polla, Hannah. Esto es la polla.

Aunque el único pene que he visto en muchos años es el de Simon, tuve que darle la razón a Sam. Sí, no había duda de que aquello era una polla.

—Pero no es muy grande —añadió él.

—¡Ya sé lo que es! —gritó Hannah—. ¡Puedo reconocer una polla cuando la veo, joder!

—Muy bien, me alegra que sepas lo que es una polla —asintió él—. Pero ¿por qué tienes la foto de una en tu móvil, cielo?

—¡Me la ha mandado un tipo! ¿Por qué lo habrá hecho? ¡No lo entiendo!

Resulta que Hannah había decidido probar suerte en el mundo de los servicios de citas por Internet, pero hay que tener en cuenta que mi amiga ha llevado una vida muy tranquila. Ni siquiera en la época del instituto, cuando la mayoría estábamos deseando tener novio, mostraba demasiado interés en esos temas. Tuvo su primer novio en el último año de universidad, cuando él decidió dejarla tras varios años de relación pasó por un bajón, y entonces conoció a Dan y se casó con él; en fin, la cuestión es que Dan fue la primera persona con la que salió después de que Eddie, el chico de la universidad, cortara con ella, así que tan solo ha visto dos pollas en toda su vida. Puede que yo no sea la persona más adecuada para hablar de los peligros de casarse demasiado pronto, ya que yo misma me casé con mi novio de la universidad, pero antes de conocer a Simon aproveché el tiempo al máximo.

La cuestión es que mi amiga no tenía ni idea de la existencia de ese simpático fenómeno que consiste en tomarse fotos de la polla y enviarlas, así que cuando un tipo contactó con ella a través de una página web de citas ella pensó que era su príncipe azul, planeó la boda y se llevó un soponcio cuando él le envió una foto de su pene incluso antes de decirle cómo se llamaba.

A Sam le pareció graciosísimo y se echó a reír, lo que no fue de mucha ayuda.

—¡No me puedo creer que no supieras que los hombres envían fotos de su polla! —exclamó, muerto de risa.

—¿Por qué iba a saber yo esas cosas? —protestó ella, al borde de las lágrimas—. ¡QUE SEPAS QUE NO TODOS ESTAMOS OBSESIONADOS CON LAS POLLAS!

—¡Que sea gay no significa que esté obsesionado con ellas! —espetó él con indignación—. En cualquier caso, la mía es mucho más grande que la de este tipo.

Llegados a este punto, nos dimos cuenta de que el bar entero estaba pendiente de nuestra conversación y algunos de los presentes estaban a punto de descuajaringarse el cuello intentando ver la foto de la polla en cuestión para comprobar si realmente era tan pequeña. (Sí que lo era. Aparte de que es inapropiado enviarle fotografías de tu pene a desconocidas, debe de resultar bastante insultante el hecho de que te envíen una de una polla tan ridícula. Es como si estuvieran diciéndote «Oye, nena, estás tan desesperada que seguro que incluso mi pequeña salchichita basta para impresionarte»).

Al llegar a casa le conté a Simon el sofocón que se había llevado Hannah, y le hizo casi tanta gracia como a Sam. Mi marido, que conoce a Hannah desde hace cerca de veinte años, comentó entre risas:

—¡Madre de Dios! ¡Pobrecita!, ¿te imaginas la cara que debió de poner cuando abrió la foto por primera vez?

—Sí, ni siquiera se atrevía a leer la edición anticuada de *El placer del sexo* que por alguna inexplicable razón estaba en la sala común de las estudiantes de grado superior.

—¿Teníais *El placer del sexo* en la sala común de un instituto que era solo para chicas?

Simon se echó a reír con más ganas aún al imaginar la escena (bastante acertada) de todas esas colegialas frustradas sexualmente curioseando con vivo interés las ilustraciones, dándonos cuenta de que nos habíamos equivocado al creernos unas liberadas mujeres de mundo por leer la sección *Posición de la quincena* de un par de ejemplares de la revista *More*.

—Sí. La edición de principios de los setenta, esa que tenía las ilustraciones del hombre barbudo y todo ese vello púbico. Yo creo que alguna de las profesoras debió de dejarla allí a modo de método anticonceptivo, con la esperanza de que nos horrorizáramos hasta el punto de no hacerlo nunca jamás con chicos malos.

—¡Por Dios, no me extraña que la pobre Hannah esté tan reprimida! ¿Por eso me tienes prohibido dejarme barba?

—Yo no creo que la culpa la tuviera el instituto, ¡yo fui al mismo y no estoy nada reprimida!

—No, cariño mío, claro que no lo estás —me dijo, seductor y esperanzado—. ¿Qué te parece si subimos a ver lo poco reprimida que estás?

Mi marido estaba de suerte porque yo había logrado alcanzar el Santo Grial de la cogorza, ese punto en el que el sexo te parece una gran idea. Es una franja muy limitada dentro del estado de ebriedad, una franja en la que un par de meros traguitos más de alcohol pueden derribarte y hacer que te derrumbes en la cama murmurando: «*Stoy* cansada. Tráeme una *toshtada*, mmm... qué rica la *toshtada*, *benas* noches» antes de quedarte roque con una tostada pegada a la cara.

Después de hacerlo, y aunque lamentaba bajar a Simon de las nubes, decidí que, como él estaba de buen humor y yo lo bastante borracha para actuar con valentía, sería un buen momento para decirle que su hermana y una autocaravana llena de niños iban a abatirse sobre nosotros y a pasar una semana aquí en Navidades, y que mi hermana y su familia vendrían a casa a celebrar el día Navidad; ah, y que a lo mejor había invitado también a Sam y a Hannah a que vinieran a comer en Navidad junto con los niños que tuvieran consigo en ese momento. Se lo tomó bastante bien.

Con eso quiero decir que exclamó:

—¡Joder! ¿Podrías recordarme de nuevo por qué cojones dejé de fumar?

Domingo, 22 de noviembre

Simon me ha hecho saber que, de hecho, Boreas es el sexto retoño de Louisa. No sé cómo, pero debo haber pasado por alto a uno..., aunque yo creo que no es así, porque incluso el propio Simon tan solo es capaz de nombrar a tres de memoria, pero él insiste categóricamente en que hay seis. Al despertarme vi que había recibido mensajes de texto tanto de Hannah como de Sam; ambos querían saber si estoy segura de querer que vengan a comer por Navidad y agregaban que, si realmente estoy segura de verdad, les encantaría venir. Ni que decir tiene que no podía contestar que no, que lo siento, que estaba borracha y no sé cómo se me pudo ocurrir invitarles, así que tuve que decirles que sí, que por supuestísimo que estaba realmente segura, que a Simon y a mí nos encantaría que vinieran. Debería existir una ley que estipule que cualquier invitación extendida mientras una está borracha es nula y carente de validez a la fría luz del día.

Adoro a Hannah y a Sam y, a decir verdad, serán unas voces de la razón cuya presencia agradeceré mientras Persephone cierra de golpe la tapa del piano porque nadie está escuchándola, mientras Peter y Jane le suben los pantalones a Gulliver para que los calzoncillos se le metan en la raja del culo mientras él habla sin parar sobre la novela que está escribiendo en francés «por pura diversión», mientras algunos de los hijos de Louisa se mean en la alfombra porque ella no quiere enseñarles a usar un orinal para no reprimirles la creatividad, mientras Jessica y ella me dan la lata por no haber tenido en cuenta la multitud de requisitos especiales que ponen en lo que a la comida se refiere y me escondo en la despensa con una botella de ginebra. (Me encanta mi despensa. La verdad es que no podíamos permitirnos comprar esta casa, pero lo hicimos de todas formas porque después de ver esta despensa como Dios manda orientada al norte decidí que no podía vivir sin ella. Nadie se ha dado cuenta aún de que he instalado un cerrojo en la cara interior de la puerta). Pero el hecho de haber invitado a mis amigos significa que el día de Navidad vendrán a comer a mi casa entre veinte y veintidós personas. No tengo ni veintidós platos ni veintidós sillas y, por si fuera poco, al tener aquí semejante cantidad de personas no podré justificar de ninguna de las maneras comprarlo todo en M&S y meterlo en el horno. Recorreré los supermercados alemanes, que tienen excelentes ofertas y buenos precios, en busca de todo lo necesario para preparar la comida, pero tendré que mentir y decirle a Jessica que lo he comprado todo en Waitrose porque, de no ser así, seguro que se inventa que tiene alguna alergia que le impide comer. Aunque apuesto a que en Aldi tienen una remolacha encurtida bastante buena.

Y hablando de niños haciendo pis... hoy pasé una hora intentando eliminar el pestazo a pis rancio del cuarto de baño. Froté, limpié con lejía, eché bicarbonato de sodio tal y como se recomienda en Google, e incluso añadí zumo de limón porque recordé algo así como que es bueno para limpiar. También retrocedí horrorizada ante la espumosa explosión que acababa de crear al mezclar el susodicho zumo de limón con bicarbonato (la verdad es que tendría que haber prestado más atención en clase de química cuando iba al cole, en vez de lanzarle bolitas de papel a la profesora para intentar que se le enredaran en el pelo mientras nos explicaba por enésima vez por qué algunos ésteres huelen a unas golosinas llamadas Pear Drops a pesar de que estábamos en los noventa, no en los cincuenta, así que ninguna de nosotras tenía ni la más mínima idea de cómo olían las golosinas esas). Y después de semejante odisea, cuando al cabo de media hora entré de nuevo en mi cuarto de baño reluciente, prístino y libre al cien por cien de olor a pis, ¡el olor había regresado de nuevo y había un truño flotando en el retrete! Qué asco de vida, no veas cuánto me alegro de haberme molestado en emplear mi tiempo en esta tarea. Puede que mascullara esas mismas palabras mientras iba de acá para allá hecha una furia embutiendo airada un sinfín de ropa en las fauces abiertas de la lavadora y recogiendo el reguero de zapatos que siempre termina por serpentear por la casa, pero los muy cabroncetes ni se dieron cuenta. No, nadie se da cuenta de que limpio ni de que siempre hay ropa limpia disponible, nadie se percató de que el cuarto de baño estaba impecablemente limpio y no notaron ni mucho menos que yo estaba mascullando airada. Voy a huir a alguna isla desierta donde viviré en soledad con mi perro, a ver cómo se las arreglan sin mí. Me pregunto cuánto tardarían en darse cuenta de mi ausencia.

Miércoles, 25 de noviembre

Hoy era mi día libre y estaba decidida a trabajar en mi dichosa aplicación de la mañana hasta la noche, porque estoy empeñada en terminarla antes de Navidad. Aún no le he contado a Simon lo que estoy haciendo ni que me costará 100 dólares registrarla, porque he decidido que: a) es una inversión; b) las tarjetas de crédito se encuentran en una situación tan precaria que voy a ceñirme a la teoría de que tienes un problema si le debes mil libras al banco, pero si lo que debes es un millón el que tiene el problema es el banco. No es una planificación financiera demasiado sólida, pero por el momento es la única que tengo; además, supongo que cien dólares no serán muchas libras.

Se suponía que la jornada iba a transcurrir de la siguiente forma:

08:35: Salir rumbo al cole charlando animadamente con mis adorables retoños, con mi adorable perro caminando con garbo a nuestro lado.

08:50: Despedirme de ellos sonriente en el patio del cole con abrazos y besos mientras ellos exclaman que soy la mejor madre del mundo y que me quieren.

09:45: Llegar a casa después de llevar al perro a dar un buen paseo.

10:00: Preparar una deliciosa taza de café y ponerme a trabajar en la aplicación.

13:00: Hacer una pausa para disfrutar de una saludable y nutritiva comida, que tendrá una abundante cantidad de ensalada y verduras.

13:15: Seguir trabajando en la aplicación.

15:00: Regresar al colegio para recoger a mis adorables retoños con el perro caminando obedientemente a mi lado.

15:15: Ser recibida con gozo y amor por mis muñequitos.

16:00: Servir a los niños una saludable y nutritiva merienda en la que habrá fruta.

16:30: Hora de hacer los deberes. Impartir sabiduría y conocimientos a mis retoños y sentir una cálida satisfacción al ver cómo la luz del saber ilumina sus inocentes caritas.

17:00: Empezar a preparar un delicioso té para mis adorados muñequitos.

17:30: Sonreír llena de amor y satisfacción al ver cómo mis adorados muñequitos se toman encantados el delicioso té.

18:00: Meter en el horno lo que he preparado de cena para Simon y para mí, será algo creativo e innovador donde habrá interesantes combinaciones de especias exóticas.

18:30: Supervisar la hora del baño.

19:00: Dejar que los niños vean media hora la tele antes de acostarse, mientras yo trabajo un poco más en la aplicación.

19:30: Darle la bienvenida a mi amantísimo esposo, acostar a mis aseados y adormilados hijos con una buena ronda de abrazos y besos.

19:40: Disfrutar de un civilizado *gin-tonic* con mi amantísimo esposo mientras conversamos sobre cómo nos ha ido el día y nos alentamos mutuamente.

20:00: Sentarnos a la mesa para disfrutar de la deliciosa y creativa cena. Mi marido queda patidifuso ante la explosión de sabores que he creado.

20:30: Trabajar un poco más en la aplicación.

22:00: Tomar una copa de vino y ver la tele, algún programa adulto y serio sobre política y noticias de actualidad. Debatir al respecto de forma madura e inteligente con mi marido.

23:00: Acostarse. Puede que echar un polvo.

Pero así fue como transcurrió en realidad la jornada:

08:49: Salgo de casa rumbo al cole; camino a toda prisa mientras les grito a los niños que venga, que se den prisa, que vamos a llegar tarde, mientras el exaltado de mi perro tironea de mí como un loco.

08:59: Catapulto a los niños sin ceremonia alguna a través de la puerta mientras sigo gritándoles que se den prisa.

09:00: Pienso maravillada en el día entero que tengo por delante, me espera un verdadero océano de productividad.

09:10: Decido darme el capricho de comprar un café en Costa mientras estoy paseando al perro, porque yo lo valgo; refunfuño un poco por el precio; encuentro al perro tragándose misteriosos desperdicios que ha encontrado por la calle cuando salgo de la cafetería.

10:00: El cabroncete del perro se ha revolcado en algo indescriptiblemente asqueroso, hay que bañarlo; sigue apestando a pesar del baño, y se me ha quedado el olor en las manos; recuerdo que se supone que la salsa de tomate sirve para eliminar algunos olores, como por ejemplo el de la caca de zorro, así que me unto las manos de salsa de tomate y embadurno también al perro, que se sacude vigorosamente; el cuarto de baño entero, incluyendo el techo, está salpicado de salsa de tomate, y yo también; parece una escena de *La matanza de Texas*.

11:00: El cuarto de baño ya está limpio y me he cambiado de ropa; el olor aún no se ha ido; a la mierda, ya es hora de centrarme en mi aplicación; bueno, pero antes voy a echar un vistazo rápido en Facebook... ¡Vaya, mira lo gorda que se ha puesto Susannah Ellison, una compañera del instituto! Voy a tener que mandarle un mensaje a Hannah para comentárselo, se alegrará de saberlo; a lo mejor aprovecho para comerme una galleta de chocolate.

12:00: ¡No entiendo cómo he podido perder una hora entera mensajeándome con Hannah y buscando a antiguas compañeras del instituto en Google para ver si están gordas!, ¡de verdad que no lo entiendo! Bueno, vale, ahora sí que tengo que ponerme a trabajar en la aplicación. Debería echar un vistazo en Twitter para ver qué es lo que está pasando en el mundo; como sigo a un montón de periodistas para sentirme importante, podría decirse que entrar en Twitter es como leer las noticias, y todo el mundo sabe que es importante mantenerse informado de los temas de actualidad. A ver..., aburrido, aburrido, aburrido..., ¡anda, mira, Kirstie Allsopp está enfadada! ¿Por qué será? ¡Joder, qué embarullado está todo en Twitter! En fin, después de leer veintisiete *tweets* de Kirstie Allsopp, he descubierto que el motivo de su ira parece ser que había un tipo muy ruidoso en el vagón de tren. Vale, admito que eso puede ser bastante irritante.

13:00: ¡Estoy harta! Bueno, no se puede trabajar con el estómago vacío, será mejor que me prepare algo de comer. Sí, una ensalada bien saludable… Uy, ninguna de las tres bolsas abiertas de lechuga que hay en la nevera se puede aprovechar, así que me haré unas tostaditas con jamón dulce y queso.

13:30: Eh…, sí, claro, tengo que seguir trabajando en la aplicación.

14:00: ¡Anda, mira, hay una ardilla en el bebedero de pájaros! Debería grabarla y publicar el video en Facebook, a lo mejor se vuelve viral.

14:30: Es inútil intentar trabajar ahora, voy a tomarme una taza de té con unas galletas de chocolate; a lo mejor vuelvo a echar otro vistazo rápido en Facebook para ver si mi vídeo de la ardilla ya se ha vuelto viral.…, vaya, aún no, ¿por qué será? Igual debería publicarlo también en Instagram.

15:10: ¡Hostia, ya es hora de ir a recoger a los niños! Tendré que ir en coche aunque sé que se me juzgará duramente por ello.

15:15: Los niños me gritan porque me equivoqué al poner los bocadillos en sus respectivas mochilas y le di a Peter el de queso y a Jane el de jamón; al parecer, sería impensable tanto que optaran por comerse el bocadillo de todas formas como que se los intercambiaran en el patio. Me dicen que soy la peor mamá del mundo.

16:00: Les doy patatas fritas a los niños.

16:30: Les grito a los niños que hagan los deberes; exijo saber cómo es posible que se les haya olvidado leer; discuto con ellos sobre cómo se hacen las divisiones largas cuando me dicen que mi técnica es absurda y errónea; me debato contra las ganas de gritar: «¡Joder!, ¿qué más da? ¡No he hecho ni una sola división larga desde que salí del cole! ¡Para eso están las calculadoras, y por eso he tenido que consultar Google para poder ayudaros hoy!».

17:00: Preparo pasta, me pregunto si comer demasiada pasta puede afectar a la salud de los niños; añado brócoli porque me siento culpable por permitir que coman pasta todas las noches (todas menos aquellas en las que les doy *pizza*).

17:30: Los niños se emberrinchan porque hay brócoli en la pasta, aguanto sus gritos de histeria mientras mi alma va marchitándose poco a poco.

18:00: Preparo un pollo al horno para Simon y para mí, le meto por el trasero un poco de perejil marchito y un limón para que parezca que me he esforzado.

18:30: Empiezo el proceso de intentar meter a los niños en la bañera; una vez que lo he logrado, me refugio en la planta de abajo y entro en Facebook con el móvil basándome en la teoría de que, si les oigo gritar, es que no están ahogándose. Decido odiar a toda esta gente de Facebook, porque todo el mundo está disfrutando de una agradable cena en compañía de sus maravillosos hijitos y de abrazos y mimitos antes de irse a dormir. Peter y Jane te muerden si intentas hacerles mimitos. Me tomo una ginebra.

19:15: Intento sacar a los niños de la bañera, recorro con la mirada el escenario postapocalíptico de toallas empapadas y charcos de agua en que se ha convertido el cuarto de baño. Me pongo a secar el lago con la fregona mientras grito una y otra vez: «¿OS HA-BÉIS PUESTO YA EL PIJAMA? ¡DEJAD DE PEGAROS!!!».

19:35: Les pregunto a voz en grito a los niños desnudos por qué no se han puesto aún el pijama.

19:40: En cuanto veo entrar a Simon por la puerta, le comunico que va a tener que encargarse de acostar a los niños porque han pedido que sea papá quien lo haga; omito mencionar que también es porque estoy a punto de estrangularlos. Me tomo otro buen vaso de ginebra.

20:00: Pongo el pollo ligeramente chamuscado en la mesa sin contemplaciones; aprieto muy fuerte el cuchillo cuando Simon suelta un suspiro de resignación y dice: «Joder, ¿pollo otra vez? ¿No podríamos cenar otra cosa para tener algo de variedad?, estoy harto de comer pollo». Dejo el cuchillo sobre la mesa con actitud serena y tranquila, saco una lata de alubias en salsa de uno de los armarios de la cocina, lo estampo en la mesa delante de Simon y le pregunto si con eso tiene suficiente variedad. Hago uso de todo, absolutamente todo mi autocontrol y me reprimo cuando él exclama: «¡No hace falta ponerse así!».

20:30: Miro las rebajas de Hobbs por Internet, me compro unos zapatos; me convenzo a mí misma de que son un chollo y estoy invirtiendo en ropa. Me tomo un poco de vino.

21:30: Me pongo a ver *Gente de barrio* en mi portátil mientras Simon ve *Joyas sobre ruedas* en la enorme tele; navego un poco por Internet; tomo un poco más de vino; paso dos horas más leyendo sobre teorías de la conspiración.

Ya es medianoche…, joder, estoy borrachilla y estoy convencida de que la CIA está espiándome, y mañana tengo que levantarme temprano e ir a trabajar. Simon me da un supuesto abrazo cariñoso en la cama cuando lo que en realidad quiere es intentar sobarme con la esperanza de que echemos un polvo, yo amenazo con morderle si no me deja en paz. Puede que Peter y Jane hayan heredado eso de mí.

DICIEMBRE

Martes, 1 de diciembre

¡¡¡Ya están aquí las Navidades!!!

Me encanta el 1 de diciembre, tienes ante ti toda la esperanza del periodo navideño; es un mes entero con el potencial, un potencial perfumado de canela y clavo, de que haya paz en la tierra entre las personas de buena voluntad. Pensar gozosa que tienes por delante un mes lleno de calendarios de adviento, villancicos, cursis canciones navideñas, lucecitas de colores, de campana sobre campana y sobre campana una, de guirnaldas, tartaletas de fruta, tintineantes cascabeles, Bing Crosby, pelis antiguas, nieve prístina (sí, una gruesa capa así, tan lisita y perfecta), leña ardiendo y crepitando en la chimenea y querubines de mejillas sonrosadas jugueteando, rebosantes de ilusión y entusiasmo.

Yo diría que este es el mejor día de la época navideña, porque todo el potencial sigue estando ahí y el sueño no ha quedado hecho añicos aún por una lluvia incesante y las ganas de arrancarte las orejas si oyes otro villancico al entrar en una tienda o en un ascensor, a pesar de que si lo oyes en este primer día de diciembre te pondrás a cantarlo a pleno pulmón. Porque aún no te has dado cuenta de que los querubines de mejillas sonrosadas en realidad están hasta las cejas de azúcar, lo han estado durante todo el mes y para el día 15 tú ya te has bebido todas las botellas de la edición especial navideña de Baileys.

Pero hoy... hoy esa visión idílica aún está intacta y te imaginas a todos los miembros de la familia llevando el árbol a casa por oscuras calles nevadas, bebiendo sidra caliente (por cierto, ¿qué quiere decir eso exactamente? No tengo claro si no es más que sidra que está caliente o si se necesita alguna clase de sidra en especial, me parece que con limitarse a calentar en el microondas una botella de White Lightning no se conseguiría el ambiente festivo que tengo en mente) y cantando villancicos alrededor del piano.

Qué lástima no poder seguir amenazando a los niños con que Santa no vendrá si se portan mal, pero a Olivia Brown su hermano mayor le dijo que Santa no existe y ella se lo contó a toda la clase. Y huelga decir que Jane, cuando dejó de quejarse por haber sido engañada durante todos estos años, sintió la necesidad de informar a Peter, así que ya no puedo decirles que los detectores de humo son cámaras de Santa Claus y que él está observándolos (cuando te paras a pensarlo, la verdad es que suena un poco depravado) en un intento desesperado de tener un mes del año en el que se comporten como niños normales y civilizados. A lo mejor los amenazo con quitarles sus calendarios de Adviento si no se portan bien.

En cualquier caso, hoy todavía podemos disfrutar pensando en todo lo bueno que tienen estas fiestas. ¡Venga ese ambiente festivo!

Jueves, 3 de diciembre

Jane acaba de darme la décimocuarta versión de su lista navideña, he sumado todo lo que quiere y el total es de 2378,73 libras. Está de más decir que mi hija no va a recibir casi nada de lo que aparece en su lista. Peter, por su parte, ha llegado a la conclusión de que escribir requiere demasiado esfuerzo y ha tomado por costumbre quedarse parado delante de la tele con los ojos vidriosos y gritar «¡QUIERO ESO!» cuando aparecen anuncios; de hecho, ayer estaba tan inmerso en el vórtice del consumismo que lo gritó cuando estaban anunciando productos para mujeres. Aún no tengo claro si lo que él quería eran los patines, la guapa joven rubia, la playa o el paquete de Tampax, me miró con cara de desconcierto cuando le pregunté si sabía lo que estaban anunciando y farfulló: «¡Lo quiero! ¡Lo quiero!».

Llevamos tres días con los calendarios de Adviento y he decidido que odio a la persona que pensó que sería una buena idea poner chocolatinas en estos dichosos chismes. Por si no tuviera bastante con que mis queridos querubines tengan un chute de azúcar incluso antes de desayunar y después tan solo quieran comer cereales superazucarados porque, al parecer, todo lo demás sabe horrible después de la chocolatina del calendario, encima tengo que aguantar a botarates engreídos como Simon, que durante días olvida supuestamente comerse su calendario y de buenas a primeras se sienta a saborear el chocolate ahí, justo enfrente de mí, y se niega a compartirlo.

Cada día afirmo amenazante que no voy a comprarle al dichoso Simon un calendario de Adviento alegando que ya está demasiado mayorcito para eso, pero entonces me acuerdo del berrinche que tuvo en nuestras primeras Navidades de casados porque su madre no le había comprado uno. La pataleta fue digna de un crío pequeño; aunque no se tendió en el suelo para ponerse a patalear y a gritar que quería un calendario, poco le faltó. Su madre nos dijo que ella había dado por hecho que su esposa se encargaría de comprarle los calendarios de Adviento ahora que estaba casado, dicha información me resultó bastante sorprendente porque no recordaba que en nuestros votos matrimoniales se hubiera dicho en ningún momento «Para ser tu jodida madre de hoy en adelante».

Al año siguiente le compré uno en plan de broma, pero parece ser que él no captó la broma en cuestión e incluso llegó a decirme que en adelante tuviera en cuenta que prefería los de chocolate Thorton's a los que llevaban Dairy Milk, pero que apreciaba el gesto. De modo que cada año sigo comprándole un calendario de Adviento a mi marido de cuarenta años, porque parece ser que ahora yo soy su madre y él un niño mimado.

Viernes, 4 de diciembre

Mensaje electrónico de Louisa:

Hola, Ellen:
Esperamos con muchas ganas nuestras vacaciones navide-
ñas, ¿quieres que lleve algo?
Namaste,
Amaris

¿Cómo le contesto con sutileza que, por favor, por lo que más quiera, no traiga su placenta seca?

También recibí un mensaje electrónico de Jessica:

Hola, Ellen:
He estado pensando en el budín navideño. No sé si comprarlo en Fortnum o en Harrods, ¿tú qué opinas? He oído decir
que el de Heston Blumenthal para Waitrose no es demasiado
bueno este año, aunque se ha agotado de todas formas. Mamá
dice que tienes una buena receta, ¿prefieres encargarte de
prepararlo tú misma?
Saludos cordiales,
Jessica

¡Que te den, Jessica! ¡Vete a la mierda! Me has endosado a mí todo el trabajo y ahora estás haciendo un gran espectáculo de la única cosa que tenías que hacer e intentas obligarme a preparar el budín y, para que lo sepas, no tengo ninguna receta y le mentí a mamá porque unas Navidades estaba sermoneándome por todas las cosas precocinadas que yo había comprado, así que para que se callara de una vez le dije que el budín sí que lo había preparado con mis propias manos, pero entonces ella siguió dándome la lata diciéndome que tendría que haber comprado el Delia del Sainsbury's, porque era con mucho el mejor que había probado en toda su vida, pero

¡RESULTA QUE EL MÍO ERA UN JODIDO BUDÍN DELIA DEL SAINSBURY'S!

Ellen x

Supongo que debería redactar de nuevo el mensaje antes de enviarlo. Estoy muy pero muy tentada de no hacerlo, pero me parece que tener que verla haciéndose la mártir durante todo el día de Navidad no vale la pena a cambio de la efímera dicha de mandarla a la mierda.

Los dichosos mensajes electrónicos han echado a perder mi viernes *pasotil*, estoy que echo chispas y no dejo de refunfuñar en voz baja sobre budines y placentas y remolachas. La Navidad nunca parece tan complicada en la tele, incluso el anuncio de Islandia hace que parezca una época del año idílica. ¿Por qué será muchísimo más difícil en la vida real?

Lunes, 7 de diciembre

Más cartas de la escuela. Cartas, cartas y más cartas, estoy ahogándome en un mar de cartas. Cartas sobre piojos, gracias a las cuales empezó a picarme la cabeza de inmediato; cartas sobre ferias del libro y mercados navideños y conciertos de Navidad, y el complejo sorteo para las entradas de los conciertos; y, por supuesto, no puede faltar esa carta tan festiva que tanto nos gusta a los padres: la que detalla los disfraces que deben llevar los niños en el concierto de Navidad.

Según las cartas, este año Peter es un fantasma del espacio y Jane el ratón de un establo. Los conciertos han ido volviéndose cada vez más raros en estos últimos años, desde la llegada de una profesora de teatro bastante progresista que escribe sus propias obras. Antes, con el viejo formato, cada clase se ponía en pie y cantaba una desafinada versión de *Rodolfo, el reno de la nariz roja* o de *Cuando Santa se quedó atascado en una chimenea* (me hacía mucha gracia lo de que se le había metido hollín en el saquito, soy una mala persona), y entonces se unían las clases de los más pequeños y escenificaban un nacimiento y cantaban otro villancico y una podía ponerse sentimental y derramar unas lágrimas ante una estampa navideña tan bonita, pero en vez de eso hemos tenido *Las navidades en la Segunda Guerra Mundial* (fue un espectáculo tan festivo y alegre como cabe imaginar, en el que unos alicaídos refugiados se lamentaban porque no tenían plátanos) y *Las navidades en la casa del Gran Hermano*. Solo Dios sabe lo que nos espera este año en que va a haber una triunfal combinación de fantasmas del espacio y ratones de establo.

Sea cual sea la extraña fantasía que la señorita Elliot, la profesora de teatro, haya podido extraer de los delirantes sueños que debió de tener en su disipada juventud estando hasta arriba de droga, no me cabe duda de que Peter y Jane interpretarán sus respectivos papeles a la perfección, como siempre. En los felices tiempos en los que se escenificaba el nacimiento, Jane interpretaba el papel estelar de «una persona de Belén», que consistía en permanecer al fondo y contemplar con mirada asesina al público. Peter, sin embargo... él hizo que mi corazón estuviera a punto de estallar de orgullo maternal cuando, estando en la guardería, le eligieron para interpretar el codiciado papel de José. Entré como un pavo real en la sala y me abrí paso a empujones hasta los primeros asientos, anunciando en voz bien alta a todos cuanto encontraba en mi camino: «¡Perdón, mi hijo interpreta a José, tengo que estar delante de todo! Sí, disculpa, ¿me dejas pasar? ¡Soy la madre de José! ¡Abran paso, por favor! ¡SOY LA ORGULLOSÍSIMA MADRE DE JOSÉ!». Cuando los niños salieron a escena (Peter estaba adorable con su disfraz hecho a partir de un paño de cocina y una camisa vieja de Simon, tenía a su alrededor unos ángeles engalanados con oropeles y a una María un tanto taciturna), estuve a punto de llorar ante una estampa tan preciosa. Cuando llegó al centro del escenario, Peter se metió el dedo en la nariz y estuvo hurgándosela a conciencia durante el resto de la escenificación; por mucho que le amenacé frenética en voz baja e intenté llamar su atención mediante una violenta versión del lenguaje de signos, se limitó a sacarse el dedo de la nariz de vez en cuando para masticar alguna porción especialmente sabrosa que había encontrado allí dentro. Me sentí mortificada. Cuando le pregunté después por qué había hecho eso, me miró sorprendido y me preguntó: «¿El qué?».

En fin, parece ser que, para convertirse en un fantasma del espacio, Peter va a necesitar pintura corporal plateada, un rollo de papel de aluminio, unas mallas blancas viejas, una camiseta *Que no vayan a necesitar más* y una mochila espacial, vete tú a saber lo que es eso. Ah, Peter tuvo la amabilidad de informarme de que se trata de «una mochila que llevas en el espacio».

Jane necesita unas mallas y una camiseta, ambas cosas deben ser marrones y estar viejas porque habrá que cortarlas.

Mira qué bien. Peter no tiene unas mallas blancas y Jane no tiene una camiseta marrón, así que voy a tener que ir a comprar unas nuevecitas a Primark que quedarán destrozadas en el nombre de fantasmas del espacio que se aparecen a ratones en establos.

¡Joder, acabo de releer la carta y resulta que es de hace una semana y se suponía que los niños debían llevar hoy los disfraces! En fin, mirándolo por el lado bueno, como estamos en una época festiva es perfectamente aceptable beber vino entre semana, ¿no?

Miércoles, 9 de diciembre

Por fin he terminado la aplicación en la que estaba trabajando, el juego *Un* gin-tonic *para mamá* (puede que lo haya desarrollado en gran parte en horas de trabajo, pero será mejor no mencionar eso...). La verdad es que estoy muy satisfecha con el resultado de principio a fin. Desde el primer nivel, en el que tienes que salir de casa por la mañana mientras reúnes niños, fiambreras, deberes e impresos para el cole y al mismo tiempo intentas impedir que los niños en cuestión saquen las cosas de la mochila, pasando por el segundo, donde hay que llegar a la escuela en el tiempo estipulado esquivando cacas de perro, impidiendo que los niños se lancen bajo las ruedas de los todoterrenos que circulan por la calle y respondiendo a preguntas sobre divisiones largas y homófonos, hasta los niveles intermedios, donde tienes que abrirte paso por el patio evitando que te pateen los dientes las aterradoras mamás *ninja* que acechan tras los columpios, armadas con magdalenas de quinoa orgánica que te lanzarán hasta derribarte, y el último de todos, en el que debes ingeniártelas para regresar a casa estando borracha y además te paras a comprar patatas fritas y tienes que conseguir que no se te caigan. Es una captura digital animada con gráficos no muy buenos de mi vida, pero es la primera cosa en una jodida eternidad que he hecho por mí misma y que es mínimamente creativa. También ha sido una experiencia muy terapéutica, porque he incluido en el juego a todos los capullos que me han tocado las narices. Me gusta mucho en particular el reto especial en el que tienes que esquivar una taza voladora de café con leche de soja en la entrada del cole; si no te da, a una de las Mamás Maduritas se le rompen por detrás los pantalones de yoga y ganas un *gin-tonic*. Puede que se me escapara alguna que otra risita malvada mientras hacía esa parte.

He pagado mis 100 dólares para registrar la aplicación, y estoy planteándome añadir «Desarrolladora de aplicaciones» a mi currículo; de hecho, fuera dudas, ¡lo voy a hacer! Tardan un día en aprobarla, porque tienen que asegurarse de que no soy una malvada lumbrera digital que planea acabar con la civilización con mi aparentemente inocente juego de plataformas, aunque me gustaría creer que, si fuera lo bastante inteligente como para ocultar un apocalipsis virtual en un juego que va de cocinar y hacer deberes y beber vino, sería capaz de sortear estas comprobaciones de rigor. No soy nada de todo eso, por supuesto, sino una mujer hastiada que está al borde del alcoholismo e intenta hacerse pasar por una adulta más o menos funcional.

Ay, por Dios, ¿y si no le dan el visto bueno?, ¿y si les parece un asco? A pesar de saber que esto va a tardar algo de tiempo, he estado mirando una y otra vez el móvil de forma obsesiva desde que esta mañana le di al mágico botón de *Enviar*, pero ahora estoy que me subo por las paredes.

Como mi juego les parezca una bazofia, me echaré a llorar. Y, aun suponiendo que no les parezca tan malo, lloraré de todas formas si nadie lo compra. Hannah lo comprará, Sam también, pero ¿y si no lo compra nadie más y todo mi esfuerzo ha sido en vano? Supongo que al menos puedo sentir cierta satisfacción sentándome a jugarlo, riendo sin fuerzas cada vez que mi yo virtual le gana la partida al Aquelarre virtual mientras, entre nivel y nivel, lloro amargamente con mi copa de vino en la mano y reflexiono acerca de la futilidad de la vida en general. Quién sabe, a lo mejor lo compran las escuelas para intentar evitar los embarazos adolescentes.

Me pregunto si estoy teniendo una crisis existencial.

Viernes, 11 de diciembre

Mi viernes *pasotil* ha sido sacrificado en aras de la fiesta navideña de la empresa, que siempre es la velada más rutilante y memorable del calendario social anual; al fin y al cabo, a quién no le va a encantar tener que apoquinar 57,50 libras para estar apiñada en el salón de fiestas de un hotel de tercera, junto con otros veintinueve grupos de distintas empresas. Todos ellos parecen estar obligados por ley a incluir a una mujer de mediana edad muy borracha que lleva puesto un vestido de fiesta de poliéster demasiado ajustado y unas destellantes astas de reno, que se pasa toda la velada riendo estridentemente a pleno pulmón antes de intentar enrollarse con un compañero de trabajo lo bastante joven para ser su hijo, que entonces vomita y a la que acaban metiendo en un taxi mientras les grita a todos cuantos pueden oírla, incluyendo los desconocidos, cuánto los ama. Por sorprendente que pueda parecer, no soy yo la que ostenta ese papel en nuestra empresa; Sandra, de la sección de ventas, se adueñó de él hace mucho. Si sumamos además una cena que deja bastante que desear y el «vino de cortesía» que todo el mundo se apresura a engullir en grandes cantidades en un desesperado intento de que el dinero que se han gastado en la velada sirva para algo, ¿quién no iba a estar deseando disfrutar de semejante fiestón?

Veamos, ¿cuál fue la mejor parte de la fiesta de este año? Quizás fue cuando Jenny, de *marketing*, me llamó Grinch antes de intentar ponerme a la fuerza una de esas endebles coronas de papel que vienen en las típicas piñatas navideñas con forma de caramelo, y me dijo entonces que no me tome las cosas tan en serio, que solo era una broma, cuando le advertí amenazante que la cortaría en pedacitos si volvía a tocarme (mis manías en lo que a mi espacio personal se refiere se ven sometidas a una dura prueba en veladas como esta, ya que los dueños de la sala contemplan unos escasos centímetros por persona para intentar sacar el máximo dinero posible).

Quizás fue cuando Iain, de contabilidad, pasó tres cuartos de hora explicándome detalladamente los problemas de salud que le llevaron a operarse la vesícula y relatándome paso a paso dicha operación; o cuando el cara de *pizza* ese de Paul, de la sala del correo, me agarró cuando salí del lavabo y me llevó medio a rastras a la pista de baile, donde apretó contra mí su sospechosamente abultada entrepierna mientras susurraba jadeante: «Siempre me has gustado, Chrissie...». En nuestra empresa no hay nadie que se llame así.

Navidad, dulce Navidad. Y mañana me toca volver a pasar por lo mismo en la fiesta navideña de la empresa donde trabaja Simon, aunque esas suelen tener un poco más de clase (es decir, que las piñatas son de mejor calidad y te sirven carne *au jus* en vez de la carne con salsa de toda la vida).

Y todavía sigo sin saber si *Un* gin-tonic *para mamá* ha recibido el visto bueno, saco mi móvil cada veinte segundos de forma obsesiva para ver si he recibido algún mensaje al respecto y he estado consultando un montón de páginas web donde te dicen cuánto tardan en aprobar una aplicación (en todas pone que un día). No sé, igual tiene algo que ver con la diferencia horaria, puede que en Estados Unidos no sean horas de trabajo. Aunque también es posible que, simple y llanamente, mi aplicación les haya parecido un asco.

Sábado, 12 de diciembre

La fiesta navideña de la empresa de Simon resultó ser un evento de lo más elegante y, ¡ay de mí!, resulta que encontré allí a mi peor enemiga: una barra libre. Me encantan las barras libres, las adoro. Supongo que llegará el día en que no las vea como un desafío a beber todo lo que pueda en el mínimo tiempo posible, pero, por desgracia para Simon, ese día no ha llegado aún.

Si pillé una cogorza monumental no fue culpa mía del todo. Tenía sentada a mi lado a la mujer de un compañero de trabajo de Simon llamado Brian, creo que ella se llamaba Soozie... No, la verdad es que estoy segura de que se llamaba así, porque la tal Soozie era tan narcisista que sintió la necesidad de deletrearme su nombre para que me quedara claro lo original que es. Soozie acaba de dar a luz; Soozie tiene también un crío que va a la guardería; al parecer, Soozie es la primera persona en la historia del mundo que ha dado a luz, así que Soozie sintió la necesidad de contarme hasta el más mínimo detalle acerca de sus increíbles retoños: lo mucho que han cambiado su vida, la educación que ha decidido darles, y la cosa tan increíblemente graciosa que Gabriel dijo el otro día y ¡mira, aquí está!, ¿a que es guapísimo? Y aquí están Gabriel y Celeste, la recién nacida, sí, pensamos que era muy ingenioso llamarles así, porque son nuestros angelitos, y aquí está Gabriel en los columpios, y esta es Celeste cuando cumplió un mes, y esta es ella cuando cumplió los dos meses, y aquí fue cuando cumplió los tres meses, y aquí está Gabriel usando el orinal por primera vez, nos sentimos orgullosísimos, mira, aquí está el orinal cuando Gabriel terminó de hacer sus cosas, qué importante es darles el pecho a tus hijos, ¿verdad?

¿Qué clase de madres monstruosas les dan un biberón y los dejan en jaulas para que los críen una manada de lobos mientras ellas regresan al trabajo? ¡Ah!, ¿eres una mamá que trabaja? ¡Vaya! ¡No sé de dónde sacas el tiempo! Yo fui incapaz de dejar a mis hijos sin más, ¡son mi vida! ¡Mira, voy a enseñarte el dibujo tan increíble que hizo Gabriel a pesar de que solo tiene dos años!

Ante semejante bombardeo interminable sobre las increíbles hazañas de los pequeños Gabriel y Celeste, ¿qué otra opción me quedaba más que beber? Y beber un poco más. Y seguir bebiendo...

Además, confundir después a la orquesta que tocaba en vivo con un karaoke y pedir que me dejaran cantar *Eternal Flame* es un errorcillo que puede cometer cualquiera y, mirándolo bien, deberían tomarse como un cumplido el entusiasmo que puse al bailar.

Por otra parte, ¿cómo iba a saber yo que el hombre tan agradable que conocí en la barra del bar y al que decidí nombrar mi nuevo mejor amigo era el jefe de Simon? ¡En mi defensa diré que las dichosas sambucas flameadas fueron idea suya, no mía! Y también fue él quien propuso tomar una segunda ronda... y una tercera. Congeniamos muchísimo, así que estoy segura de que esto no es algo que pueda afectar negativamente a la carrera profesional de mi marido.

¡Ah!, y que conste que no vomité en el taxi al regresar a casa; de hecho, me limité a pedir patatas fritas y un kebab.

Cuando me acosté recé para que la habitación dejara de dar vueltas y más vueltas a mi alrededor, y se me ocurrió de repente que a lo mejor me habían enviado la respuesta sobre mi aplicación y había ido a parar a la carpeta del correo no deseado. ¿Dónde estaba mi móvil?, ¿y mi bolso?, ¿y mis zapatos? Seguí el rastro de devastación y encontré mi vestido en el descansillo, y un zapato en la escalera, y otro zapato, y... ¡victoria, encontré el bolso! ¡Y el móvil! Y... ¡sí, le habían dado el visto bueno a mi aplicación! ¡Oh, qué felicidad! Llegados a ese punto, echarme una siestecita de celebración en la escalera me pareció una idea excelente.

Domingo, 13 de diciembre

¡Uf! Esta mañana, Peter y Jane me han despertado en la escalera cuando han bajado a ver la tele y han pasado por encima de mí. Me han mirado con cara de asco, al menos alcancé (no sé cómo) a ponerme el pijama anoche y no estaba ahí tirada en pelotas. Simon no está demasiado contento conmigo y no hace más que preguntarme qué fue lo que le dije exactamente a su jefe, quien resulta que no es tan agradable y cordial como me pareció anoche. Le contaría a mi marido lo que dije si me acordara, de verdad que sí. Recuerdo que fui muy ocurrente y encantadora, pero no alcanzo a recordar cómo transcurrió la conversación. Creo recordar vagamente que le mostré a alguien un montón de fotos de mi perro, pero me parece que la persona en cuestión era la soporífera Soozie y que lo hice para vengarme por haber tenido que soportar esa exposición interminable de las fotos de sus hijos (que son bastante feítos, la verdad). No sé qué es lo que le preocupa a Simon, porque, que yo recuerde, su jefe y yo congeniamos de maravilla. Sobre todo cuando nos tomamos esas sambucas flameadas. ¡Joder, me parece que aún estoy borracha!

El perro estaba lanzándome una mirada de censura que no veas. Yo le miré lastimera y le supliqué en voz baja que no me juzgara, pero él se limitó a soltar un bufido de desaprobación.

Martes, 15 de diciembre

¡¡¡Madre míaaaa!!! Esta mañana me di cuenta de que ya estamos a mediados de diciembre. ¡No puede ser!, ¿cómo ha podido volver a pasarme lo mismo? No he enviado a Francia los regalos de Navidad de los padres de Simon, ¡ni siquiera los he comprado aún!; de hecho, no he comprado ni un solo regalo ni he escrito las felicitaciones, y ahora ya es demasiado tarde para enviar una felicitación navideña a alguien que viva en el extranjero (aparte de Francia).

Pero no me dejé arrastrar por el pánico, claro que no. Lidié con la situación de una forma serena y racional. Amazon Prime es mi amigo, Amazon Prime va a solucionarlo todo. Todo es el doble de caro en Amazon Prime..., a la mierda, me da igual, esto es una emergencia. Poco después me había gastado una fortuna en un cojín absurdamente caro con un carlino estampado, una bufanda de seda y un bote de perfume que viajan ya rumbo a la casa de la madre de Simon, y unas botellas de *whisky* junto con un bote de loción para después del afeitado y unos gemelos para su padre. Y nunca, pero nunca requetenunca volveré a buscar en Google «Regalos para hombres», ya que al hacerlo he descubierto que existe todo un mundo del que no tenía ni idea (para ser sincera, era muy feliz sin saber de su existencia). Mi vida no ha mejorado lo más mínimo por enterarme de que existen las piruletas con forma de vagina (por muy artesanales que sean), «jabón para la minga» (con un surtido de agujeros en varios tamaños) y unos calzoncillos «para mamadas» (ni siquiera fui capaz de entrar en la página para verlos, pero en el fondo sigo preguntándome cómo serán... ¿unos *slips* con apertura? ¡Dios, tengo que dejar de pensar en esto!).

Problemas con los que debía lidiar a continuación: no tenía felicitaciones navideñas, ni tiempo para enviarlas por correo, ni ganas de redactarlas; ah, y tampoco tenía logros de los que poder fardar muy ufana ante los familiares para que estos puedan iniciar una ronda de critiqueo, a menos que pusiera algo así como «Diseñé una aplicación basada en el profundo y pertinaz odio que siento hacia la humanidad, pero aún no he ganado nada de dinero con ella» o «¡Los niños solo han pillado piojos tres veces este año! #Victoria».

Dado que soy una persona muy inteligente que diseña aplicaciones, no me dejé vencer por el problema de las felicitaciones. Decidí que la solución era sin duda filmar un video adorable de Peter, Jane y el perro con jerséis navideños y realizando alguna adorable actividad festiva, después solo tendría que encargarme de editarlo añadiendo alguna típica canción navideña y poner como colofón a los niños gritando un alegre «¡Feliz Navidad a todos!». Incluso podría publicarlo en Facebook y ver cómo se volvía viral, y entonces saldría en el *Daily Mail* como *La persona más navideña del mundo* y no tendría que volver a escribir una jodida felicitación navideña en toda mi vida. Era un plan genial, ¿qué problema podría haber? Peter y Jane. El problema resultaron ser ellos. Y también el dichoso perro. No entiendo por qué olvido siempre que el propósito principal de mis hijos en esta vida parece ser destruir todas mis esperanzas y mis sueños. Para cuando conseguí que se pusieran los jerséis navideños (según ellos, parece ser que eran horribles y picaban) a base de sobornos, amenazas y lisonjas, y embutí al perro en el suyo tras un arduo forcejeo, y el mordisco que me dio con indignación dejó de sangrar (él es más malvado que los niños, porque ellos tan solo se limitaron a amenazarme con morderme y no llegaron a hacerlo), ya había oscurecido y el perro había logrado quitarse y hacer jirones el jersey, así que ya era muy tarde para los festivos juegos al aire libre que tenía pensados para el video. Decidí que no pasaba nada, que había un montón de actividades que podían realizar en casa (fingir que envolvían regalos, abrir calendarios de Adviento, colocar algunos adornos, preparar tartaletas de fruta...).

En vez de ser los muñequitos de sonriente rostro radiante que yo había imaginado, estuvieron todo el rato enfurruñados y poniendo cara larga. Jane intentó pegar a Peter al suelo con cinta adhesiva, ambos exigieron más chocolatinas al fingir que abrían los calendarios de Adviento, Peter se las ingenió para hacer añicos la bola de nieve que se suponía que debía colocar festivamente en la repisa y, en vez de espolvorear azúcar glas sobre las tartaletas con sus respectivas naricitas pecosas adorablemente manchadas con un poco de harina, formaron semejante nubarrón de azúcar glas en la cocina que ni siquiera podía verlos para grabarlos. Al final los senté en el sofá (la verdad es que parecían un pelín fantasmagóricos por culpa del azúcar, aunque había intentado limpiarlos todo lo posible con la aspiradora) y les espeté desesperada que se limitaran a decir «¡Feliz Navidad a todos!», y que lo hicieran como niños buenos.

Después de quince intentos no tenía ni una sola toma en la que los dos estuvieran mirando a la cámara a la vez y hablando al mismo tiempo, y de la sonriente felicitación que yo había imaginado no había ni rastro. Albergaba la esperanza de que la cosa pudiera salvarse editando con algo de ingenio, pero el resultado final se parecía más a un anuncio de la Sociedad Nacional para la Prevención de la Crueldad contra los Niños que al festivo vídeo que yo quería crear, uno lleno de júbilo y regocijo que despertaría envidias por doquier.

Voy a tener que mandar un mensaje de texto con una captura de pantalla donde se vea una donación a alguna organización benéfica, y aduciré que me he decantado por una opción ecológica y noble. Aunque en el fondo sé que es la mejor solución, también tengo claro que esto no aliviará en nada mi furia creciente ante el montón de felicitaciones acompañadas de la correspondiente carta sobre cómo Jocasta ha aprobado el examen de flauta mientras al mismo tiempo escalaba el Kilimanjaro para recaudar dinero en beneficio de los gatitos huérfanos, y las enormes ganas que tiene de empezar el cole el año que viene; y a Sebastian está yéndole supermegabien en no sé qué extraño deporte que no conoce nadie, y mira tú qué bien que se ha convertido en la persona más joven en entrar en el equipo británico de dicho deporte, y ¡qué maravilloso es todo!

Hay que joderse. Qué asco de vida, joder.

Sábado, 19 de diciembre

Esta noche he ido a otra fiesta de Navidad. Una de las madres de la escuela invitó a todos los padres de la clase, así que, tras mucho deliberar, Simon y yo decidimos correr el riesgo. Yo no conocía demasiado a la madre en cuestión, que es bastante nueva y parece tener cierta predilección por los pañuelos artesanales y «trabaja en la tele», así que debo confesar que creí que podría asistir también alguien famoso. Sam me dijo que esa era una actitud frívola y desvergonzada por mi parte.

Simon refunfuñó un montón por verse obligado a asistir a la fiesta, pero como no logró inventarse una excusa mejor que «¡Es que va a haber gente!» y yo ya había avisado a la niñera, insistí en que tenía que venir. La gente empieza a sospechar que Sam miente sobre lo de ser gay para ocultar que en realidad tiene una tórrida aventura conmigo (lo que, teniendo en cuenta lo atractivo que me parecía cuando le conocí, ahora resulta bastante gracioso), y no quise dar pie a avivar aún más los rumores.

De modo que el pobre Simon no tuvo más remedio que quitarse su jersey de lana preferido y ponerse una camisa respetable, y salimos rumbo a la fiesta pertrechados con una botella de un Pinot Grigio cuyo precio era razonable y una poinsetia (lo típico de Navidad) a la que le había quitado con sumo cuidado, procurando dejar intacta la etiqueta de Waitrose, la pegatina roja donde ponía que estaba rebajada.

Nuestra anfitriona, Alicia, salió a recibirnos a la puerta con el cuello envuelto en una cantidad increíble de pañuelos; de hecho, había logrado lo imposible: llevar puestos incluso más que la madre de Simon, una gesta que yo creía imposible. Me dio la impresión de que la poinsetia no le hacía demasiada ilusión, y nos indicó con un vago gesto que entráramos en la cocina mientras murmuraba algo así como que seguro que allí encontrábamos a muchos conocidos nuestros.

Enseguida quedó más que claro que en aquella fiesta había una especie de *apartheid*: los que nos conocemos del cole de los niños estábamos en la cocina, mientras que a los glamurosos amigos de la tele se les permitía el acceso a la sagrada sala de estar, y el uso de los sofás. No sé, puede que Alicia no supiera si fiarse de lo que pudiéramos hacerle a la tapicería. Incluso el Aquelarre había sido relegado a la cocina junto con el resto de los invitados de segunda y eso provocó una inmensa indignación en la Mamá Perfecta de la Perfecta Lucy Atkinson, que, según me informó Sam, intentó hacer una incursión a la sala de estar para codearse con la gente de la farándula, pero Alicia y sus pañuelos la interceptaron en el pasillo y la llevaron de vuelta a su lugar correspondiente.

Circulaba el rumor de que en la sala de estar había champán y canapés servidos por una empresa de *catering*, lo que distaba mucho de lo que teníamos en la cocina (un vino blanco apenas pasable, una *baguette* y algo de queso humedecido). Nunca había visto a la Mamá Perfecta de Lucy Atkinson tan cerquita de echarse a llorar, iba trincándose aquel insípido Chardonnay mientras gimoteaba que ella solo quería ver el BAFTA mientras Fiona Montague le daba palmaditas en el hombro para consolarla y le decía con voz suave que claro que sí, que pronto lograrían tener acceso a la sala de estar, que era obvio que ellas no deberían estar en la cocina.

Conforme el vino empezó a hacer efecto, fue formándose una especie de tregua en la cocina. Dolidas aún por la inusual experiencia de haber sido rechazadas, los miembros del Aquelarre se acercaron un poco a las mamás basurilla a las que suelen mirar por encima del hombro, y empezaron a crearse unos frágiles lazos de unión.

En un momento dado, Fiona Montague se me acercó con los ojos un poco vidriosos y me informó sin más:

—Oye, Ellen, ¡siempre *tenvidiado*! Es que a ti *timporta* todo una mierda, ¿verdad? Sea lo que sea, ¡*timporta* una mierda! Me gustaría ser como tú, ¿cómo lo haces para que *timporte* todo una mierda?

Joder, vaya momentazo, ¡Fiona Montague diciendo «mierda»! Ni siquiera dice «pedo», si sale el tema y no tiene más remedio que referirse a ello lo llama «generar olores». Fiona Montague estaba borracha y, al parecer, estábamos entendiéndonos bien gracias al alcohol. Bueno, eso creo yo, porque con ella nunca se sabe. Pensé que a lo mejor estaba a punto de asestarme algún golpe de gracia por muy borracha que estuviera, pero qué va, me pasó un brazo por los hombros y me dijo con mucha emoción y lágrimas en los ojos:

—¡Me caes geniaaaal, Ellen! ¿Por qué no somos más amigas? ¡Eres geniaaaal! ¡Más vino! ¡A beber!

Empecé a tener mucho pero que mucho miedo. La Mamá Perfecta de la Perfecta Lucy Atkinson tenía la cabeza apoyada en el hombro de Sam y estaba diciendo:

—Es *quesmuduro* ser mamá, ¿verdad? Bueeeno, tú no eres una mamá, claro, pero *yamentiendes*, ¿a que *sssssí*? Qué duro es. *Stoy* tan *cansaaada* de todo eso. Quiero ver el BAFTA. *Nosfácil*, ¿verdad?

Simon, quien hacía un rato que se había ido en busca del cuarto de baño y estaba tardando tanto que empecé a temer que hubiera quedado enredado entre los pañuelos de Alicia y hubiera muerto asfixiado o, peor aún, que hubiera tocado el BAFTA y le hubieran acribillado hasta matarlo con lomos Wellington en miniatura y patatitas al horno rellenas de caviar, reapareció en ese momento y me dijo con toda naturalidad:

—¿Qué haces aquí metida, cariño? Ven, quiero presentarte a unas personas.

Y así fue como, de la mano, nos alejamos rumbo a la Luz Dorada de la sala de estar y Fiona Montague y la Mamá Perfecta de la Perfecta Lucy Atkinson se quedaron allí, boquiabiertas y muertas de envidia y borrachas hasta las trancas.

Al final resultó que Simon había ido al instituto con el marido de Alicia, Tristan (claro, no podía llamarse de otra forma), y al coincidir por casualidad en la puerta del cuarto de baño se habían llevado el alegrón típico de cuando encuentras a ese amigo del alma del que no sabes nada desde hace años. Es que mi marido se niega a usar Facebook para el verdadero propósito con el que se creó, y que por supuesto no es otro que espiar a tus amigos del instituto y de la universidad con la esperanza de estar más delgada que ellos, de tener una vida mejor; según él, si tiene una cuenta de Facebook es para intentar adivinar de qué humor estaré cuando llegue a casa, y para leer los artículos del *Daily Mash*. En fin, la cuestión es que la conversación en la que Simon y Tristan recordaron con nostalgia la vez en que intercambiaron el litio y el magnesio en el laboratorio de química y estuvieron a punto de hacer volar por los aires la cara del profesor Everett, y lo gracioso que estuvo durante el resto del semestre sin cejas, se consideró suficiente para que fuéramos admitidos en la Tierra de Muebles Tapizados, donde descubrí que en realidad no había champán ni canapés. Pero al menos pude tener en mis manos el BAFTA, que resultó ser sorprendentemente pesado.

Sam me puso al tanto de lo que pasó en la cocina durante el resto de la velada, después de que yo los abandonara. La Mamá Perfecta de Lucy Atkinson tuvo una discusión con su marido porque este le sugirió que se tomara un vaso de agua en vez de otra copa de vino; ella le gritó airada: «¡DEJA DE DECIRME LO QUE TENGO QUE HACER! ¡SIEMPRE ESTÁS IGUAL!» y él se largó sin más, y entonces ella se puso histérica y le dijo a Sam que cree que su marido podría ser gay, y al salir de la casa de Alicia, Fiona Montague vomitó en las plantas mientras su marido estaba intentando meterla en un taxi. Por lo que se ve, los miembros del Aquelarre no saben asimilar bien un rechazo. Ni el alcohol. No sé por qué, pero tengo la sospecha de que, a pesar de lo mucho que ha insistido Fiona esta noche en ser mi nueva mejor amiga, el lunes volveremos a lo de siempre.

Al meterme en la cama se me ha ocurrido que nosotros deberíamos organizar una fiesta; de hecho, es posible que la decisión ya esté tomada y que ya haya invitado a toda la gente que estaba esta noche en la fiesta de Alicia. A Simon no le importará, y ¡seguro que lo pasamos genial!

Domingo, 20 de diciembre

¡Llegó el día de poner el árbol de Navidad! ¡Qué bien!, ¡qué alegría! A pesar de la fiesta de anoche no tenía ni pizca de resaca, lo que parece indicar que el vino que había en la sala de estar podría ser de mejor calidad que el de la cocina. Otro claro indicio de ello son los mensajes de texto que he recibido de Sam (al que está claro que le hace mucha gracia la situación), que contenían a su vez capturas de pantalla de torpes mensajes que le han enviado tanto Fiona Montague como la Mamá Perfecta de la Perfecta Lucy Atkinson para ofrecerle unas vagas disculpas del tipo «¡Es que tomé demasiado vino!». Vaya por Dios, siento curiosidad por ver cuánto de lo que pasó anoche admitirán la semana que viene.

Pero, volviendo a lo del árbol..., en la festiva imagen creada por mi imaginación, comprar el árbol debería consistir en recorrer juntos las nevadas calles, que Simon se lo eche a cuestas como todo un machote y lo lleve a casa mientras los demás seguimos su varonil estela con risas y alborozo; en la vida real, lo que suele pasar es que vamos al B&Q y discutimos porque a mí me gusta un árbol enorme que no cabría en el coche y a Simon uno tan minúsculo que hasta un ratón se avergonzaría de él de lo diminuto y poco festivo que es.

Pero este año había encontrado una finca donde venden árboles de Navidad. Después de un agradable trayecto por la campiña, te subes en un tractor y entonces puedes elegir el árbol que quieres y talarlo tú mismo, ¡qué experiencia tan divina! Así que pusimos rumbo a la finca en cuestión, y durante el trayecto me dediqué a cantar villancicos a pleno pulmón mientras Simon mascullaba que a ver si me quedaba callada para que pudiera concentrarse en conducir y los niños se quejaban en el asiento de atrás de que no les hubiéramos permitido traer sus iPod. Pero a mí me daban igual sus quejas, ¡íbamos a disfrutar de un Día Mágico y a crear Recuerdos Felices que quedarían grabados en nuestra memoria por siempre jamás!

Aún no llevábamos ni cinco minutos en la finca cuando Peter se cayó en el barro, y se pasó el resto de la excursión quejándose de que tenía tanto frío que estaba convencido de que iba a morir. Simon se convirtió en todo un cavernícola en cuanto se le confió la sierra para talar el árbol, y se puso a gritar cosas tales como «¡ATRÁS! ¡RETROCEDED! ¡ESTOY TALANDO!». Dado que su pericia como macho cazador y recolector estaba siendo puesta a prueba por el hecho de tener que proveer un árbol para su familia, se salió de lo que es habitual en él e insistió en que nos lleváramos uno tan enorme que incluso yo tenía mis dudas de si cabría en la casa, y ya no digamos en el coche.

135

Al final logró meterlo en el coche (a base de pura terquedad, básicamente), aunque los niños estaban un poco aplastados debajo de aquella mole. Jane afirmó haber estado a punto de perder un ojo, y Peter aseguraba que algunas agujas del pino se le habían metido en los pantalones.

Cuando llegamos a casa tuvimos la obligada discusión a la hora de colocarlo en su lugar, que básicamente consiste en Simon gritando: «¿ESTÁ RECTO? ¿ESTÁ EN SU SITIO?» y yo gritando: «¡QUE SÍ, JODER!»; él suelta entonces el árbol, el árbol se desploma, y repetimos la operación unas seis veces más como mínimo hasta que por fin logramos que quede más o menos estable y vertical. Simon insiste entonces en encargarse de poner las luces, porque parece ser que esa es una tarea para hombres, porque su padre siempre las ponía, y entonces y solo entonces puedo proceder a crear la magia de los adornos.

Me encanta decorar el árbol de Navidad, es una de mis cosas preferidas del mundo mundial. En mi primer año de universidad, me llevé tal disgusto cuando volví a casa para las fiestas y descubrí que mamá y Jessica ya lo habían decorado sin mí, que lloré hasta que quitaron todos los adornos para volver a empezar desde el principio con mi ayuda.

Años atrás, cuando los niños eran muy pequeños, soñaba con que lo hiciéramos todos juntos, pero entonces me di cuenta de que soy una tirana en este aspecto y de que los niños lo hacen todo mal, así que básicamente me dedico a gritarles durante los primeros diez minutos hasta que pierden el interés y se largan, y entonces puedo recolocar los adornos que salta a la vista que han puesto en lugares absurdos (es decir, poner las monstruosidades llenas de purpurina y embadurnadas de mocos que han hecho ellos en la parte de atrás, donde no se vean, para que mis elegantes adornos de cristal de John Lewis y White Company puedan estar en primera fila y se vean bien). Y así puedo convertir el árbol en una Gloriosa Visión de Alegría Festiva mientras canto en voz alta villancicos e intento impedir que el perro se mee en él, porque, en lo que a él respecta, ¿para qué si no iba a haber un árbol en medio de la sala de estar?

De modo que ahora estoy sentada a la luz de las luces de colores con el corazón rebosante de felicidad (aunque es posible que eso se deba al vino espumoso que he bebido mientras decoraba el árbol), gritando: «¡Mirad el árbol! ¿A que me ha quedado supernavideño?, ¿a que huele genial? ¡Miradlo! ¡NO LO TOQUÉIS, LIMITAOS A MIRAR! ¡DEJAD EN PAZ LOS ADORNOS DE CHOCOLATE! ¡No, no son para comer! ¡Me da igual que sean comestibles, no os los vais a comer! ¡Y eso también va por ti, Simon!». Y todo es maravilloso y este es, posiblemente, el día más navideño del mundo aunque es posible que eso también sea gracias al vino, y me parece que voy a comerme una tartaleta de frutas pequeñita.

Ojalá me gustara el jerez, estoy segura de que una velada como esta requiere una buena copita de jerez seco.

Martes, 22 de diciembre

Louisa llegó hoy junto con Bardo y los niños (Simon tenía razón, son seis). No hay suficiente vino en el mundo para aguantar esto.

Como me he tomado unos días libres en el trabajo mientras los niños no tienen cole por las fiestas navideñas, estaba aquí para recibirlos cuando hicieron acto de aparición (llegaron justo antes de la hora de la comida, qué conveniente). A pesar de que Louisa me aseguró sonriente que podían dormir todos en la autocaravana, ni siquiera yo sería capaz de hacer que seis niños durmieran allí en diciembre, así que todos ellos están apiñados en nuestra casa de modesto tamaño. Louisa y Bardo y los dos críos más pequeños están en el cuarto de invitados, y Peter y Jane comparten los suyos con los demás niños. Los cuatro hijos mayores de Louisa y Bardo son dos niños y dos niñas y eso me parece muy considerado por su parte, porque de ese modo no tengo que lidiar con las quejas de mis hijos porque el uno tiene que compartir su cuarto con más primos que el otro.

De lo que sí que se han quejado hasta la saciedad es de tener que compartirlo, y no dudaron en exponer esas quejas en voz bien alta delante de Louisa («¡Por favor, Ellen, intenta acordarte de llamarme Amaris! Dejé atrás a Louisa cuando le dediqué mi vida a la Diosa»). Ella lo tomó como una oportunidad de oro para dar un sermón sobre cómo está educando a sus hijos para que comprendan que lo único que poseemos en realidad es nuestra alma, y no sé cuántas chorradas más. A juzgar por cómo se les iluminaron los ojos a sus hijos al ver los iPad, yo diría que no están muy de acuerdo con las ideas de Louisa sobre las posesiones de uno. Voy a tener que cachear a esos pequeños cabroncetes antes de que se vayan.

A la hora de comer hubo cierta incomodidad porque, desde la última vez que los vimos, Louisa ha decretado que su familia es vegana y no come gluten, así que la pasta con la que yo creía que no habría problema alguno fue rechazada. Pero ella me dijo que no me preocupara, que Bardo prepararía una de sus sopas especiales para todos, y en un abrir y cerrar de ojos tenía al tipo rebuscando en los armarios de mi cocina y pidiéndome lentejas y garbanzos (me preocupan un poco las cañerías de mi casa, teniendo en cuenta que los ocho van a pasar una semana aquí y engullen tanta fibra); Louisa, mientras tanto, abrió mi nevera y se lamentó de que no hubiera verduras orgánicas («¡Estas están llenas de toxinas, Ellen! ¡Podría decirse que básicamente estás envenenando a tu familia! Sí, ya sé que los productos orgánicos son más caros, pero ¿por qué no cultivas los tuyos, tal y como hacemos nosotros? Es muy fácil, te da una gran satisfacción y estar en contacto con la tierra de esa forma es lo más maravilloso del mundo, de verdad que hace que uno valore cada bocado»).

Entonces procedió a rebuscar en las once mil millones de bolsas de arpillera que habían traído consigo en vez de maletas (no sé, igual las maletas son un símbolo de la opresión masculina y del maltrato al que está sometido el planeta. Quién sabe, ¿qué más da?) y me ofreció un abultado saco. «Somos conscientes de que somos muchas bocas que alimentar y no queríamos que pensarais que nos estamos aprovechando, así que hemos traído una contribución». Me miró llena de orgullo con una enorme sonrisa mientras yo examinaba con suspicacia los bultos arrugados y recubiertos de barro que había en las profundidades del saco. «¡Son algunas verduras de nuestro huerto, cultivadas de forma sostenible y orgánica. ¡Seguro que después de probarlas no vuelves a comprar esas tan horribles envueltas en plástico que venden en los supermercados! Antes de que te des cuenta te tendremos cavando y metida hasta los codos en el regalo que nos ofrece la Diosa!».

Vació el saco sobre la mesa, con lo que lo llenó todo de barro («¡No es más que un poco de tierra limpia, no te preocupes!»), y empezó a esgrimir una serie de objetos que para mí eran todo un misterio. «¡Mira! ¡Patatas y cebollas y remolacha y col rizada! ¡Qué delicia! Bardo va a echar de todo en la sopa, ¡te va a encantar!».

Intenté ocultar mi indignación al ver que: a) Louisa no comprende la importancia que tiene la remolacha en las navidades de mi familia, ¡que ni se le ocurra pensar que ese testículo deformado que me mostró va a reemplazar al sagrado bote de remolacha encurtida en mi mesa cuando sirva el té el día de Navidad! Al menos sé que Jessica me apoyará en eso, por mucho que comparta la convicción de Louisa de que todas las verduras que no son orgánicas causan tumores al instante si permites que crucen tus labios; y b) Louisa esperaba que me sintiera agradecida por el hecho de que hubiera traído verduras suficientes para preparar una olla de sopa, cuando resulta que debo darles de comer tanto a sus mugrosos hijos como a ella durante una semana.

Para cuando Bardo tuvo lista la sopa, Peter y Jane estaban revolcándose por el suelo aferrándose la barriga mientras aseguraban estar a punto de morir de hambre; Louisa, mientras tanto, estaba ordenándoles indignada a sus críos mayores (Cedric, Nisien, Idelisa y Coventina, no tengo claro quién es quién) que se alejaran de los iPad, que se alejaran de inmediato, que estaban envenenándose la mente con esas tabletas tóxicas y los rayos mortales que emiten; Boreas, el bebé, había estado emitiendo un chorro constante de olores nauseabundos mientras berreaba con indignación y resistía los empecinados intentos de Louisa por encasquetarle una teta en la cara; y Oilell, la pequeñina, había hecho caca en el suelo dos veces. Según Louisa, «Aún estamos trabajando en nuestro método de higiene natural infantil, pero no le gusta llevar pañal y cuando se sienta preparada para usar el lavabo nos lo hará saber. O puede que no lo haga, a lo mejor prefiere salir y hacerlo al aire libre, que es lo más natural y lo que hace Nisien». Joder, ¿una se caga en el suelo y otro lo hará en el jardín? ¿Quién se encargará de recogerlo? Ya tengo bastante con tener que recoger las cacas de mi perro, no pienso recoger las de Nisien porque el niñito quiera expresar su individualidad rechazando los horribles y burgueses lavabos y prefiera CAGARSE EN MI JODIDO JARDÍN.

Bardo dejó de golpe sobre la mesa mi mejor olla Le Creuset, llena a rebosar de un revoltijo al que no sabría darle nombre.

—¡Parece caca! —exclamó Peter.

—¡Huele a caca! —añadió Jane.

—Niños, por favor, no seáis maleducados —les dije, a pesar de que no les faltaba razón—. Oye, Louisa..., digo, Amaris..., está claro que no hay suficiente sopa para todos, se ve deliciosa de verdad pero no quiero que nosotros cuatro os dejemos sin probarla, así que nos comeremos la pasta. ¡No, qué va, insisto en que os comáis vosotros la sopa! Nosotros estamos acostumbrados a las toxinas.

Por si los restos que habían quedado requemados en el fondo de mi olla no fueran ya lo bastante asquerosos de por sí, las negras medialunas de tierra que había bajo las uñas de Bardo (por muy limpia que estuviera la tierra en cuestión) revolverían hasta el más resistente de los estómagos.

Después de comer, Louisa me dijo que estaba exhausta, que el viaje había durado tres días y esa mañana se habían levantado tempranísimo para poder llegar a tiempo de comer con nosotros, y me preguntó si podía darse un baño.

A pesar de no estar convencida del todo de que un baño caliente encajara con los ideales ecológicos de mi cuñada, no tuve más remedio que acceder a regañadientes.

—Sí, por supuesto. Voy a por unas toallas.

—¡Qué amable eres! Bardo, ¿vienes a bañarte conmigo? Ellen, no te importa vigilar a los niños, ¿verdad? Seguro que Boreas se queda dormido y puede que Oilell también quiera echarse una siesta, así que la verdad es que apenas tendrás que hacer nada.

Sí, claro, nada aparte de limpiar la arena que había sobre todas y cada una de las superficies de mi cocina y lavar todas las cazuelas, tablas de cortar y cuchillos que tengo (parece ser que Bardo tuvo que usarlo todo para crear su obra maestra culinaria, que llamaremos Revoltijo *à La Mode*), mientras al mismo tiempo me encargaba de vigilar a ocho niños, ocho, incluyendo a un bebé y a una cría que se caga en el suelo. Sí, vamos, no tenía que hacer nada de nada.

Mientras se dirigía de lo más risueña hacia la puerta de la cocina, Louisa se detuvo a observarme mientras yo metía los platos en el lavavajillas, y al cabo de un momento comentó con voz almibarada:

—¡Espero que no uses demasiado ese trasto, Ellen! Gasta demasiada agua y electricidad, es muy perjudicial para el medio ambiente.

Bardo y ella emergieron del cuarto de baño dos horas después. Aunque no se les veía más limpios, apestaban a mi mejor aceite de baño de Penhaligon, uno que no uso nunca porque estoy reservándolo para alguna ocasión especial. Todos los niños estaban catatónicos frente a la tele, ya que había alentado a Peter y a Jane a poner el programa más absurdo, molesto y ruidoso que pudieran encontrar para que no vinieran a irritarme, pero, a pesar de las gigantescas cantidades de lentejas que los hijos de Louisa habían comido al mediodía, al menos había tenido la suerte de que ninguno de ellos tuviera la necesidad de volver a practicar el método de higiene natural infantil.

Louisa cambió de inmediato el canal (lo que provocó las quejas airadas de Peter y Jane), se sentó tan pancha en el sofá y se quitó la camiseta. Sí. Así, sin más.

—¡Es la hora de la leche, niños! ¿Quién quiere ser el primero?

Peter, Jane y yo vimos patidifusos cómo el mayor de todos, el que me parece que se llama Cedric y que debe de tener unos ocho años como mínimo, se abalanzaba hacia una de las tetas de Louisa y, seguido de cerca por el resto de la manada, se ponía a succionar con entusiasmo.

—¡No seáis tímidos, chicos! —les gritó mi cuñada a Peter y a Jane, con una sonrisa de lo más risueña—, ¡podéis beber también si os apetece, es lo más natural del mundo!

Salimos de la sala de estar poco a poco, caminando de espaldas hacia la puerta, temblorosos y con el rostro demacrado. Incluso Jane había enmudecido por una vez en su vida, aunque me temo que las palabras pueden salirle de golpe dentro de un rato.

Cuando fui al cuarto de baño, lo encontré incluso peor que cuando lo usan mis hijos. El suelo estaba lleno de agua, había toallas mojadas por todas partes y en mi preciada botella de Penhaligon no quedaba ni una sola gota de aceite de baño. Alrededor de la bañera había un cerco que tardé veinte minutos en eliminar con el estropajo. Apuesto a que tuvieron relaciones sexuales en mi bañera. No creo que sea capaz de volver a meterme en ella, y el olor del aceite de Penhaligon lo asociaré por siempre jamás a traición y pérdida y a los huevos peludos de Bardo.

Louisa aún estaba en el sofá con un par de críos colgando de sus tetas cuando Simon regresó del trabajo.

—¡Hola, Si! ¡Me alegro de verte! —le saludó ella.

A él le bastó con ver la escenita para dar media vuelta y salir de la sala de estar, y Louisa exclamó:

—¡Madre mía, qué reprimido estás! Seguro que es porque mamá no te dio el pecho.

Yo fui tras mi marido y me limité a decir:

—Es tu hermana. Tengo que salir un rato.

Fui directa a casa de Sam, solo me paré en la esquina a comprar dos botellas de vino y un paquete de cigarros, y le conté la historia completa mientras él se desternillaba de risa.

—¡No te reirás tanto cuando tengas sus tetas bamboleándose sobre tus coles de Bruselas el día de Navidad!

Cuando llegué a casa, Simon me agarró y me dijo con tono acusador:

—¡Has estado fumando!

—Sí, ¿qué pasa? —rezongué, interpretando con maestría el papel de colegiala mohína.

—¡Pues dame uno, joder! —susurró él con desesperación—. Me han obligado a ver el video del parto de Boreas en medio del bosque, y mi hermana lo ha parado justo cuando la cabeza empezaba a salir. ¡He visto una cabeza humana saliendo del coño de mi propia hermana! Ah, y Bardo también estaba desnudo durante el parto y un amigo se encargó de filmarlo todo, así que su polla también tiene un papel estelar. ¡Necesito un cigarro, joder!

Salimos con sigilo al jardín.

—Vigila dónde pones los pies —le advertí—. Nisien prefiere cagar al aire libre, en medio de la naturaleza.

—¡Santo Dios! ¿Cómo vamos a aguantar todos estos días? Ya sé que es mi hermana, pero...

—¿Es un incordio pretencioso, hipócrita y gorrón con una higiene personal cuestionable, y no tiene respeto alguno por mi jodido aceite de baño?

—Yo iba a decir que es difícil de aguantar, pero tu versión también la define bien.

Los dos les dimos una buena calada a nuestros respectivos cigarros.

—¿Qué diría ella sobre el tabaco? —pregunté.

—Lo mismo que dice sobre todo, supongo. Nuestros cigarros son malos y perniciosos, pero los porros de Bardo son naturales y saludables y por lo tanto ella vuelve a ser moralmente superior a nosotros. No creo que pueda con esto, Ellen. Huyamos de aquí. Podríamos dejar a los niños con Lou, ella ni siquiera se daría cuenta de que hay dos más, podríamos fingir que salimos al jardín a recoger un poco de quinoa orgánica y largarnos y pasar las navidades en un hotel. Ni siquiera notarán que nos hemos ido.

—Ella sí, en cuanto se diera cuenta de que no hay nadie a quien hacerle alguno de sus comentarios condescendientes ni a quien poder regañar por mantener hábitos que tienen un gran impacto ambiental. Y, si dejáramos aquí a nuestros hijos, yo creo que tardarían unas tres horas como mucho en enloquecer debido a que no habría ondas magnéticas friendo sus influenciables e infantiles cerebros, sembrarían el caos en la casa armados con los cuchillos de la cocina y asesinarían brutalmente a cualquiera que se interpusiera entre ellos y una pantalla.

—Tienes razón. Estamos jodidos, ¿verdad? —dijo él con tristeza.

—Bueno, piensa en el lado positivo de la situación, ¡al menos no han atascado aún el lavabo con una mierda de tamaño industrial bien cargada de lentejas!

En ese preciso momento oímos la voz de Louisa.

—¡Ellen! ¡Ellen, al retrete le pasa algo! Vamos a usar el que tenéis en vuestro dormitorio, ¿de acuerdo?

Qué asco de vida, ¿por qué nadie ha comprado aún mi aplicación?

Miércoles, 23 de diciembre

La lista de cosas que voy a tener que tirar cuando Louisa se vaya va creciendo de hora en hora. Al bajar esta mañana a la cocina la encontré preparándose un batido en mi licuadora con lo que parecía ser todo, pero absolutamente todo el contenido de mi nevera y mi frutero, incluyendo el melón y las frambuesas que había comprado, pagando un precio exorbitante, con la intención de intentar preparar un entrante irónicamente *retro* para la comida del día de Navidad; al parecer, Louisa puede dejar a un lado sus principios orgánicos si el paquetito de frambuesas cuesta 3,99 libras.

Mientras yo permanecía allí plantada, atónita de nuevo ante la masacre y la destrucción que Louisa va dejando a su paso (da la impresión de que es algo que logra hacer sin proponérselo siquiera), agarró un botecito que contenía una sustancia viscosa y la vertió en la licuadora. Vale la pena remarcar que parecía ser lo único que no había sido saqueado de mi cocina y, aunque sabía que me arrepentiría de preguntar de qué se trataba porque lo más probable era que resultara ser la savia orgánica de alguna planta peruana que tan solo podía recolectarse a la luz de la luna llena y mi cuñada me animaría a probarlo, no pude reprimir mi curiosidad.

—¡Es semen! —contestó ella, sonriente.

—¡Ay, qué gracia! Perdona, Louisa, me ha parecido oír que es semen, ¿qué es lo que has dicho en realidad?

—Que es semen, Bardo me da un poco todas las mañanas. Es muy nutritivo, tiene un montón de vitamina B y proteínas. Y también va genial como máscara facial, ¿no has notado lo joven que se me ve y lo radiante que tengo la piel? Ten, ¿quieres probar el batido?

Fui incapaz de contestar, porque estaba luchando contra las náuseas. ¡Louisa acababa de verter la leche del *hippy* de Bardo en mi licuadora, y estaba preguntándome si quería tomar un traguito! ¿Qué le pasa a esta mujer?, ¿por qué no se limita a hacerle una mamada a su marido? ¿Se encargará ella de «hacer la recolecta» o se irá él al baño con una revista guarra? ¡No entiendo por qué haría alguien semejante cosa!, ¡ni siquiera entiendo por qué estoy pensando en esto! Ah, ya que ha salido el tema, aprovecho para decir que Louisa se echó encima diez años más de los que tiene en realidad desde que «encontró a Amaris», y no hay forma de saber si tiene la piel radiante o no porque suele estar demasiado mugrosa incluso después de gastar todo mi aceite de baño (sí, aún sigo molesta por eso y seguiré estándolo durante algún tiempo).

Para cuando recobré la compostura necesaria para decir algo aparte de «No entiendo nada», Peter y Jane habían entrado en la cocina y estaban pidiendo cereales de chocolate. Se quejaron de que le habían pedido a su tía que les preparara el desayuno y que ella les había dicho que podían tomarse un batido o las gachas que estaba preparando, pero que ambas cosas les daban asco, y me alegré por primera vez de la aversión que mis dos hijos sienten hacia cualquier cosa que pueda contener vitaminas o nutrientes; gracias a eso, tengo la certeza de que por nada del mundo probarán algo que haya sido preparado por Louisa o por Bardo y, por tanto, tengo la tranquilidad de saber que no existe ni la más mínima posibilidad de que ingieran algún fluido corporal que ande perdido por ahí.

—Ahora que me acuerdo, Ellen —me dijo Louisa—, no he podido preparar mis gachas porque no he podido encontrar las semillas de chía. ¿Dónde las guardas?

—No tengo —murmuré, mientras me preparaba para lo inevitable. No tengo claro del todo qué son las semillas de chía, solo sé que a veces oigo a la Mamá Perfecta de la Perfecta Lucy Atkinson hablando de ellas con los demás miembros del Aquelarre.

—¡Bueno, no pasa nada! Supongo que hoy irás de compras, podrás traerte un paquete; de hecho, tengo una lista con varias cosas que nos hacen falta, ¿podrías encargarte de comprármelas? ¡Espera, tengo una idea mejor! Iré contigo, así tendremos una salida de compras solo de chicas. ¡Ya verás lo bien que lo pasamos!

Sí, iba a pasarlo de maravilla, en plan «¡Dios mío, quiero pegarme un tiro!».

La cosa podría haber sido peor. No, lo digo en serio, de verdad que sí. Louisa podría haberse salido con la suya y hacer que todos, niños incluidos, fuéramos en la autocaravana Gunnar, pero yo veté esa idea al señalar lo inmensamente ilegal que sería apiñar a doce personas en una autocaravana que tiene cinturones de seguridad para cuatro. Louisa protestó e insistió en que en Escocia a nadie le importan ese tipo de detallitos sin importancia, pero yo estoy segura al cien por cien de que eso no es verdad (el que a nadie le importe si hay que ponerse o no el cinturón de seguridad es algo que solo existe en la fantasiosa mente de Louisa); en fin, la cuestión es que me mantuve firme mientras le describía horribles escenas en las que ella languidecía en prisión mientras sus pequeñines iban consumiéndose sin la vigorizante leche de sus pechos y ella se convertía en una mujer decrépita y llena de arrugas sin las increíbles propiedades rejuvenecedoras del semen de Bardo, y para cuando saliera por fin de prisión lo más probable era que estuviera tan envejecida que él se habría buscado a alguna joven pizpireta y los niños se habrían olvidado de ella. Al final acabó por capitular y fuimos en mi coche. Dejamos a la mayoría de los niños con Bardo y Simon, así que al menos no morimos todos consumidos por una horrible bola de fuego (si me paro a pensar en ello, la verdad es que solo así la salida de compras podría haber sido incluso peor de lo que fue).

Para empezar, el Aldi quedó descartado porque no había semillas de chía ni café orgánico, aunque vi que tenían un pequeño generador que parecía muy útil a un precio excelente y le sugerí a Louisa que lo comprara para rebajar lo que debían pagar de electricidad debido a los paneles solares poco eficientes que habían instalado. Ella me miró horrorizada.

—¡Nada de combustibles fósiles, Ellen! ¡No, ni hablar! Mi conciencia no me permitiría llevar una horrible monstruosidad que consume petróleo a nuestro lugar de retiro, que es un paraíso de calma y bienestar de la Diosa.

Sí, claro, pero no pasa nada por circular por lo largo y ancho del país en una anticuada autocaravana que consume diésel y suelta una humareda negra por el tubo de escape (a diferencia de mi querido todoterreno, por el que también me gané un sermón sobre «devoradores de gasolina» y la sugerencia de que me planteara comprar uno eléctrico). A veces me pregunto si Louisa oye las palabras que salen de su propia boca.

Aunque en Waitrose hay semillas de chía y todos los productos orgánicos que una pueda desear, quedó vetado por ser «tan corporativo, tan tediosamente típico de la clase media».

Yo misma soy una persona tediosamente típica de la clase media; de hecho, Louisa también lo es, ya que fue a un instituto privado y a la Universidad de Durham. Waitrose me encanta, pero después de pasar veinte minutos dando vueltas mientras Louisa resoplaba con fuerza y hacía muecas y exclamaba «¡Por la Diosa, toda esta comida viene de lejos! ¡Hay que fomentar el consumo local!» (aunque lo de la procedencia lejana no parece importarle en lo que respecta al café), me rendí y cedí ante su insistencia de ir a «algún pequeño mercado local o alguna tiendecita de productos artesanales, Ellen. He visto una cerca de aquí, de verdad que creo que sería mucho mejor». Dado que estaba amenazando también con pararse a darle el pecho a Cedric, el hijo mayor, en medio del pasillo donde estaban los productos de panadería, me pareció que lo más prudente era marcharse de allí, porque la gente había empezado a mirarnos y Louisa estaba quitándole el encanto a ese lugar que siempre me da tanta felicidad.

Simon salió a recibirme a la puerta cuando regresamos a casa, tenía los ojos apagados y llenos de cansancio mientras Boreas, al que sostenía en brazos bien alejado de su pecho, berreaba con indignación. Yo me había negado a dejar que Louisa trajera al niño, porque no tienen sillita para el coche y no me convenció su explicación de que el pequeño iría perfectamente bien sentado en su regazo, metido en su bandolera.

—Venga, nos vamos al *pub* —dijo Simon, antes de dejar a Boreas (que olía fatal) en los amorosos brazos de su madre y tomarme la mano.

Sam, que es un verdadero ángel, había pasado por casa para ver si Peter y Jane querían quedarse a dormir en la suya.

—Tenían las mochilas preparadas y los abrigos puestos incluso antes de que yo dijera que sí —me dijo mi marido.

Nos relatamos mutuamente los horrores que habíamos vivido aquella tarde mientras nos anestesiábamos con unas maravillosas copitas que nos devolvieron la vida.

—Tu hermana no sabe lo que es la ironía. Se niega a comprar café orgánico en Waitrose porque según ella es un lugar típico de la clase media, y entonces va a su jodida tienda de productos artesanales y llena el carro con un alpiste carísimo, y cuando vamos a pagar a la caja me suelta que se le ha olvidado el bolso porque no está acostumbrada a usar dinero, que Bardo y ella obtienen lo que

148

necesitan haciendo trueques con sus amigos. ¡Así que he tenido que pagarlo yo todo!

—Me han seguido y han invadido mi caseta, ¡mi caseta! ¡Ni siquiera Peter y Jane entran allí!

—Seamos sinceros, cariño, si no lo hacen es porque es un lugar oscuro que huele raro y les dijiste que en las esquinas vivían ardillas vampiro venezolanas dispuestas a atacar al primer niño que vieran.

—¡Y entonces se ponen a tocar mis cosas! ¡En mi caseta, Ellen! Y ese tan pequeño... ¿cómo se llama? El que va después del bebé y es un mocoso.

—Oilell. Son el fruto de las entrañas de tu hermana, cariño, así que tendrías que saberte sus nombres.

—Joder, cielo, te pido por favor que no menciones las entrañas de mi hermana después de ver el video del parto. En fin, sí, resulta que ese se agachó con intención de hacer caca. ¡En mi caseta!

—¡Cielos, qué horror! Ayer se cagó en la cocina, así que no esperes que te compadezca. Por cierto, me parece que es una niña, ¿no?

—Y yo qué sé. He procurado no acercarme demasiado, así que no tengo ni idea. En fin, el gilipollas de Bardo el Petardo estaba ocupado echándole un vistazo a mis herramientas y ni siquiera se ha dado cuenta, pero la niña mayor...

—Coventina.

—¿Te acuerdas de cómo se llaman todos?

—Son años de escuchar que Tilly le dijo tal cosa a Milly, y Milly se lo contó a Katie quien a su vez se lo contó a Lucy, y esta se lo contó entonces a Sophie, quien dijo que Tilly y Milly deberían hacer tal cosa, y Lucy se echó a llorar, lo que era una tontería por su parte, y Katie dijo que le daba igual, y entonces Sophie le dijo no sé qué a Milly y esta contestó entonces que..., en fin, es el cuento de nunca acabar, y hay que tener claro quién es quién para no invitar a dos enemigas acérrimas al mismo tiempo por error, y hay que procurar invitar a la Tilly, Milly, Sophie, Katie y Lucy adecuada en cada fiesta de cumpleaños.

—¿Todas se llaman así?

—No, cariño, no seas tonto, algunas se llaman Olivia. Ah, y también hay varias Poppie. Bueno, cuéntame lo que pasó con la *cagasuelos*.

—Ah, pues la niña mayor...

—Coventina.

—Coventina vio la cara que puse y el humo de furia que me salía por la nariz y agarró a la cosa esa y la llevó fuera para que cagara en el patio. Mejor ahí que en mi caseta. Y entonces Bardo me preguntó si podía tomar prestada mi sierra de ingletes y yo le pregunté que para qué la quería y me contestó que para llevársela a su retiro y usarla allí. ¡Así que básicamente intentó robarme mi sierra de ingletes, Ellen!

—En este momento me interesa más saber qué fue lo que pasó con la caca del patio.

—Ah, Coventina fue a por unas cuantas bolsitas de las que usamos para la caca del perro y se encargó de recogerla. Esa niña parece bastante normal, me cae bien. La he pillado robando rollitos de salchicha de la nevera con Peter y Jane, y cuando le pregunté que qué pasaba con lo de ser vegana y no comer gluten suspiró con exasperación y me dijo que no quería hablar del tema y se comió otro rollito.

—¡Bien por ella! Apuesto a que cuando crezca se cambia el nombre de Coventina por el de Susan y se hace corredora de bolsa para rebelarse contra sus padres.

La verdad es que estaba pasando un rato muy agradable con Simon; por regla general, cuando le propongo que salgamos a algún sitio y no se trata de alguna ocasión especial me dice que está muy cansado, que hace demasiado frío o que está lloviendo, y que si podemos quedarnos en casa porque si salimos vamos a encontrarnos con Gente. El hecho de que mi marido estuviera tan desesperado como para decidir salir al mundo exterior, que está repleto de Gente, dice mucho de lo horrible que es la familia de su hermana. Charlamos entre risas y nos emborrachamos un poquito (bueno, la verdad es que bastante), y cuando me dio por echarle un vistazo a mi móvil vi que había recibido un correo electrónico avisándome de que diez personas han comprado mi aplicación, lo que, si mis cuentas no fallan por el alcohol, significa que hasta el momento he ganado nada más y nada menos que siete libras. ¡Qué pasada! Si se la descargan noventa personas más, incluso habré recuperado los cien dólares que pagué para registrarme como desarrolladora de aplicaciones. Dado que alguien la había comprado, se me ocurrió por fin que quizás debería hablarle a Simon de su existencia por si acaso resulta que al final ganamos una fortuna con ella. Le costó entender de qué se trata exactamente y por qué la he creado, pero la palabra mágica «dinero» logró penetrar en su mente abotargada por la cerveza y me dijo que le parecía una idea muy ingeniosa por mi parte.

Incluso regresamos a casa de la mano. No me dejó mirar en el cubo de basura que habían sacado los vecinos que viven en el 27 y me pareció una actitud muy poco razonable por su parte, pero, tal y como él afirmó, si allí hubiera algo de valor, Louisa y Bardo ya se lo habrían llevado horas atrás.

Jueves, 24 de diciembre. Nochebuena

Dije que el 1 de diciembre era el día más navideño, ese en el que se conservan intactas todas las esperanzas de la época festiva, pero ¡retiro lo dicho! Fue una tontería por mi parte, estaba equivocada, porque por supuestísimo que ese día es en realidad el de Nochebuena. Un día para besarse bajo el muérdago y oír villancicos por la radio y sentirte satisfecha al ver que usan la versión como Dios manda de la Biblia del rey Jacobo, y no esa horrible versión moderna que usan en el cole durante el servicio religioso con villancicos para los niños porque, aunque no soy nada religiosa, si voy a tener que oír algo de la Biblia quiero que al menos sea de la de verdad, esa que tiene un montón de expresiones antiguas.

151

Es un día para ver *¡Qué bello es vivir!* acurrucada en el sofá con mis querubines de mejillas sonrosadas, para envolver regalos junto a la chimenea vestida con un jersey de Navidad *kitsch* pero de buen gusto mientras bebo vino especiado (por cierto, no me he acordado aún de investigar qué es la sidra caliente), para comer tartaletas de fruta antes de leerles poemas navideños a los niños, para dejar una tartaleta y un buen vaso de *whisky* para Santa (Simon dejó a un lado la idea del «vaso de leche» en las primeras Navidades de Jane) y una zanahoria para el reno Rodolfo. Entonces llega el momento de colgar los calcetines y de mandar a los niños a la cama, de acurrucarme en el sofá con mi amado esposo y ver *Love Actually* mientras me tomo una deliciosa copa de un vino tinto de buena calidad, y después toca subir entre bostezos rumbo a la camita.

No es un día para descubrir al despertar que Jessica te ha mandado frenética siete mensajes de texto porque es incapaz de decidir cuál es el budín que va a traer, ya que ha comprado varios: tiene budines de Waitrose (¡«Buenas noticias, Ellen, conseguí uno de Heston Blumenthal en eBay!»), Selfridges, Harrods y Fortnum Mason. Me parece que mi hermana se ha gastado más en budines navideños que yo en todo lo que voy a servir de comer. Y también me ha enviado cinco mensajes para asegurarse de que haya comprado la remolacha encurtida para la hora del té (¡POR SUPUESTO QUE LA HE COMPRADO, JESSICA! ¿POR QUIÉN ME TOMAS?).

No es un día para lidiar con Peter y Jane malhumorados por la falta de sueño mientras limpio el caos que Louisa ha vuelto a dejar en la cocina, ni para darme cuenta de que se tarda más en pelar patatas suficientes para veintidós personas de lo que dura el concierto navideño que retransmiten por la BBC, ni para intentar batallar con un pavo gigantesco que ni siquiera sabes si va a caberte en el horno mientras el pesado de Bardo revolotea alrededor y te exige que el repugnante estofado que está creando para su monstruosa progenie no entre en contacto con el horrible cadáver que es mi pavo.

No es un día para que se te caiga al suelo un montón de jugo de pavo y tengas que limpiarlo con la fregona mientras gritas sollozante: «Yo solo quiero ver *¡Qué bello es vivir!* ¿ACASO ES MUCHO PEDIR?».

Y desde luego que no es un día para descubrir que Peter y Jane han estado comiendo gominolas. Menos mal que solo las compartieron con Coventina (quien nos ha pedido por favor que la llamemos Tina a secas), pero el chute de azúcar hizo que los tres corretearan por la casa como posesos.

Al mirar por la ventana de la cocina vi a Nisien cagando en medio del césped, y hay un olor muy sospechoso en el comedor que me hace sospechar que Oilell ha estado allí y ha dejado un regalito navideño.

A las ocho de la tarde estaba desquiciada de los nervios. No tenía ni un solo regalo envuelto, era imposible saber qué niños habían comido gominolas y cuáles no porque todos estaban en semejante estado de excitación que intentar que se sentaran para escuchar poemas navideños sería como intentar arrear una manada de gatos; debo reconocer que Tina intentó ayudar gritándoles a sus hermanos a pleno pulmón: «¡CERRAD EL PICO DE UNA JODIDA VEZ!», pero el grito hizo que el bebé se despertara y se pusiera a berrear, y yo decidí que no podía aguantar más y agarré la botella de Baileys y me refugié en mi dormitorio para empezar a envolver los regalos.

Ni siquiera entonces se me concedió algo de paz, ya que hubo once mil millones de interrupciones: Louisa me pidió prestadas unas tijeras; Simon me preguntó si debía preparar ya la tartaleta y el whisky para Santa; Peter y Jane protestaron a gritos por no sé qué injusticia; Louisa volvió a aparecer para pedirme toallas limpias (sí, aún más. No entiendo lo que hace con ellas, ¿estará planeando volver a dar a luz en una especie de milagro navideño?); Cedric se asomó por la puerta con mirada inescrutable y alegó que solo había sentido curiosidad por ver lo que yo estaba haciendo, pero tengo la sospecha de que en realidad estaba inspeccionando el lugar para ver si había algo que pudiera robar; y por último llegó Bardo para pedir..., bueno, no sé qué cojones quería pedirme, porque llegados a ese punto me había lanzado de lleno a lo que a estas alturas se ha convertido en mi tradicional berrinche navideño.

Vociferé sollozante que solo quería tener cinco minutos de paz, solo cinco, que la Navidad era algo mágico y todos ellos estaban ACABANDO CON LA MAGIA, y entonces grité varias veces «¡Qué asco de vida!» y agarré a mi perro (que se llevó un pequeño sobresalto), una manta (no es la primera vez que hago esto y he aprendido de la experiencia) y el Baileys y me dirigí con paso airado al garaje, donde usé el móvil para ver en YouTube escenas de *¡Qué bello es vivir!* mientras lloraba contra el pelaje de mi perro.

Al susodicho no le gusta que le lloren encima. Todo el mundo dice que los perros son seres empáticos que se preocupan por ti y sienten tu dolor, pero ese no es el caso del mío. Se retorció un montón intentando liberarse y me lanzó pedos; yo creo que tiene algo de gato. Así que entonces lloré más fuerte aún porque me odiase hasta el perro y, aunque en el garaje hacía un frío que te cagas, el orgullo me impedía regresar a la casa, así que me tomé un poco más de Baileys para entrar de nuevo en calor.

Simon vino en mi busca al cabo de una hora y media.

—¿Estás bien? —me preguntó.

—¡Nooooo! —gimoteé, un poco achispada—. ¡Todo se ha echado a perder y aún hay mucho por hacer y yo no puedo encargarme de todo!

—No tienes que hacerlo, no entiendo por qué cada año te sometes a esta tortura en vez de limitarte a pedir algo de ayuda. En fin, todos los niños están acostados y les he dicho que si alguno saca un pie de la cama antes de las siete de la mañana tendrán filetes de reno para comer. He terminado de envolver los regalos y, lo creas o no, Louisa y Bardo están limpiando la cocina. No sé cómo van a dejarla, pero al menos lo están intentando. ¡Ah, y mira, está nevando! ¡Vamos a tener una blanca Navidad! A ver, dime, estas navidades van a ser....

—¡Mágicas! —exclamé, sin dejar de sollozar.

Él tenía razón. Gruesos copos de nieve caían del cielo e iban cubriendo la horrible cama elástica y el olvidado poste de Spiribol, con lo que nuestra pequeña y aburrida calle suburbana empezaba a transformarse en Narnia.

—¡Madre mía, me he portado como una idiota!

—Sí, es verdad, pero eres mi idiota..., bueno, ya sabes lo que quiero decir. Y te quiero.

Y entonces me besó, y todo fue realmente mágico.

Viernes, 25 de diciembre. ¡El día de Navidad!

La magia no duró demasiado, ya que recordé de repente que nadie había recogido la caca que Nisien había dejado en medio del jardín y tuve que apresurarme a hacerlo para evitar que los niños la pisaran al salir a jugar en la nieve por la mañana.

Aunque Simon había hecho un esfuerzo heroico por envolver los paquetes, no había encontrado la multitud de regalos que yo había ocultado por toda la casa a lo largo del año, así que aún quedaba mucho trabajo por hacer y al final nos acostamos a eso de las dos de la madrugada (es temprano en comparación con las horas a las que terminé en años anteriores).

Lamentablemente, tardé en conciliar el sueño porque Louisa y Bardo decidieron aprovechar la oportunidad para disfrutar a tope practicando sexo. Ni siquiera soy capaz de tocar el tema, tan solo diré que los dos son muy ruidosos y que esta mañana era incapaz de mirarlos a los ojos después de oír lo que se gritaban el uno al otro.

Los niños lograron respetar el decreto de Simon de permanecer en la cama hasta las siete porque de lo contrario el reno Rodolfo tendría una muerte horrible, pero cuando se levantaron el nivel de excitación de todos ellos volvía a estar al máximo. Peter y Jane recibieron la habitual profusión de productos creados por la malvada maquinaria del consumismo, y los hijos de Louisa unos artesanales que había tallado Bardo (yo les di ropa, por miedo a que mi cuñada rechazara cualquier otro posible regalo). Todo esto desencadenó cierta controversia porque los hijos mayores de Louisa exigieron saber por qué Santa les había traído semejante mierda a ellos y les había dado todos los regalos buenos a sus primos. Sus padres les explicaron con mucha dulzura que Santa conocía los valores según los que se regía cada familia y repartía los regalos de acuerdo a eso, y exhortaron a sus pequeñines a recordar que lo único que uno posee en realidad es su propia alma y que las posesiones no son más que cadenas que nos aprisionan.

Llegados a ese punto, Cedric intentó capitanear una revolución. Exigió que los bienes burgueses se redistribuyeran entre las masas y anunció que sería mucho más justo que Peter y Janes les entregaran algunas de esas relucientes maquinitas tan chulas que te corrompen el cerebro, ante lo cual mi hija se sacó un cuchillo del bolsillo y afirmó que rajaría a quien se atreviera a tocar sus cosas (lo que parece indicar que ya le habían llegado rumores de lo que planeaba hacer Cedric y se había armado debidamente).

Los distrajimos proponiéndoles que salieran a jugar en la nieve y media hora después, tras quitarle el cuchillo a Jane y cachear a los demás para ver si llevaban algún arma, los ayudamos a abrigarse bien con sombreros y guantes y abrigos y botas y salieron a juguetear mientras los adultos intercambiábamos regalos.

Le regalé a Louisa un set bastante caro con jabón y artículos de baño y también una bufanda muy bonita, suelo recurrir a eso cuando no sé qué comprar y me entra el pánico. Bardo recibió aceite para la barba, un cepillo para las uñas y un gel de ducha bastante pijo. Me había asegurado con esmero de que todo fuera orgánico, procediera del comercio justo y hubiera sido amorosamente elaborado por artesanos; de hecho, la bufanda era de cáñamo, así que estaba segura de que no iban a poder contemplar con desdén mis amables (aunque incisivos) regalos y rechazarlos.

Ellos, por su parte, nos regalaron «tratamientos». Yo salí bastante bien parada con una sesión de *reiki* con Louisa, ya que al

menos tenía la tranquilidad de saber que ella no iba a tener que tocarme.

—Llámame Amaris, por favor. Y no, no me ha hecho falta tomar clases para formarme —me dijo con desdén—. El *reiki* se basa
en canalizar la energía universal a través de uno mismo y dejar que
fluya hacia la otra persona, tengo una conexión tan fuerte con la
energía que es algo que me sale de forma natural. A veces incluso
me cuesta evitar que la energía rebose a borbotones y canalizarla
hacia donde debe dirigirse. ¡Siente esto! —Agitó las manos delante de mi cara—. ¿Lo percibes?, ¿sientes el calor y la energía? Es algo
que fluye por mi interior constantemente, Ellen, ¡a todas horas!
Es increíblemente poderoso, yo creo que puedo ser una de las
maestras de *reiki* más poderosas que hayan existido jamás. ¡Es un
don!

La verdad es que no sentí nada más allá de unas ganas enormes
de que Louisa se lavara las manos más a menudo.

—Eh..., sí, claro. Oye, ¿se puede ser un maestro de *reiki* sin haber recibido ningún tipo de formación?

—Un poder como este no es algo que pueda enseñarse, Ellen.
Existe sin más. Soy lo que soy, y punto. Es el don con el que me ha
bendecido la Diosa, y también mi maldición.

—Genial. En fin, ¡muchas gracias!

Al pobre Simon le regalaron una sesión de regresión a vidas pasadas con Bardo, que le dijo sonriente:

—Amaris siempre dice que estás muy reprimido, tío, así que
vamos a llegar al fondo de este asunto y averiguaremos el porqué.

Mi marido se había quedado sin palabras, pero Louisa no tenía
ese problema.

—A Bardo se le dan increíblemente bien las regresiones. Es una
de las sesiones más populares que tenemos en nuestro lugar de retiro, es fantástica. Quienes la hacen aseguran que el hecho de saber
quién fueron en una vida pasada les ayuda a comprenderse mucho
mejor a sí mismos. ¡El mes pasado, sin ir más lejos, tuvimos a una mujer que había sido María Antonieta, Emily Brönte, la reina Victoria

y Marie Curie! ¡Imaginad el peso enorme de dolor y emoción y trauma que acarreaba! Bardo la ayudó a comprender que eso era algo que había ido acumulándose a lo largo de los siglos y que tenía que aprender a desprenderse de esa carga, perdonarse a sí misma el dolor que la embargaba. Algo así no puede superarse en unas cuantas horas, por supuesto, le hicieron falta muchísimas sesiones para poder dejar atrás a sus encarnaciones del pasado y vivir el presente, pero Bardo obra maravillas.

—No te olvides de que también había sido Cleopatra, Ams —apostilló Bardo.

—¿No coincidieron en el tiempo Marie Curie, Emily Brönte y la reina Victoria? —preguntó Simon.

—¿Cuánto cobráis exactamente por esas «sesiones»? —pregunté yo con curiosidad.

—¡Simon, la regresión no funcionará si no crees en ella! —exclamó Louisa, horrorizada, mientras Bardo farfullaba algo así como que lo importante no era el dinero, sino usar su don para ayudar al prójimo—. Aunque tenemos que cubrir gastos, por supuesto.

—¿Cómo se hace exactamente esto de la regresión?

Fue Bardo quien contestó a la pregunta de mi marido.

—Bueno, por regla general solemos llevar a cabo las sesiones en nuestra yurta, pero supongo que podemos usar tu caseta. Encenderemos esa estufa que tienes allí, nos desnudaremos y quemaré ciertas hierbas. No puedo decirte cuáles son, porque ese es un secreto celosamente guardado que me reveló un yogui en Omnatoli, y entonces te pondré en trance con unos cánticos y te llevaré al pasado.

Simon, quien por un momento había dado la impresión de estar dispuesto a seguirle la corriente a Bardo con lo de la supuesta regresión aunque solo fuera para tomarle el pelo y que quedara retratado como lo que es en realidad, un embaucador de poca monta, se quedó horrorizado ante la idea de que hubiera un desnudo frontal total masculino en su caseta.

—¿Cómo haces que uno entre en trance?

Aquella pregunta dejó un poco perplejo a Bardo, quien tardó unos segundos en contestar.

—Eh…, pues yo le digo a la gente que está en trance, y ellos entran solos.

—Vale, muy bien, genial. Nos esperan unos días bastante ajetreados antes de que os vayáis, así que aunque ha sido todo un detalle por vuestra parte no sé si tendremos tiempo para la sesión.

Lo dijo de forma tan tajante que me quedó claro que mi marido tenía la sospecha de que Bardo planeaba drogarle y robarle su preciada sierra de ingletes bajo sus mismísimas narices.

Por suerte, los niños decidieron en ese preciso momento que ya estaban hartos de nieve después de jugar veinte minutos en ella (y de destruir mi maravillosa estampa invernal y convertirla en un pisoteado páramo post-apocalíptico), y llegaron a la conclusión de que entrar y dejar un rastro de nieve y barro por toda la casa era un juego mucho más divertido. Fue entonces cuando dejé a Simon abandonado a su suerte y me dirigí a la cocina con mi resaca y una botella de ginebra para revisar el pavo y las demás montañas de comida, y empezó a preocuparme la posibilidad de que al final no hubiera suficiente para todos.

A eso de las doce y media del mediodía llegaron Neil y Jessica, quien dijo sonriente:

—¡He pensado que sería mejor llegar pronto para poder echarte una mano! Además, Persephone y Gulliver estaban deseosos de ver a sus primos. ¿Verdad que sí, cielitos míos?

Los cielitos en cuestión estaban escudándose tras su madre mientras contemplaban horrorizados las caóticas escenas que había por toda la casa, y la verdad es que comprendí su reacción. Louisa y Bardo estaban animando a gritos a Oilell, quien estaba de cuclillas en el patio porque me había puesto firme en lo de cagar dentro de casa, mientras Nisien observaba lo que pasaba con cara de estar cabreado al ver que estaban robándole protagonismo.

Peter, Jane y Coventina (quien había renunciado por completo a fingir que estaba del lado de su familia) estaban despatarrados delante de la tele, jugando con la consola a uno de esos juegos en los que no hay que usar para nada el cerebro y gritando un montón mientras se atiborraban de dulces.

Cedric caminaba de acá para allá a paso marcial cantando *La bandera roja*, y de vez en cuando lanzaba un asalto contra los niños que estaban en posesión de la tecnología para intentar hacerse con un mando en nombre del pueblo.

Idelisa, la niña mediana a la que todo el mundo parecía ignorar porque carecía tanto de las tendencias psicopáticas de su hermano como del espíritu rebelde de Coventina, estaba intentando cambiarle el pañal al pequeño Boreas, quien estaba expresando su disconformidad a pleno pulmón.

—¡Vaya, qué ambiente tan movidito tienes hoy en tu casa! —me dijo Jessica.

Neil murmuró algo ininteligible.

Persephone y Gulliver tironearon de la mano de mi hermana para que se agachara un poco, y le susurraron algo al oído.

—¡Oh, qué dulzura! Persephone y Gulliver quieren saber cuándo pueden daros sus regalos. Persephone ha estado tan ocupada preparándose para su examen de piano y viola que este año no ha tenido tiempo de componer su propia melodía, así que tan solo va a tocar el primer movimiento de la sinfonía que aprendió para el concierto de la escuela, y Gulliver ha escrito una serie de sonetos en latín que son una especie de homenaje a Catulo. Qué bien, ¿verdad?

—Sí, qué maravilla —alcancé a decir sin demasiado entusiasmo, mientras intentaba recordar si el tal Catulo no era el que había compuesto unos poemas bastante picantones.

—Y he traído todos los budines para que puedas elegir el que prefieras.

En otras palabras, que si resultaba ser una mierda la culpa la tendría yo; antes de que pudiera contestar, Jessica añadió:

—Por cierto, no me dijiste dónde compraste la remolacha, así que compré un tarro en Fortnum's aprovechando que estaba allí. En fin, ¿en qué puedo ayudar?

—Bueno, puedes empezar a pelar las zanahorias si te parece bien.

Lo dije por pura malicia, para ver cómo se las ingeniaba para escaquearse, y ella soltó un suspiro antes de contestar.

—¡Uy, Ellen! Si no te importa, prefiero no encargarme de eso. Es que ayer me hice la manicura porque mañana vamos a una fiesta..., la organizan los Cholmondeley-Featherstonhaugh, ¿los conoces?..., y no quiero que se me estropeen las uñas. Pero ¡hago cualquier otra cosa que tú me digas!

—Bueno, quizás podrías encargarte de que todo el mundo tenga el vaso bien lleno.

Tras hacerle aquella sugerencia, procedí a darle dos botellas. La verdad es que el alcohol estaba desapareciendo a un ritmo alarmante, entre que Simon y yo lo usábamos para automedicarnos y que Louisa y Bardo habían descubierto milagrosamente que sus escrúpulos éticos y orgánicos no les impedían empinar el codo a costa de otros.

—¡Perfecto!, ¡claro que sí! ¡Anda, qué gracia, un espumoso! —Jessica procedió a leer con suma atención la etiqueta—. ¡Trae la bebida! —le gritó a su marido, al verle escabullirse—. Ellen, querida, no he podido evitar darme cuenta de que este espumoso..., déjame ver, ¿qué es exactamente...? ¿Un *prosecco*? ¡Ah, es cava, qué bien! Pero no es orgánico. Espero que no te moleste, pero ahora ya solo bebo vino orgánico porque de no ser así el ácido sulfhídrico me provoca una migraña terrible. —(Es que mi hermana no puede tener una resaca como el resto de los mortales, claro)—. En fin, he traído varias botellas de un vino orgánico delicioso que compramos en unos pequeños viñedos del sur de Francia donde pasamos unos días y que son increíbles, increíbles de verdad...

«¡Ja, ja, espera y verás!», pensé yo para mis adentros. «¡A ver cuánto vino orgánico de ese vas a poder beber una vez que Louisa y Bardo se enteren de que está en la casa!».

Con ese impecable sentido de la oportunidad que la caracteriza, Louisa apareció en ese preciso momento y le dio un largo abrazo a mi hermana, quien tiene incluso más manías que yo en lo que al espacio personal y el contacto físico se refiere y se tensó de forma visible; aun así, a pesar de que saltaba a la vista que mentalmente estaba buscando su botecito de higienizante de manos, los buenos modales la obligaron a contentarse con limpiarse discretamente las manos en la falda.

—¡¡¡JESSICA! —exclamó Louisa—, ¡cuánto tiempo sin verte!!! ¿Cómo estás? ¿Acaso he oído bien?, ¿de verdad que has traído vino orgánico? ¡Qué gesto tan increíble por tu parte!, ¡cuánta razón tienes en lo que respecta al ácido sulfhídrico! Se lo he advertido mil veces a Ellen, pero no me hace caso. Ya la conoces, ¡prefiere la cantidad a la calidad! ¡Por eso se casó con mi hermano!

Louisa procedió entonces a guiñar el ojo y a hacer una serie de desagradables gestos de complicidad en plan «¡Je, je!, ¡vosotras ya me entendéis!» antes de que Neil reapareciera con mis botellas de cava del Aldi; por primera vez en días, mi cuñada tapó su copa al ver una botella.

—No, gracias. Neil, Jessica estaba hablándome de un vino orgánico increíble que me ha dicho que tengo que probar, así que prefiero una copita de ese, por favor. ¡Bardo! ¡Bardo! ¡Ven a probar el vino orgánico de Jessica!

—¡Gracias, tío! —exclamó él, antes de dejar al bebé (que seguramente estaba meando) en su cesta y acercarse a nosotros.

Jessica y Neil tenían una de esas rígidas sonrisas fijas en el rostro. Seguramente acababan de darse cuenta de que la mayor parte de su preciado *Châteauneuf de Polvé de Unicorné* iba a bajar por el gaznate de Louisa y de Bardo incluso antes de que nos sentáramos a comer.

—No te importa, ¿verdad? —le pregunté a mi hermana, con toda la inocencia del mundo.

—¡No, no, por supuesto que no! ¡Adelante, espero que os guste! —masculló ella entre dientes—. Ya dirás hasta dónde... —añadió, cuando Neil empezó a llenar la copa de Louisa.

—¡Ja, ja! ¡Hasta aquí! —chilló mi cuñada, cuando la copa

estaba a punto de rebosar—. Vaya, Neil, ¿acaso estás intentando emborracharme? ¡Ay, qué pillín eres! Será mejor que a Bardo también se la llenes hasta arriba, para que no piense que te gusto.

La forma en que a Neil por poco se le salen los ojos de las órbitas (¡estamos hablando de Neil! Está casado con mi hermana, la impoluta y reluciente Doncella de Hielo) ante la insinuación de que podría estar interesado en quitarle a Louisa las bragas (que seguro que están acartonadas por la mugre) fue lo mejor que yo había visto en todo el día.

Sam y Hannah llegaron a eso de las dos de la tarde. Él se había salido con la suya y tenía a Sophie y a Toby en Navidad, pero su victoria no se debía a que Robin hubiera visto la luz y hubiera decidido hacer lo correcto, sino a que le habían ofrecido a última hora pasar las navidades en el Caribe a bordo del yate de un amigo. Lo de ese nuevo supuesto amigo tenía a Sam un poco cabreado, pero lo principal para él era que iba a poder disfrutar del día de Navidad con sus hijos. Hannah también trajo a los suyos, Emily y Lucas, que a pesar de haber heredado la mitad de sus genes del cabronazo de Dan suelen ser unos críos educados, agradables y limpios.

Persephone llevaba una hora llorando porque quería interpretar la pieza que había decidido regalarnos; Gulliver, por su parte, había empezado a murmurar para sí frases en latín que cada vez sonaban más amenazantes y yo no tenía nada claro si estaba recitando sus sonetos o estaba maldiciéndonos a todos (cuando se lo comenté a Simon, este me dijo que Gulliver sería incapaz de inventar una maldición que fuera peor que los mugrientos y cagones hijos de Louisa), así que, una vez que llegó todo el mundo, propuse que procediéramos a entregar el resto de los regalos.

Hubo un único momento incómodo: fue cuando Cedric decidió aportar un acompañamiento de percusión al recital de Persephone, lo que dio pie a más lágrimas y a que la intérprete gritara con cierta falta de tacto (aunque estaba diciendo la pura verdad): «¡Maaaamiiiii! ¡El niño lleno de mugre está fastidiándolo tooodoooo!!!»; aparte de eso, fue un intercambio perfectamente agradable de inocuos regalos propios de la clase media comprados en el sagrado altar de san John Lewis.

Louisa siguió ofreciéndose a regalar tratamientos, y Jessica se atragantó con una nuez de Brasil y la cara se le puso morada cuando mi cuñada anunció que le gustaría darle una sesión de reflexología allí mismo. Mi hermana le paga a una «mujercita maravillosa» de la calle Harley una suma que es más o menos equivalente a mi hipoteca por sesiones semanales de reflexología, y por nada del mundo se quitaría sus Jimmy Choo y permitiría que se le acercaran las guarrindongas zarpas de Louisa.

Puse por fin la comida en la mesa a las cuatro de la tarde, después de pasar una buena hora poniendo a Sam y a Hannah al tanto de los acontecimientos mientras compartíamos en la cocina una de las botellas de vino de Jessica (vale, admito que estaba delicioso) que había logrado arrebatar de las garras de Louisa.

Los niños fueron conducidos a la cocina, los sentamos alrededor de un variopinto surtido de mesas infantiles de juego a las que había recurrido porque con la de la cocina no me bastaba, y se les asignaron platos de plástico; después de servirles la comida a toda prisa, me apresuré a cerrar la puerta mientras se quejaban a voz en grito de lo injusto que era, y dejé que la salvaje manada campara a sus anchas allí dentro mientras los adultos comíamos en el comedor.

Louisa esperó a que todo el mundo ocupara su asiento alrededor de la mesa antes de anunciar en voz bien alta:

—Me parece realmente maravilloso que permitas que tus hijos expresen su creatividad pintando muebles, Ellen, pero es una verdadera lástima que tuvieras que dejarles hacerlo en el precioso aparador de nuestra querida abuela.

—¡No te preocupes, Louisa! —le espetó Jessica—. Recuerda que lo único que poseemos es nuestra propia alma, ¡el aparador no es más que un objeto!

No habría sabido decir si mi hermana estaba defendiéndome por lealtad o si estaba molesta porque Louisa se había trincado todo su vino especial, pero, en cualquier caso, agradecí sus palabras.

A las ocho de la noche todos estábamos borrachos menos Neil, que tenía que conducir. Varios niños se tambaleaban de una forma que parecía indicar que habían estado tomando algún que otro trago mientras permanecían encerrados en la cocina. El té navideño estaba sobre la mesa (debo admitir que lo serví apenas una hora después de que termináramos de comer), y Jessica y yo insistimos en que todo el mundo participara en una cata a ciegas de nuestras respectivas remolachas. Se les veía bastante temerosos mientras mi hermana y yo cantábamos la *Canción de la sagrada remolacha* que habíamos compuesto juntas veinte años atrás, y cuando les preguntamos con impaciencia cuál de las dos era la mejor remolacha el consenso general fue que ambas eran «deliciosas», y entonces Jessica y yo procedimos a probarlas también y nos partimos de risa al llegar a la conclusión de que las dos estaban asquerosas porque la remolacha encurtida sabe fatal.

A las diez de la noche, mi hermana y yo incluso tuvimos un agradable momento de unión fraternal.

—¡Somos heeer... hermanas y te quiero *musho musho musho*, joder! —dijo ella, arrastrando las palabras—. ¡*Pershephone, hazmelfavor* de ir a ver la tele con los demás! Mami *stablando* con la tía Ellen. ¡Cuánto *malegro* de que tú *tencargues* de la comida de *Navidá*, Ellen, porque *ashí* es como si fuéramos una familia de *verdá*! ¡Mira cuánta geeenteee!

Indicó con un vago gesto de la mano a Louisa y a Bardo, que estaban tirados comatosos en el suelo (Simon y Louisa habían aportado la obligada pelea familiar navideña al discutir a gritos sobre quién era el preferido de sus padres, porque estos habían llamado al iPad de mi marido a través de FaceTime para desearnos a todos unas felices fiestas y no habían llamado a Louisa por separado. Ella había estampado el pie en el suelo, Simon le había dicho que ojalá la hubieran dado en adopción, y entonces habían dado varios portazos y se habían comportado como un par de niños petulantes); indicó también a Sam, Hannah, Neil y Simon, que estaban intentado jugar al Trivial Pursuit, y a los niños que merodeaban por las esquinas conectados a diversas maquinitas electrónicas.

—¡Qué bonito, Ellen! Así tiene que *sher* la *Navidá, megustría* parecerme más a ti. ¡Ojalá todo *mimportara* una mierda como a ti!

No entiendo por qué la gente se empeña en decirme eso, ¿es que nadie se da cuenta de la cantidad de tiempo que paso preocupada por querer hacer las cosas bien o por lo que dirá la gente de mí? Por otro lado, el que todo el mundo crea que me importa todo una mierda podría indicar que ellos pasan incluso más tiempo que yo preocupándose por ese tipo de cosas. Puede que todo el mundo se sienta inseguro y piense para sus adentros que no hace más que intentar arreglárselas como buenamente puede mientras de cara al mundo exterior proyecta una imagen distinta. Puede que nadie sea tan perfecto como yo creo, ni siquiera la Perfecta Mamá de la Perfecta Lucy Atkinson. He bebido demasiado vino como para ponerme a pensar en esto. Estamos en Navidad, es un día más o menos mágico. ¡Más vino!

Sábado, 26 de diciembre. Día de san Esteban

¡Joder! Dolor de cabeza. Resaca. Incapacidad general de lidiar con la realidad mientras me lamento de que la magia haya pasado a mejor vida. La nieve está medio derretida y el pavo es un deprimente montón de huesos con los que debería preparar una sopa, pero en la nevera tengo recipientes con relleno y rollitos de salchicha y aún quedan por comer los cinco budines que Jessica dejó aquí. Hoy cada uno se las va a apañar como pueda, hoy voy a haraganear en pijama y a comer tartaletas de fruta y a leer los libros que Hannah y Sam me regalaron por Navidad y a atiborrarme de delicias turcas hasta empacharme y a recordar que en realidad no me gustan las delicias turcas, y en general me va a importar una mierda el que todo el mundo crea que todo me importa una mierda. Pero antes voy a adecentar un poco la casa, por supuesto, para poder haraganear en condiciones; ah, y también voy a ponerme un pijama limpio, no soy un animal.

Lunes, 28 de diciembre

Detesto profundamente este paréntesis temporal que se crea entre el día de Navidad y Año Nuevo. Después de la emoción y la ilusión de los días previos a Navidad, todo se desvanece de repente en una bocanada de humo como si del estallido de un cohete se tratara y lo único que queda son montones de basura, chistes malos y unos cuantos destornilladores que me serán muy útiles en el futuro si llegado el momento logro recordar dónde los he guardado.

La comida navideña (el encumbrado queso, los aperitivos, los rollitos de salchicha y los canapés y el resto de las delicias que con tanto celo hubo que salvaguardar de las hordas que merodeaban con intención de saquear mi nevera antes del día de Navidad) se considera ahora «aburrida» y todo el mundo la rechaza, pero yo hago un esfuerzo desesperado por endosarle volovanes y sándwiches de pavo a todo el que se detenga el tiempo suficiente en las inmediaciones.

Esta noche vamos a cenar pavo y pastel de carne (bueno, me refiero a Simon y a los niños y a mí, porque huelga decir que los miembros de la bohemia tribu de Louisa no van a envenenarse con semejante porquería y preferirán darse un festín con otro de los platos especiales de Bardo. Ya he tenido que desatascar tres veces el retrete, y le he dejado claro a Simon que la próxima vez le toca a él). Mi marido suspiró con exasperación cuando le puse al tanto de las delicias culinarias que tenemos hoy para cenar, y me dijo: «Por el amor de Dios, Ellen, estoy un poco harto de esa comida tan pesada. ¡Me gustaría algo ligero, como una buena ensaladita!».

La verdad es que a mí también me apetece una ensalada, pero ASÍ SON LAS COSAS EN NAVIDAD y, por una cuestión de principios, no vamos a comer otra cosa hasta que toda la comida navideña haya sido consumida. Simon me dijo que no hacía falta que le gritara mientras golpeaba amenazadora la encimera con un cuchillo. Qué grosero.

Martes, 29 de diciembre

Todo ha terminado por fin. Louisa y Bardo se han marchado, la traqueteante autocaravana repleta hasta los topes de niños se alejó por la carretera petardeando humo negro. De verdad que pensaba que este día no iba a llegar nunca. Mi cuñada, a la que está claro que le encanta el agua caliente y la calefacción que tengo en mi casa, se ofreció a quedarse «unos cuantos días más», pero Simon, que cada vez estaba más nervioso al ver que Bardo entraba cada dos por tres en su caseta y en el garaje (anoche lo encontré observando con preocupación sus tarros especiales de tornillos, sopesándolos en la mano y preguntándose en voz alta si Bardo le había birlado algunos, lo que me parece más que probable), intervino de inmediato y dijo con firmeza:

—Nos encantaría que pudierais quedaros más, hermanita, pero será mejor que regreséis a vuestro retiro, ¿verdad? Los niños deben de echar de menos su propia cama, y bien dicen que no hay nada como estar en casa. Ha sido genial veros, a ver si lo repetimos pronto. Bueno, no tan pronto. ¡Buen viaje! —Solo le faltó sacarla por la puerta a empujones.

Bardo, por su parte, hizo un último intento desesperado de adueñarse de la sierra de ingletes.

—Oye, Si, tío, ¿te acuerdas de que me dijiste que podía tomar prestada la sierra de ingletes? Voy a por ella...

Simon no estaba dispuesto a permitir que se saliera con la suya.

—¡Uy, Bardo! ¡Cuánto lo siento, coleguita! —«Coleguita»?, ¿cómo que «coleguita»? ¿Desde cuándo se ha convertido mi marido en un pasota como rebelión contra las chorradas en plan «*hippy* de la nueva era» de Louisa?—. No sabes cuánto lamento tener que decirte que la sierra se ha roto. ¡Sí, ha quedado inservible, no se puede hacer nada! Es una verdadera lástima.

Bardo no se rindió con facilidad, eso hay que reconocérselo. Se ofreció sonriente a llevársela de todas formas porque, según él, se le da bien «arreglar cosas» y, al parecer, si la sierra estaba inservible podría desmontarla y aprovechar algunas partes.

La testosterona que inundaba la sala era palpable, estábamos ante el cara a cara de dos Hombres (así, con mayúscula) por el santo grial de las herramientas eléctricas. Pero el amor que Simon les profesa a sus herramientas eléctricas es una fuerza que no se debe subestimar.

—Mucho me temo que ya la he llevado al técnico para ver si puede hacer algo por ella. Es uno especial que tiene su taller muy lejos de aquí. La he llevado esta mañana. Temprano, muy temprano. Es una verdadera pena, de verdad que sí. Adiós, Bardo.

Hubo una última escena en la que Peter y Jane se abalanzaron sobre Cedric. Pero no se trataba de una muestra de última hora de amor entre primos, como creí yo en un primer momento; qué va, lo hicieron porque resulta que el crío se había guardado bajo la ropa sus iPod y varias consolas portátiles de juegos y estaba intentando largarse con ellos.

Louisa, a la que parecía preocuparle más el deseo de su hijo de freír sus neuronas en desarrollo con «terribles microondas» (no estoy segura de si los iPod las emiten, pero quiénes somos nosotros para poner en tela de juicio las absurdas teorías científicas de Louisa) que el hecho de que sea un ladronzuelo de tres al cuarto, afirmó que puede que Simon tuviera razón y que ya era hora de que regresaran a la «pureza» de la vida de la que disfrutan en su lugar de retiro. No llegó a decir que nuestra casa era un antro de pecado, pero seguro que lo tenía en la punta de la lengua.

El alivio que sentí al decirles adiós con la mano mientras los veía alejarse es indescriptible. Voy a echar bastante de menos a Coventina, pero me temo que si Jane y ella estuvieran juntas acabarían por convertirse en un par de jefas juveniles del mundo criminal que venderían gominolas procedentes del mercado negro y ediciones pirata subidas de tono de *The Beano*, y que usarían al pobre Peter como su esbirro.

¡Oh, qué felicidad volver a tener la casa para nosotros solos! Tengo la impresión de que no he hecho más que cocinar y limpiar durante meses.

Miércoles, 30 de diciembre

¡El árbol ya no está en casa, hay que celebrarlo! ¡Dios, qué alegría! No lo aguantaba más. Ese pobre árbol que fue traído a esta casa con tanto alborozo, con una pompa y una ostentación tan festivas, y que a estas alturas había quedado reducido a un triste rastrojo reseco que no tenía nada que ver con el reluciente estandarte de amor festivo que había sido en el pasado. Me parece que voy a estar recogiendo agujas de pino hasta marzo, pero... ¡joder, qué grande me parece ahora la sala de estar! De hecho, toda la casa me parece mucho más grande ahora que ya no hay adornos navideños por todas partes. No está particularmente limpia porque me harté después de pasar una hora recogiendo agujas de pino y otra media hora más desbloqueando la aspiradora (que se me había quedado atascada por culpa de todas esas dichosas agujas), pero se ve mucho mejor que antes. Puede que Simon tenga algo de razón al insistir de forma incesante en que le gustaría vivir en un lugar minimalista, a lo mejor no sería tan malo vivir en una especie de caja completamente blanca.

El perro también se alegra mucho de que el árbol ya no esté en casa, porque por fin ha podido mearse en él al verlo tirado en el patio de atrás (estaba deseando hacerlo desde el primer día).

Jueves, 31 de diciembre. Nochevieja

¿Por qué?, ¿por qué?, ¿por qué? (Dios, me encantaba *Points of View* hasta que Anne Robinson empezó a dar miedito de verdad), ¿por qué decidí, con la mente nublada por el alcohol y por el inesperado trato cordial que recibí en la fiesta de Alicia por parte de la gente de la farándula, que sería una buena idea organizar yo también una fiesta? Y, por si fuera poco, decidí hacerlo en Nochevieja, la que probablemente sea la peor noche para celebrar una fiesta porque las horas previas a la medianoche están preñadas de una alegría y una hilaridad de lo más forzadas, porque como es Nochevieja es obligatorio que te desmelenes y lo pases genial.

Y después de la medianoche, después de la cuenta atrás y de que te manoseen tipos sudorosos con la excusa de desearte un feliz año nuevo, una se queda vacía y no queda nada más allá de una sensación de desilusión y desesperación al ver que los últimos destellos de diciembre se extinguen brutalmente y todo cuanto tienes ante ti es el oscuro abismo de enero y otro año más en el que lo más probable es que tampoco logres convertirte en una adulta.

No entiendo cómo es posible que actuara sin juicio ni razón (claro que lo entiendo; la respuesta, como tantas otras veces, está en la bebida) y no me diera cuenta de que no sería tan mala idea pasar la velada viendo el especial de Nochevieja en la tele. En ese tipo de programas tienes oportunidad de ver a diversos artistas intentando fingir que en realidad no están grabándoles en agosto, y viéndose obligados a «pasárselo genial» en el plató donde los han juntado a todos. ¿Por qué pensé que esto sería una buena idea?

Estoy limpiando, cocinando y preparando canapés a un ritmo frenético y hago una pequeña pausa de vez en cuando para echar un vistazo en Facebook, donde todos mis conocidos están publicando estados tales como *¡Deseando pasar una fabulosa fiesta de Nochevieja en casa de Ellen!*; *¡Qué ganas tengo de darle la bienvenida al nuevo año con Ellen y el resto de la pandilla!*; *¡Tomándome un vinito antes de la fiesta de Ellen!*; *¡Poniéndome guapa para la fiesta de Ellen, feliz Año Nuevo a todos por adelantado!*

¡Los odio!, ¡LOS ODIO A TODOS! Yo no estoy tomándome un vinito ni poniéndome guapa, porque estoy al borde del pánico y ensartando frenética en palillos unas jodidas ensaladas César e intentando que no se me quemen los profiteroles y la culpa de todo esto la tienen mis detestables amigos por aceptar mi absurda invitación y Simon también la tiene por dejarme organizar una fiesta, y si se ofrece una vez más a hacer algo estúpido y egoísta como servirme una copa de vino o prepararme un baño (la bañera sigue estando muerta para mí, no quiero ni imaginar las cosas horribles que han podido ocurrir allí durante estas Navidades), voy a aporrearlo hasta matarlo con una minisalchicha de cóctel glaseada con miel y mostaza.

Respira, Ellen, respira. ¡Tú puedes! Los invitados son amigos míos…, bueno, exceptuando a los que invité para fardar de la anfitriona tan calmada, eficiente y hospitalaria que soy; y a los que invité porque nosotros fuimos a su fiesta, así que se lo debíamos; y a los que tan solo invité porque estaba borracha y me parecieron menos irritantes de lo habitual. Bueno, no pasa nada, digamos que la mayor parte de los invitados son amigos míos.

Al menos tengo la suerte de que los niños se quedan a dormir en casa de Sam al cuidado de la niñera, así que no aparecerán en la mitad de mi elegante y sofisticado cóctel pidiendo que los invitados adivinen si el que se ha tirado un pedo ha sido Peter o el perro, y haciendo amables ofrecimientos como: «Os daré una pista: ¡los míos huelen peor, y los suyos tienen más consistencia!».

¡Los cócteles! Mierda, ¿habrá empezado a prepararlos ya Simon? Sus cócteles son mi arma secreta, se le da muy bien preparar unos que a pesar de ser extremadamente fuertes saben a zumo de frutas, así que iré emborrachándolos a todos en cuanto lleguen y todo saldrá bien. Les dará igual todo lo demás y lo más probable es que cuando despierten mañana apenas se acuerden de la fiesta, así que me resultará fácil convencerles de que soy la anfitriona del siglo. ¡Genial! Todo va a salir bien, aunque sigo odiando a esos capullos tan ufanos que están etiquetándome en Facebook.

¡Madre mía, ya está empezando a llegar gente!

ENERO

Viernes, 1 de enero. Año Nuevo

¡Dios mío, mi cabeza! Madre mía, ¿qué fue lo que pasó anoche? Mierda... Sam vino a la fiesta, Hannah y él llegaron pronto para ayudarme a terminar de prepararlo todo. Nos tomamos unos cócteles...

Llegaron el resto de los invitados y yo fui verdaderamente encantadora, me mostré entusiasta e ingeniosa y hospitalaria. Presenté a unos y a otros y los alenté a que circularan. ¿De verdad que les grité: «¡Por el amor de Dios! Circulad de una vez, cabronazos!»? Sí, es posible que lo hiciera; en fin, lo más probable es que pensaran que estaba diciéndolo con ironía y en tono de broma.

La comida. Les di de comer a los invitados, ¿verdad? Vaya, parece ser que he despertado con un rollito de salchicha en la mano. Sí, les di de comer. Tengo un vago recuerdo de estar despotricando ante el marido de una de las mamás del cole que resulta que era médico sobre el hecho de que ahora nadie coma gluten mientras, al mismo tiempo, engullía minihuevos a la escocesa e intentaba obligarle a comerse unos cuantos.

En cuanto a la música... sí, hubo música. ¡Hasta bailamos! Bueno, al menos yo. Insistí en que me dejaran espacio para bailar la canción de Kate Bush que sale en *Cumbres borrascosas*, y también me puse a cantarla a pleno pulmón. Recuerdo que me sorprendí al ver que al concluir mi magistral actuación había un silencio aplastante en vez de los entusiastas aplausos que esperaba. Mierda. De hecho, ¿dónde coño estoy? ¿Por qué estoy en el cuarto de invitados? ¡Dios mío! ¿Acaso me comporté tan mal que Simon piensa divorciarse de mí? A lo mejor volví a hacer mi numerito de Patricia la *stripper*... De hecho, eso me recuerda a algo..., sí, hice el numerito de Patricia la *stripper*, pero no lo hice sola. A ver, ¿quién lo hizo conmigo...? ¡Joder, fue Fiona Montague! Vale, ya me encuentro un poco mejor. Si Fiona Montague estaba tan borracha como para interpretar a Patricia la *stripper*, entonces no fui la única que se pasó un poquitín de rosca; además, Patricia la *stripper* y *Cumbres borrascosas* forman parte de mi repertorio obligado en fiestas de ese tipo. Lo principal es que no intentara hacer nada realmente horrible, como por ejemplo quitarle los pañuelos a Alicia para bailar la danza de los siete velos.

Me pregunto si Simon estaría dispuesto a traerme una taza de té si le envío un mensaje de texto para pedírselo. Voy a tener que comerme el rollito de salchicha para no quedarme sin fuerzas, en este momento daría literalmente casi cualquier cosa por un bocata de beicon.

Sábado, 2 de enero

Vaya por Dios, parece ser que sí que me pasé un pelín. Obligué a Fiona Montague a participar en el baile de Patricia la *stripper*, aunque Simon dice que dio la impresión de que ella se lo pasaba bien una vez que se metió en el personaje y «sabe menear las caderas»; al parecer, después de eso decidí que los juegos malabares con profiteroles iban a convertirse en un nuevo deporte olímpico e intenté hacer una demostración, y cuando Simon me reprendió por mi comportamiento me ofendí, subí a acostarme emberrinchada y opté por quedarme en el cuarto de invitados para fastidiarle. Pero nadie se percató de mi ausencia, todos pensaron que estaría en otra sala.

Pero lo realmente interesante es que Alison Evans se trajo a su hermano Mark, quien está bastante macizo, y se fue a casa ni más ni menos que con el número de teléfono del joven Sam, y ya le ha llamado y van a tener una cita.

Resulta muy obvio que hace bastante tiempo que Sam no tiene una cita, porque de repente ha perdido toda su urbana sofisticación y se ha convertido en una adolescente bobita que está loca de amor. A Hannah y a mí ya nos ha mandado fotos de un mínimo de diez camisas distintas para pedirnos nuestra opinión, junto con el correspondiente comentario de lo que no le convence de cada una de ellas: «La azul realza mucho mis ojos, pero la verde se amolda a mis pectorales y no sé si quiero que se noten demasiado, no quiero que me tome por un cabeza hueca atiborrado de esteroides, pero tampoco quiero dar la impresión de que soy un tipo fácil, y aunque me gusta la de cuadros es demasiado pretenciosa, porque no quiero parecer un capullo *hipster*, así que me parece que voy a decantarme por la azul. Sí, voy a ponerme la azul. A menos que creáis que tendría que optar por la verde, claro. No sé, a lo mejor debería comprarme una nueva, ¿creéis que será muy obvio que es nueva? No quiero que parezca que estoy desesperado, podría decirle que me la han regalado en Navidad. ¿Quién puede habérmela regalado? ¡Mi madre no, por supuesto! Vale, una de vosotras dos me ha regalado una camisa en Navidad, acordaos si coincidís con él en alguna parte. Acordaos de decirle a Mark que me regalasteis una camisa muy bonita; así dará la impresión de que tengo amigas con muy buen gusto, y que me tienen tanto aprecio que me compran regalos caros. ¡Eso es!, ¡solucionado!».

¿Qué quiere decir con eso de que «dará la impresión» de que tiene amigas con buen gusto? ¡Claro que las tiene! Hannah y yo tenemos muy buen gusto (dejando aparte lo del aparador, que podría pasarle a cualquiera).

Además de intentar calmar la preocupación obsesiva de Sam por las camisas (¡uy, a lo mejor ha recibido ya una foto de la polla de Mark y por eso está tan nerviosa! No, estoy desviándome del tema), ahora que mi resaca se ha desvanecido he elaborado una lista de excelentes resoluciones de Año Nuevo para mejorar mi vida, y esta vez estoy decidida a cumplirlas. En cuestión de unos pocos meses voy a cumplir los cuarenta, y tengo que aprender a ser una mujer adulta. Las personas de cuarenta años no se suben a sus maltrechos pianos para ejecutar lascivos numeritos de baile interpretando a Patricia la *stripper*, aunque la verdad es que no es nada fácil bailar en un piano vertical. Las personas de cuarenta años actúan con corrección, y con eso en mente me propongo hacer lo siguiente durante este año:

Aprender francés. Un francés correcto, y con un buen acento francés que me permitirá conversar de forma elocuente e ir más allá de mis limitaciones actuales, ya que sé decir poca cosa más aparte de *Je voudrais aller le discotheque.* Tengo treinta y nueve años; soy demasiado vieja para decirle a la gente que quiero ir a la discoteca, sea en el idioma que sea.

Leeré también interesantes novelas francesas en su versión original, puede que mientras me reclino con languidez en una *chaise longue. Madame Bovary* es una obra francesa muy buena además de picantona; de hecho, ya la he leído... aunque ahora no sabría decir si la leí o me limité a ver la soez serie de televisión en la que cada dos por tres salía gente follando en un bosque. Voy a leer *Madame Bovary*, y en francés; bueno, o como mínimo en inglés.

También voy a obligar a los niños a aprender francés conmigo y una vez a la semana celebraremos la Noche Francesa, tal y como hacían en la escuela Chalet de aquellas célebres novelas infantiles. Hablaremos solo en francés y diremos cosas como: *Voulez vous passez le petit pois, s'il vous plait?*, y me aseguraré de invitar a tomar el té en esas veladas a los hijos de los miembros del Aquelarre para que al regresar a casa informen sobre lo cosmopolitas e inteligentes que somos, y las madres del Aquelarre se sentirán un poquito inadecuadas a pesar de sus perfectos tablones de Pinterest y sus publicaciones en Instagram tipo #quéafortunadasoy. ¡Ja!

Conseguir otro trabajo. Si bien es cierto que puedo holgazanear un montón, el trabajo en sí es muy aburrido. Simon dice que todos los trabajos lo son y que tengo suerte de tener uno que puedo compaginar con el cuidado de los niños, pero me gustaría hacer algo emocionante y divertido que ponga a prueba mi creatividad.

«A todos nos gustaría eso, mi amor, te pido por favor que dejes de ser una gilipollas pretenciosa». Eso es lo que me contesta mi marido cuando le digo lo que me pasa, pero él no me entiende porque va por la vida siendo un arquitecto y está dejando tras de sí la estela de su genialidad para la posteridad…, bueno, o para unos cuantos años al menos, aunque él no está demasiado convencido de estar dejando un gran legado a base de oficinas reformadas y bloques de pisos en el centro de la ciudad.

Además de ser una ingeniosa y creativa desarrolladora de aplicaciones, estoy planteándome convertirme también en una emprendedora en el ámbito de las redes sociales. No tengo ni idea de lo que significa eso exactamente, pero cada dos por tres encuentro algún artículo sobre alguien que describe así su ocupación. A lo mejor sería buena idea que la primera parte de esta resolución de Año Nuevo consistiera en averiguar qué es exactamente una emprendedora en el ámbito de las redes sociales.

También voy a poner empeño en promover mi aplicación y sacar algo de dinero gracias a ella. Esta mañana me llevé una alegría al ver que ya la han comprado cien personas, lo que significa que ya he recuperado más o menos la inversión que hice y a partir de ahora todo serán beneficios. Entre eso y lo de ser una emprendedora en el ámbito de las redes sociales, pronto seré millonaria.

Beber menos vino. En vez de comprar un cargamento de lo que sea que esté en oferta, acudiré a extravagantes vendedores independientes y compraré una o dos botellas de un vino de gran calidad, y lo tomaré después de forma reflexiva y pausada mientras saboreo cada delicioso sorbito.

Lo más probable es que se trate de algún vino francés, para poder reflexionar sobre la sofisticación y la elegancia que acabo de incorporar a mi vida. En fin, estaré tan ocupada aprendiendo francés y convirtiéndome en una magnate de las aplicaciones y una emprendedora que ya no tendré tiempo de emborracharme a base del Pinot Grigio del supermercado. Tampoco lo tendré para pasar horas viendo *Gente de barrio* por la noche, ni para fisgonear en Facebook y engullir vino del barato en un vano intento de silenciar tanto el pitido que tengo en los oídos por culpa del incesante parloteo de los niños como el persistente miedo que me carcome al ver que todo el mundo parece tener una vida mucho mejor que la mía; en cualquier caso, los niños habrán dejado de parlotear porque estarán haciendo cultas observaciones sobre la vida en francés.

Tratar mejor a Simon. Nos organizaremos para poder dedicarnos algo de tiempo el uno al otro, tendremos una noche semanal para salir juntos por ahí y charlar sobre arte y política en vez de sobre si ha sido uno de los niños o él quien ha dejado un truño enorme en el retrete y no ha tirado de la cadena.

Caminaremos de la mano junto a ríos iluminados por la luz de la luna y recordaremos que estamos hechos el uno para el otro; no le diré que es un gilipollas desquiciante ni un botarate, al menos a la cara, me esforzaré por arreglarme más, me pondré ropa interior a juego tan a menudo que dejará de pensar que el hecho de que yo lleve las bragas y el sujetador más o menos del mismo color significa que va a mojar; sabré valorar todas las cosas buenas, consideradas y generosas que hace por los niños y por mí, no me centraré en lo que me molesta de él; no me pondré de morros cuando discutamos ni le obligaré a ser quien se disculpe primero incluso cuando es él quien tiene razón; en todo caso, con la nueva actitud madura y responsable que voy a tener en lo que respecta a nuestra relación lo más probable es que no volvamos a discutir. A lo mejor organizamos una especie de reuniones familiares para poder airear por turnos nuestras pequeñas insatisfacciones de una forma adulta, sin echarnos la culpa el uno al otro; colaboraremos para encontrar soluciones entre los dos, no volverá a repetirse lo de lanzarle una lata de galletas a la cabeza porque me preguntó por enésima vez si el horno estaba encendido por algún motivo en especial cuando cualquier idiota se daría cuenta de que estaba encendido ¡PARA COCINARLE A ÉL SU JODIDA CENA!

Política. Voy a informarme a fondo sobre este tema. Y no voy a centrarme solo en la británica, voy a interesarme por la mundial.

Voy a comprender el sistema político americano; sabré cuál es la diferencia entre el Primer Ministro Francés y el Presidente; me informaré sobre quién ostenta el poder en España (¿aún tienen un rey?, ahora no sé si me confundo con Portugal).

También voy a consultar un mapa para enterarme de dónde están España y Portugal y saber así a dónde va la gente de vacaciones. No habrá una repetición de aquella desafortunada ocasión en la que pensé que Colonia está en Francia (a ver, es un error comprensible. El agua de colonia es típica de allí, ¿no? No me suena que Alemania sea célebre por sus colonias).

No solo averiguaré quién ocupa el Gabinete, sino que también sabré quién está en la oposición. Dejaré de leer el *Mail Online*, en especial la *Sección de la vergüenza*, y empezaré a leer el *Guardian* y el *New Statesman*. Me convertiré en una persona que se preocupa por el mundo en el que vive, compasiva y bien informada.

En cuanto a la televisión: tan solo BBC2 y BBC4; ah, y también Sky Arts.

Se acabó lo de ver durante horas *Gente de barrio*. Supongo que *Juego de tronos* es aceptable, porque vi no sé dónde que contiene un montón de analogías políticas, así que puedo seguir viéndolo como parte de mi resolución de aprender de política (solo lo vería por las analogías, por supuesto. No tendría nada que ver con los dragones ni con el folleteo ni con mi extraña obsesión con Jaqen H'ghar).

También voy a limitar estrictamente el tiempo que los niños pasan viendo la tele. Y con eso me refiero a limitarlo de verdad, no a fingir que no sé que siguen viendo Netflix en sus respectivos dormitorios después de decirles que apaguen la tele. Ellos también van a limitarse a ver la CBBC, en especial los informativos.

Niños. Haré actividades interesantes y educativas con ellos, no les gritaré ni les diré que son estúpidos aunque se les queden pegadas las manos a la mesa con pegamento durante dichas actividades interesantes y educativas.

También me informaré sobre mejores métodos para resolver los conflictos que surgen entre ellos; al ver que están intentando matarse el uno al otro no me limitaré a gritar: «¡Por el amor de Dios, dejad de pelear de una vez! ¡Me da igual quién de los dos haya empezado! ¡Parad ya, joder!».

Prestaré atención a lo que piensan y a lo que sienten y a las emociones que los han llevado a intentar aporrearse mutuamente con un iPad, les explicaré con serenidad por qué ese comportamiento no es aceptable mientras los ayudo a explorar otras formas de expresar sus frustraciones. La danza contemporánea sería una buena opción.

Dinero. Seré sensata con el tema del dinero, afrontaré la realidad y no me comportaré como si las tarjetas de crédito fueran dinero gratuito. Entraré cada semana en la página web para ver el estado de nuestras cuentas, tomaré nota de lo que gastamos y procuraré reducir las deudas. Lo voy a hacer en breve, porque hoy mismo hice acopio de valor para echar un vistazo al estado de la tarjeta de crédito y tuve que cerrar horrorizada la página; después tuve que abrirla de nuevo porque albergaba la esperanza de que fuera un error, no me podía creer que hubiéramos gastado tanto durante las Navidades...; pues al final no tuve más remedio que creérmelo, nos habíamos gastado ese pastizal. Voy a tener que informar a Simon al respecto muy pero que muy pronto, y lidiaremos con la situación como adultos responsables y maduros.

¿Qué más? ¡Ah, sí! Adelgazar, por supuesto. Eso es algo que está en la lista de resoluciones de casi todas las mujeres, ¿no? Adelgazar y ponerse en forma. Lo ideal sería adelgazar lo suficiente como para que la gente empiece a hablar de mí a mis espaldas y diga cosas tales como: «A mí me parece que ahora está demasiado delgada», pero me conformaría con estar simplemente más delgada en general.

Acabo de repasar mi lista de resoluciones. Aunque son buenas, lo más probable es que me conviertan en la gilipollas más engreída e insufrible de todos los tiempos, pero ahora ya es muy tarde para redactar otra desde cero y aún me queda algo de vino. Será mejor que me termine el que compré de oferta antes de empezar con la resolución de lidiar con el vino como una adulta; al fin y al cabo, los niños siempre están poniendo ante mis narices carteles del cole sobre la importancia de reducir residuos, que es lo que estaré haciendo al beberme el vino.

Voy a terminarme el Chardonnay barato mientras fisgoneo un ratito en Facebook, pero solo voy a espiar a gente respetable y meritoria que comparta todos los artículos del *Guardian*, porque será un primer paso para adentrarme en el mundo de la política.

¿Cómo se dirá «qué asco de vida» en francés?

Miércoles, 13 de enero

Simon ha visto el extracto de la tarjeta de crédito. La verdad es que hoy en día eso era algo inevitable, no es como cuando mamá podía esconder las facturas debajo del colchón para que papá no las viera (aunque él siempre acababa por encontrarlas, y entonces había una bronca parecida a la que acabamos de tener Simon y yo).

De hecho, ha sido una bronca bastante convencional. Según él, yo tengo toda la culpa de la cifra que viene en el extracto y de la cantidad de dinero que se ha gastado, porque fui yo quien compró la mayor parte de las cosas. Simon obvió muy convenientemente que eso se debía a que había sido yo quien se había encargado de comprar la comida y los regalos; regalos que habían sido en su mayoría para su jodida familia y para la tribu en continua expansión de niños mugrosos de la incontinente sexual de su hermana. Supongo que describir así a la familia de mi marido fue un error, ya que, aunque él puede criticar a su hermana, yo no tengo permiso para hacerlo a menos que él haya abierto la veda.

—¡Por el amor de Dios, Ellen! ¿Cómo vamos a lograr tener una situación económica estable si sigues gastando tanto? ¡Me deslomo trabajando para mantener esta casa, y tú despilfarras el dinero!

Cuántas cosas habría podido decirle ante semejantes palabras. Podría haberle dicho que no era yo quien había tenido que pagar los préstamos estudiantiles durante cinco años al terminar la universidad; que cuando nos licenciamos y, de hecho, durante algún tiempo después de casarnos, yo había ganado bastante más que él; que el hecho de que yo trabaje ahora a tiempo parcial se debe única y exclusivamente a que cuido a sus hijos y, si yo estoy despilfarrando el dinero, ¿qué coño hace él con todos esos aparatejos y herramientas que no usa nunca?

Pero no le dije nada de todo eso, intenté adoptar una actitud positiva.

—La cosa no es tan grave, Simon. Vamos a tener que procurar no gastar mucho durante una temporada, eso es todo. Puede que mi aplicación...

—¡Joder, Ellen! ¿Puedes dejar de hablar de una vez de tu jodida aplicación? ¿Cuántas personas se la han descargado?, ¿cien? ¡A lo mejor has tenido éxito a nivel mundial y has alcanzado la increíble cifra de doscientas! ¡Tu querida aplicación no nos va a sacar de este agujero financiero! Yo al menos hago un esfuerzo por ahorrar, he pedido unas bombillas inteligentes que gastan mucha menos electricidad y miden la energía para controlar cuánta electricidad estamos usando.

—¡Vaya, mira qué bien! ¡Genial, Simon! ¡Qué maravilla! Siempre tienes que comportarte como un capullo sabelotodo y condescendiente, ¿verdad? Según tú, yo soy la culpable de que no tengamos dinero, y me dices que estás ahorrando cuando lo que has hecho en realidad es ¡¡¡GASTAR MÁS DINERO!!!

—¡No he sido yo quien se ha gastado una fortuna en Navidad, Ellen! ¡Eso es lo único que te estoy diciendo! Si pudieras planear los gastos con antelación un poco mejor y buscaras mejores precios y ofertas a la hora de hacer la compra, seguro que no habríamos tenido que gastar tanto. Si organizaras tu vida, las cosas serían mucho más fáciles. Y sí, gracias a mis bombillas vamos a ahorrar dinero a largo plazo, así que en realidad son una inversión. ¡Eso no tiene nada que ver con gastarse 180 libras en no sé qué tienda de comida sana! ¿Qué fue lo que compraste? ¿Qué se compra en un sitio así, lentejas? ¡Solo tú podrías ser tan jodidamente manirrota como para gastarte esa cantidad de dinero en lentejas, cuando resulta que apenas las probamos!

—¡Fue la gilipollas de tu hermana la que se gastó ese dinero, porque es un ser tan especial y delicado que no se le puede pedir que coma la comida repleta de toxinas que yo compro en el supermercado! Ah, y el que hayamos gastado tanto en Navidad se debe también a que ¡HEMOS TENIDO QUE ALIMENTAR A OCHO PERSONAS MÁS DURANTE UNA SEMANA! Eso no es nada barato, porque ¡NO SOY EL MESÍAS, SIMON, NO PUEDO ALIMENTAR A CINCO MIL PERSONAS CON CINCO PANES Y DOS PECES! E incluso suponiendo que pudiera, tu jodida hermana los rechazaría muy digna por no ser una comida orgánica, sin gluten y vegana. Y tampoco puedo convertir el agua en vino para saciar su sed insaciable ni ahogar mi propia necesidad de anestesiarme para protegerme de sus chorradas. Y ¿cuándo se supone que voy a tener tiempo de recorrer seis supermercados para ahorrarme cinco peniques en una bolsa de zanahorias, y dirigirme después a otro donde las patatas cuestan diez peniques menos? ¡Venga, dímelo tú! Trabajo, me ocupo de tus jodidos hijos, limpio la casa, cocino. ¿Qué es lo que haces tú? Pues trabajas un día más que yo, y parece ser que por eso tienes derecho a pasarte todo el fin de semana sentado sin hacer nada mientras yo sigo corriendo detrás de los niños y cocinando y limpiando y haciendo la colada, y mientras tanto tú no me ayudas ni lo más mínimo...

—¡Vaya, cuánto lamento estar demasiado cansado después de una semana de trabajo de sesenta horas como para ponerme a planchar, cariño! —me espetó él—. ¡Joder, no veas cuánto siento haber tenido el morro de pedir algo de tiempo para dedicármelo a mí mismo! Y, ya que estamos culpando a mi familia por los gastos navideños, ¿me permites recordarte que la tuya también vino?

Me dieron ganas de matarle. Incluso llegué a imaginar lo inmensamente gratificante que sería aporrearle la cabeza con el bate de críquet de Peter y enterrarle después en algún bosque, en una tumba poco profunda. O quizás podría usar una pata de cordero congelada, como en aquel cuento de *Relatos de lo inesperado*. El problema era que no tenía nada de cordero en el congelador, aunque había un enorme redondo de ternera que quizás pudiera servirme... pero decidí descartarlo, porque pensé que debe de hacer falta algo como una pierna de cordero para poder asestar bien el golpe; en caso de usar el redondo de ternera, lo más probable era que hubiera que derribar primero a la persona y sería como intentar machacarle la cabeza con una piedra. Así que, en vez de asesinarle, respiré hondo antes de contestar.

—Simon, ¿te acuerdas de la paloma?

—¿A qué viene eso ahora? ¡Yo estoy intentando hablar de ahorrar dinero y organizar nuestra vida, y tú te pones a hablar de palomas!

—Da igual, olvídalo. Anda, lárgate y déjame sola, ya que todo es culpa mía como de costumbre. A partir de ahora iré a comprar a tiendas de congelados, ¿qué te parece la idea? ¿Te apetece un poco de cordero congelado?

La verdad es que él tiene razón en una cosa: ¿de qué me sirve echar un vistazo cada dos por tres a mi correo electrónico para ver si se han vendido diez copias más de la aplicación? Eso es algo que jamás sucederá a pesar de que la he enviado a varias páginas web donde analizan y recomiendan aplicaciones. Fue una idea estúpida.

Simon y yo no nos dirigimos la palabra después de la discusión. Bueno, yo no lo hago, y básicamente estoy recurriendo a andar por la casa con paso airado y a dar portazos y a trastear en la cocina con una actitud pasivo-agresiva para dejar clara mi postura. Tengo la horrible impresión de que, a pesar de los portazos y la actitud pasivo-agresiva, él está disfrutando al poder tener algo de paz y tranquilidad. Igual debería volver a hablarle para fastidiarle…, ¡ja! En cualquier caso, me cuesta un montón reprimirme cuando todo mi cuerpo está gritando: «¡AH, Y UNA COSA MÁS…!».

Sábado, 16 de enero

Aún sigo sin dirigirle la palabra a Simon, así que, en un intento de coincidir con él el mínimo tiempo posible, decidí llevar a Peter y a Jane a un museo donde la entrada es gratuita. Esta salida tenía dos ventajas: en primer lugar, no iba a tener que ver al capullo de mi marido ni oírle chasquear la lengua con desaprobación al encontrar un bote de *hummus* en el que aún quedaba un poquito en el fondo y que caducó ayer, ni aguantar otro de sus sermones sobre el despilfarro de comida; en segundo lugar, el hecho de salir por mi cuenta era una forma excelente de demostrar mi gran frugalidad y lo prudente que soy a la hora de gastar el dinero.

Para intentar ahorrar aún más decidí que no íbamos a ir al centro en mi todoterreno, ya que parece que se trague la gasolina y después tendríamos que pagar una millonada por aparcar; íbamos a ir en autobús, lo que sería una experiencia barata a la par que divertida.

Usar el transporte público de forma habitual tendría la ventaja añadida de que no correríamos el riesgo de adentrarnos en el territorio de los Perfectos Atkinson, ya que la Mamá Perfecta de Lucy me comentó en una ocasión que cada año tienen un «día de usar el transporte público» en el que dejan el Range Rover Overfinch en casa, deciden a dónde van a ir y entonces tienen que encontrar la forma de ir y venir de allí limitándose a usar el transporte público; según ella, eso es «tremendamente divertido».

Pero resulta que, lamentablemente, al final el autobús nos ha costado una jodida fortuna y yo diría que nos habría salido más barato ir en el todoterreno. El museo gratuito estaba abarrotado de tesoros y artefactos procedentes de los cuatro puntos cardinales, pero a Peter y a Jane lo único que les interesaba eran los excrementos de dinosaurio y hacer la obligada visita a la sala de Egipto (hay una ley que establece que, si una tiene hijos en primaria, en cualquier momento dado uno de ellos como mínimo estará haciendo un trabajo sobre los egipcios).

Después los llevé medio a rastras a ver las obras de arte. La cosa no les emocionó demasiado hasta que vieron un desnudo, se pusieron a reír por lo bajinis y a señalarlo con el dedo hasta que al final no pudieron seguir conteniéndose y gritaron «¡CULO!!! ¡TETAS!!!» antes de estallar en carcajadas.

—¡Dejad de ser tan críos!

Les pedí en voz baja, ante lo cual contestaron con desconcierto:

—Pero somos críos, ¿no? ¿Cómo dejamos de serlo?

Mi intento de refrescar mi mente y mi alma contemplando en silencio las obras impresionistas no tuvo demasiado éxito, porque aparte de que Peter estaba detrás de mí repitiendo una y otra vez «¡Culos, culos, culos! ¡Quiero ver más culos!» me di cuenta de que Jane estaba muy silenciosa, y eso siempre resulta preocupante. Una pequeñita parte de mi ser tenía la esperanza de que hubiera quedado enmudecida ante la belleza que la rodeaba, pero la conozco y en el fondo sabía que era una esperanza vana. De hecho, se había largado sin decir nada a la sala contigua y estaba intentando encontrar la forma de forzar el cerrojo de una vitrina que contenía unas joyas antiguas de valor incalculable.

A decir verdad, no me importó demasiado que los niños me distrajeran. A lo largo de mi vida he pasado mucho tiempo en museos y galerías de arte intentando «sentir» el arte, intentando absorberlo y empaparme de él y comprenderlo, pero básicamente lo único que consigo es sentirme fuera de lugar e incómoda; aun así, una vez que te has parado tienes que quedarte donde estás durante un tiempo adecuado antes de seguir recorriendo el lugar, para evitar que la gente te juzgue y te considere una inculta por no saber apreciar debidamente las obras. Se parece en cierta forma a cuando te das cuenta de que caminas en la dirección equivocada, pero no puedes dar media vuelta sin más porque la gente se va a dar cuenta (¡qué horror!), así que tienes que entrar en la primera tienda que encuentras y al salir te vas en la dirección correcta.

Después de eso claudiqué y los llevé a la tienda de regalos, que era lo que estaban pidiéndome desde que llegamos. Pero que conste que seguí negándome a comprarle a Jane el paraguas con la bailarina, a pesar de que antes costaba 35,99 libras y lo habían rebajado a tan solo 22,99.

Cuando regresábamos a casa en el autobús, cometí el error de decidir que nos sentáramos en la planta de arriba pensando que sería divertido. No subo a la segunda planta de un autobús desde que se prohibió fumar en ellos. No fue nada divertido. Había un montón de adolescentes ruidosos grabándose unos a otros con Snapchat y comentando los mensajes que acababan de enviar a los que estaban en el otro extremo del autobús, no dejaban de chillar y de dar gritos y de hablar a pleno pulmón. Lo bueno es que el jaleo me impedía oír a Peter y a Jane, que estaban jugando al veo-veo y se acusaban mutuamente de estar haciendo trampa.

Por otra parte, había olvidado que viajar en la planta superior de un autobús te da la maravillosa oportunidad de vislumbrar la casa y la vida de otras personas. Para entonces ya había oscurecido, las luces de las casas iban encendiéndose conforme la gente iba regresando al hogar, y contemplé todas las escenas junto a las que íbamos pasando...: la pareja que estaba en la cocina, troceando algo para la cena; una mujer sentada en su sala de estar con una copa de vino y una revista; una habitación desocupada repleta de libros y de cuadros, la chimenea estaba encendida y seguro que los inquilinos estaban a punto de entrar y apoltronarse en uno de esos enormes y mullidos sofás.

Al pasar junto a todas esas casas, junto a todas esas ventanas, siempre me sorprendo al pensar que detrás de cada una de esas puertas hay una historia, una familia que piensa y siente y grita y discute y come pasta y ve la tele, al igual que nosotros. Me pregunto si habrá gente que piense lo mismo al pasar frente a la puerta de mi casa, si habrá alguien que dirija la mirada hacia mis ventanas y vea una casa bonita, una mujer que tiene todo cuanto podría desear, dos niños preciosos y un marido que la ama.

Eso es lo que yo veo a través de todas esas ventanas: las historias bonitas. La pareja está cocinando inmersa en un cómodo silencio; no están callados y tensos ni trocean con brusquedad después de tener una gran pelea, ella no está debatiéndose entre seguir troceando la cebolla o hundir el cuchillo en el corazón de su pareja. La mujer que está sentada con la copa de vino está disfrutando de un rato de relajación más que merecido después de una jornada muy ajetreada en su glamuroso trabajo, no está bebiendo para intentar olvidar el hecho de que su amante casado ha decidido regresar con su mujer. Esa habitación con la chimenea está a la espera de darle la bienvenida a una amorosa familia que va a disfrutar de una agradable velada, no es que esté desocupada porque alguien ha salido al pasillo para contestar a una llamada de teléfono que va a darle una noticia terrible.

Cuando la gente pasa junto a mi casa no ve a una mujer que se pregunta si ha tomado las decisiones adecuadas a lo largo de su vida, una mujer que está convencida de ser una madre horrible y que no sabe si su marido aún sigue amándola (porque está claro que da la impresión de que él no le tiene demasiado aprecio en este momento, y en la actualidad apenas hablan y no tienen casi nada en común); una mujer que no sabe por cuánto tiempo va a poder seguir manteniendo esa radiante sonrisa con la que le asegura al mundo exterior que todo va bien, la mar de bien, que todo es maravilloso, pero que después llora medio borracha contra las orejas del perro porque nadie la entiende.

Aunque también es posible que todo sea mucho más mundano. Es posible que a la pareja ya no le quede nada por decir, que él esté pensando en que ojalá se hubiera comprado un deportivo y hubiera recorrido el sur de Francia en vez de gastar todo su dinero en una boda disparatada y una hipoteca que no se pueden permitir, y que ella esté pensando a su vez en el chico al que le dio un beso en una playa del promontorio de Cantyre. Ojalá lograra acordarme de cómo se llamaba ese chico porque ese beso fue, posiblemente, el segundo momento más intensamente romántico de mi vida.

Simon fue el responsable del gesto más romántico que jamás haya tenido alguien para conmigo, aunque también fue el más ridículo. Estábamos en Edimburgo, no hacía mucho que habíamos empezado a salir juntos y estábamos paseando por el parque The Meadows cuando vimos frente a nosotros unas palomas rosadas preciosas picoteando por el sendero. A mí me encantó la idea de que hubiera palomas de ese color (siempre y cuando se mantuvieran a una distancia prudencial), así que cuando Simon comentó que en su casa tenían unas cuantas de esas yo exclamé que qué bien, que me trajera una la próxima vez que fuera de visita a casa.

Proseguimos nuestro paseo y yo no volví a pensar más en las palomas rosadas; varias semanas después, Simon regresó a su casa para asistir a una celebración familiar. Aún no habíamos llegado al punto de que se me invitara a ese tipo de eventos, así que me quedé en Edimburgo y seguramente salí y me emborraché.

El domingo por la noche, Simon se presentó en mi piso con una caja de cartón y se empeñó en que saliera a la calle con él. Me condujo rápidamente a los jardines de la plaza situada frente a mi piso y me entregó la caja, estaba tan satisfecho y orgulloso de sí mismo que sonreía como un niñito en la mañana del día de Navidad.

Abrí la caja, grité aterrada, la dejé caer y hui despavorida.

Simon había atrapado una de las palomas rosadas que había en el palomar de la casa de su abuela, la había traído consigo en el tren desde Hampshire (fue el blanco de más de una mirada de extrañeza cada vez que abría la caja para darle agua y comida al animal), y finalmente atravesó medio Edimburgo con la dichosa caja a cuestas para dármela, porque yo había expresado en una ocasión el deseo de tener una paloma rosada.

El pobre Simon no sabía aún que tengo una fobia tremenda a los pájaros y a las polillas y a los murciélagos y a cualquier otra cosa que aletee o revolotee y, aparte de la cabeza de Gwyneth Paltrow, una paloma cabreada es, literalmente, lo peor que puedo encontrar al abrir una caja. Grité de tal forma que varias personas pensaron que Simon estaba intentando atracarme, y un vendedor de *The Big Issue* intentó realizar un arresto ciudadano.

Fue lo más maravilloso que han hecho por mí en toda mi vida. Y entonces, una vez que las cosas se calmaron y yo había dejado de gritar y el vendedor había soltado a Simon y la paloma se había ido volando (Simon me aseguró que era una paloma mensajera, que por supuesto que no iba a pasarle nada malo, para que yo dejara de llorar por aquella pobre paloma de campo que estaba solita en la gran ciudad, porque el mero hecho de que me den pavor las palomas no significa que no estuviera preocupada por esa horrible y aterradora bestia revoloteadora), con el crepúsculo descendiendo sobre un jardín de Edimburgo, Simon me rodeó con los brazos y me dijo por primera vez que me amaba. (Lo que dijo en realidad fue: «Te amo aunque estés chalada», pero dejaremos a un lado esa última parte para no restarle emotividad al relato).

Ahora se queja si le pido que me traiga la ropa sucia, no creo que estuviera dispuesto a volver a traerme una paloma.

Joder, estos bajones de enero son brutales. No me extraña que la gente diga que el transporte público es deprimente.

Domingo, 17 de enero

Hoy me puse a ver unas viejas fotos. Fingí que estaba ordenándolas, pero en realidad estaba ojeándolas y maravillándome al ver lo jóvenes que éramos todos en aquel entonces. Había una horrible de cuando Hannah y yo fuimos a una fiesta de esas de «vicarios y rameras» disfrazadas de vicarias guarrillas con alzacuellos, medias de rejilla, ligueros y una cantidad exagerada del pintalabios color burdeos que tan de moda estaba en los noventa.

Creo que esa fue la noche en la que me rompí la muñeca cuando estaban haciéndome girar con vigoroso entusiasmo por la pista de baile, me negué a ir a Urgencias vestida así por miedo a lo que pudieran pensar y opté por automedicarme a saco con ginebra de la barata y a la mañana siguiente desperté con un dolor agónico en la muñeca y una resaca horrible. Aunque puede que la foto no se tomara esa noche, en aquel entonces había un montón de fiestas de ese tipo.

¿Qué habrá sido de ellas? No sé si sería algo pasajero de los noventa o si aún estarán de moda entre la gente más joven y moderna (porque nosotros nos hemos convertido en unos pobres vejetes decrépitos, claro). Por un momento me planteé organizar una y pensé que sería una buena opción como fiesta de cumpleaños cuando cumpliera los cuarenta, pero entonces me di cuenta de que si no había sido tarea fácil ir con ese *look* a los diecinueve, cuando una estaba ágil y delgada, la cosa sería mucho peor ahora, después de tener dos hijos y comer demasiadas patatas fritas. Mis piernas embutidas como morcillas en las medias de rejilla no quedarían demasiado bien, ahora casi todas nos pareceríamos más a la vicaria de Dibley. En aquellos tiempos me cabreaba mucho ver que los chicos se ponían mis vestidos de zorrilla y mis pantalones ajustados y que estaban mucho mejor que yo (al menos vistos desde atrás). Ya en aquel entonces tenía problemas con mis «curvas», y el que estuviera tan delgada se debía básicamente a que vivía a base de vino blanco del barato, vodka con Coca-Cola *light*, un suministro constante de Marlboro *light* (¡Dios, ojalá pudiera permitirme fumar tanto ahora!), algún que otro kebab del restaurante Istambul, y rollitos de salchicha que compraba al regresar de los clubes en una panadería que estaba abierta las veinticuatro horas.

Entonces me puse a ver las fotos donde salimos Simon y yo. Además de las obligatorias tiras de los fotomatones, también había fotos donde estábamos en alguna fiesta y yo salía con una pose absurda mientras él permanecía detrás de mí haciéndose el interesante, pero en todas ellas me rodeaba con los brazos. Y después llegué a las de nuestra boda, y me puse a llorar; mi reacción fue en parte por lo jóvenes y llenos de esperanza y felices que se nos veía, y también por lo horrible que era mi vestido.

No, de verdad, no entiendo en qué leches estaría yo pensando. Metros y más metros de una tafetán blanca, rígida y brillante, mangas abullonadas (muy al estilo de Ana de las Tejas Verdes), y algún que otro volante; teniendo en cuenta que para cuando nos casamos ya hacía algún tiempo que los ochenta habían quedado atrás, no habría desentonado en *Dinastía*. Mi único consuelo fue el vestido de dama de honor de Hannah, que era igual de horrible.

El hijo de puta de Simon, sin embargo, era el epítome de esa elegancia clásica y atemporal vestido de chaqué. La verdad es que resulta la mar de injusto que los hombres puedan comprarse un atuendo formal que les dura toda la vida si no engordan demasiado (mi marido no lo ha hecho, eso debo reconocérselo), mientras que se supone que las mujeres tenemos que ponernos algo distinto para cada evento al que asistimos. Y no quiera Dios que alguna otra se presente con el mismo vestido, aunque todos los hombres van idénticos.

Aún seguía con los ojos un poco llorosos y quejándome en voz baja de los dobles raseros mientras intentaba encontrar las fotos del primer baile al que asistimos Hannah y yo —porque, si mi vestido de boda era horrible, el que llevé a mi primer baile a principios de los noventa era algo digno de una pesadilla: era de tafetán color esmeralda, tenía una gran profusión de volantes y encima llevaba un bolero; (por cierto, ¿qué habrá sido de la tafetán? ¿Habrá corrido la misma suerte que las fiestas de vicarios y guarrillas?)—, cuando Simon entró en el dormitorio y vio que había estado llorando.

Dicen que las mujeres se casan con su padre, y no hay duda de que el rasgo más llamativo que mi padre y Simon tienen en común es la incapacidad para lidiar con mujeres llorosas. Lo que solía hacer mi padre en tales casos era ofrecernos dinero para que dejáramos de llorar, y Jessica y yo no tardamos en darnos cuenta en nuestra adolescencia de que esa era una buena fuente de ingresos. Por un labio tembloroso sacabas cinco libras como mínimo, pero si lograbas derramar unas cuantas lágrimas conseguías diez (e incluso puede que veinte si soltabas algún que otro sollozo). Ni siquiera teníamos que inventarnos algún motivo que explicara nuestro llanto; podíamos limitarnos a lamentarnos con desesperación por lo tristísimas que estábamos por lo del divorcio, y el consecuente chantaje emocional le hacía abrir aún más la billetera. Mi hermana solía ingresar la mitad de sus ganancias en su cuenta de ahorros y comprar bonos *premium* con la otra mitad, mientras que yo me gastaba las mías en vodka, porros y salir de fiesta. Esta diferencia en la prudencia con la que manejamos nuestras respectivas finanzas podría ser el motivo por el que Jessica tiene ahora una gran casa, montones de dinero y un plan de pensiones como Dios manda, mientras que a mí no me llega el dinero para el botox que necesitaría para borrar todas las líneas de expresión que tengo alrededor de la boca por ser fumadora durante tantos años.

Lamentablemente, la táctica de Simon para lidiar con mujeres llorosas no es tan generosa como la de mi padre, ya que por regla general tiende a refugiarse en su caseta y espera hasta que considera que la tempestad ha pasado. Por eso me sorprendí al ver que, en vez de dar media vuelta y marcharse, entraba en la habitación y se sentaba en la cama. Yo pensaba que había venido a hacer la maleta, ya que mañana se va de viaje y pasará toda una semana fuera, y esperé a que de un momento a otro empezara a quejarse de las fotos que tenía tiradas por el suelo, pero en vez de eso agarró una en la que salíamos los dos juntos y el fondo estaba tan oscuro que no alcanzaba a distinguirse si estábamos en un *pub* o en una fiesta. En la imagen salgo riendo con la mirada alzada hacia él, y él está contemplándome a su vez con una expresión que hace mucho que no veo en su rostro cuando me mira.

—¡Dios, qué jóvenes éramos! —comentó.

—Sí, demasiado —lo dije con frialdad, porque aún estaba cabreada por la discusión de la otra noche.

—¿En serio? Por cierto, no creas que me he olvidado de la paloma. No creo que sea posible transportar una en una caja de cartón durante ochocientos kilómetros, incluyendo el metro de Londres, y olvidar la experiencia.

Muy a mi pesar, no pude evitar reírme al oír aquello.

—Lo siento, Ellen. No quiero irme de viaje dejando las cosas así.

Aún estaba muy pero que muy enfadada con él, pero resultaba difícil mantenerme en mis trece con todas aquellas fotos esparcidas por el suelo, fotos donde se nos veía tan felices (y delgados); además, él se había disculpado primero y, por tanto, técnicamente había sido yo la que había ganado la discusión. Pero eso no se lo dije, por supuesto, a pesar de que me sentí muy tentada de hacerlo; en cualquier caso, yo sabía que él sabía que yo sabía que yo había sido la vencedora.

Supongo que no fue la mejor forma de empezar a cumplir mi resolución de tener una relación más madura y debatir las cosas como adultos, pero yo sigo manteniendo que él no tenía razón y que por lo tanto mi decisión de no ser quien se disculpara primero esta vez estaba totalmente justificada; aun así, la verdad es que le amo..., excepto cuando estoy imaginándome tumbas poco profundas en algún bosque, por supuesto.

FEBRERO

Lunes, 1 de febrero

¡Sam está enamorado hasta las trancas! Se parece tanto a una adolescente colada por alguien que solo le falta escribir a la sección de dudas de la revista *Just 17* para preguntar cómo se puede saber si le gustas a un chico. El dilema que tiene ahora, un dilema que estuvimos debatiendo durante veinte minutos cuando los niños salieron del cole esta tarde y que después siguió tratando con Hannah y conmigo a través de mensajes de texto en grupo, es si debería celebrar dentro de un par de días el aniversario de su primera cita con Mark o si sería mejor esperar y dar el todo por el todo en el día de San Valentín. Mi amigo mete como sea el nombre de Mark en todas las conversaciones, es una dulzura. No me sorprendería lo más mínimo saber que ha estado practicando su firma como «Sam Evans», y haciendo eso de sumar las letras de ambos nombres para saber hasta qué punto eres compatible con tu pareja.

Hannah, por su parte, ha decidido que, si Sam ha sido capaz de encontrar el amor después de sufrir con la rata infiel de Robin, ella también debería aventurarse a zambullirse de nuevo en el estanque del amor (la analogía es suya, no mía; personalmente, lo único que me vino a la cabeza cuando me dijo eso fueron esas algas viscosas que abundan en los estanques).

En fin, la cuestión es que mi amiga ha descubierto una página web de aspecto serio destinada a gente de clase media, donde tus amigos describen lo fabuloso que eres y enumeran los motivos por los que la gente debería querer salir contigo, y ha decidido que es una opción mucho más segura porque los hombres que salen allí no parecen ser de esos que te envían fotos de su polla. Sam soltó una carcajada burlona al oír eso y le dijo que todos los hombres están dispuestos a enviar una foto de esas a la más mínima oportunidad, y ella se ofendió.

Pobre Hannah, espero de verdad que sepa lo que está haciendo. Se merece sin duda a alguien que realmente valga la pena y que no se parezca en nada al cabronazo de Dan el Capullo, pero no sé si conocer a hombres a través de Internet es la opción adecuada para ella. Al menos me ha pedido que me encargue de redactar el comentario que saldrá en su ficha, aunque aún no tengo demasiado claro lo que debería poner. Quizás podría ser algo así como: *Conozco a Hannah desde los once años. Sé amable con ella y no le mandes fotos de tu polla, porque si lo haces voy y te la corto.* No sé, igual eso sería pasarse un pelín.

Conozco a Hannah dese los once años. Le gustan el queso y el vino y las películas y echarse unas risas con los amigos. También le gusta leer y viajar y estar con su familia. Es una persona encantadora que tiene un carácter optimista. Tampoco, es demasiado soso. Podría estar describiendo a cualquiera. ¡Madre mía, esto es mucho más difícil de lo que parece!

¡Hannah es la monda! No, solo me falta poner que es chistosa y alocada. A lo mejor no debería esforzarme tanto por intentar «venderla».

Hannah es dulce, leal y cariñosa. Qué bien, ahora da la impresión de que es una golden retriever. Quién iba a decirme a mí que iba a ser tan difícil redactar un breve párrafo sobre los motivos por los que alguien debería animarse a tirarse a mi mejor amiga. Igual debería limitarme a acercarme a algún tipo en el bar la próxima vez que salgamos, darle un golpecito en el hombro y decirle sin más: «Oye, le gustas a mi amiga, ¿te apetece morrearte con ella?», tal y como hacíamos cuando teníamos unos catorce años.

Me pregunto si los chicos de catorce años de hoy en día aún siguen morreándose o si a esa edad ya han empezado a hacer porno duro. No quiero ni pensar en lo que me espera con mis hijos, aunque la verdad es que no sé si Jane llegará a encontrar alguna vez a alguien que tenga el valor suficiente para tirársela; de hecho, compadezco al chico que se atreva a intentar mandarle algún mensaje de texto subido de tono, porque lo más probable es que mi hija le aseste una puñalada en el corazón o, como mínimo, le meta el móvil por el culo. Aún está traumatizada porque en el cole les dieron una charla y les pasaron un DVD sobre cómo se hacen los bebés y ha anunciado con frecuencia que ella no va a hacer «eso» jamás de los jamases, así que esperemos que se mantenga en sus trece una vez que esas hormonas adolescentes entren en juego.

Pero en lo que a Peter se refiere, ya me imagino las visitas de padres quejándose de que haya mancillado el honor de sus virginales hijas. Peter ha sido un golfo desvergonzado desde niño; Simon aún está traumatizado por aquella vez en que, cuando tenía unos dos años, alargó la mano desde el carrito para pellizcarle el culo a una mujer en el supermercado y esta, como es normal, creyó que había sido mi marido y amenazó con avisar a la policía. Simon todavía recurre a este incidente para justificar por qué no puede llevarse a los niños si tiene que ir de compras, a pesar de que hoy en día es más probable que Peter se tire un pedo y se eche a reír como un poseso mientras la gente se muere de asco. En fin, volvamos al tema de Hannah.

Hannah es encantadora, cariñosa y divertida, una gran mamá y una buena amiga. Se merece conocer a un hombre tan maravilloso como ella. Uno que no le enseñe la polla incluso antes de conocerla. Bueno, puede que quite la última línea, pero... ¡sí, yo creo que no está nada mal! He estado leyendo las descripciones de otra gente para intentar inspirarme, y en todas ellas pone prácticamente lo mismo. A todos les gusta viajar y leer aunque en toda su vida hayan estado como mucho en Calais para comprar bebida más barata o en Benidorm, en una de esas vacaciones organizadas para gente de entre 18 y 30 años, y el texto más largo que hayan leído recientemente sea el menú para llevar de algún restaurante.

Parece ser que todos ellos son personas maravillosas que solo beben alguna que otra copa cuando salen (obviamente, nadie va a poner que es un alcohólico ni que le gusta pasar el rato sentado a solas en el sofá, sin más ropa encima que unos *slips* con lamparones, engullendo cerveza hasta perder el conocimiento), y están buscando a alguien «especial».

Creo sinceramente que haber tomado esta iniciativa ha sido muy valiente por parte de Hannah. Aunque Simon me saque de quicio a veces, no creo que yo fuera capaz de rastrear entre miles de hombres intentando averiguar a partir de una fotito si alguno será mi alma gemela, preguntándome si el hecho de que uno diga de sí mismo que *Soy como un osito de peluche* significa que está muy gordo, o si «atlético» significa que alguien es vanidoso o que se trata de una persona que querrá que yo también practique deporte.

El bendito de Simon nunca ha esperado de mí que muestre interés por hacer deporte. En una ocasión, cuando los niños eran muy pequeños, me apunté a un gimnasio, pero si lo hice fue más por aprovechar el servicio gratuito de guardería que ofrecían que por un deseo ferviente de recuperar mi figura. Aunque la verdad es que estuve yendo a algunas clases durante algún tiempo y me puse bastante en forma, me gustaba mucho la de *kick-boxing* porque me servía para descargar contra un saco de boxeo toda la rabia y la frustración que tenía contenidas; por desgracia, parece ser que no está bien visto que una diga abiertamente que está visualizando la cara de su marido mientras golpea con todas sus fuerzas el saco en cuestión.

El principio del fin de mi etapa en el gimnasio fue cuando asistí a una clase horrible donde tenías que intentar mantener el equilibrio en una tabla tambaleante y hacer diversos ejercicios. El instructor era un tipo musculosísimo que llevaba puesta una camiseta sin mangas increíblemente pequeña y que se acariciaba los bíceps de una forma de lo más perturbadora.

Pero parece ser que yo era la única a la que sus lubricados pectorales no enloquecían de deseo, ya que las demás mujeres que habían asistido a la clase estaban maquilladas como puertas y le miraban coquetas batiendo sus pestañas postizas mientras intentaban llamar su atención. Yo llevaba puestas mi vieja y holgada camiseta de siempre y unas mallas, y aquellos ejercicios se me daban tan rematadamente mal que él se pasó gran parte de la clase intentando enseñarme lo que tenía que hacer. Huelga decir que eso provocó la ira de las conejitas de gimnasio enfundadas en licra.

Pero el punto final definitivo a mi etapa de gimnasio llegó cuando fui a una clase de *core* y nos pidieron que nos arrodilláramos en esas gigantescas pelotas de goma. Yo insistí en que no podía hacerlo de ninguna de las maneras y el instructor insistió a su vez en que todo el mundo podía, en que era fácil.

Pues no, no era fácil. Alcancé a mantener tambaleante el equilibrio por un nanosegundo antes de caerme, pero en vez de caer sin más al suelo salí catapultada por la sala a gran velocidad, colisioné contra una columna y fui deslizándome hacia el suelo medio atontada.

Todo el mundo me vio, un montón de gente se apresuró a ayudarme mientras yo me ponía en pie como buenamente podía e insistía en que «¡Estoy bien, no me ha pasado nada! ¡Je, je! ¡No ha sido nada!, ¡estoy de maravilla!». Salí de la sala cojeando, fui a la guardería a por los niños, hui de aquel lugar y no regresé nunca más.

Aun así, no me borré de inmediato y seguí pagando durante seis meses más para que no se dieran cuenta de que si no iba era por vergüenza, hasta que al final Simon se negó a seguir malgastando dinero y me obligó a borrarme. Lo más parecido a un deporte que hago ahora es correr de acá para allá buscando al cabroncete de mi perro cuando ve un conejo y se larga tras él.

Ni que decir tiene que el hecho de no hacer deporte es otro de los motivos por los que no me veo capaz de buscar pareja y exponerme de esa forma. Sería incapaz de quitarme la ropa delante de otro hombre después de haber tenido dos hijos y de ganar algunos kilitos de más (prefiero no pararme a pensar en cuántos son).

Simon vio las estrías conforme fueron apareciendo, así como también los cambios (destrozos) que el embarazo y los partos y once mil millones de galletas de chocolate y menta han ido generando en mi cuerpo, y fue responsable en parte de ellos (vale, puede que lo de las galletas no sea culpa suya). Pero no puedo desnudarme sin más delante de otro hombre en plan *¡¡¡tachán!!!,* cuando durante cerca de veinte años Simon y profesionales de la salud son los únicos que han visto algunas de mis partes en todo su esplendor.

La verdad es que será mejor que me ciña a mi resolución de tratar mejor a Simon. Él nunca se ha quejado de que haya dejado de ser un bombonazo ágil y joven, se ríe y me dice que él me ve guapísima cuando refunfuño por lo gorda que estoy o me obsesiono con lo de las horribles estrías, y, si bien es cierto que no me regala flores demasiado a menudo, me trae un montón de tazas de té (que, para ser sincera, la verdad es que son más de agradecer). Y aunque pasa demasiado tiempo en esa dichosa caseta y llena mi casa de aparatos inútiles que según él te ahorran tiempo y esfuerzo, pero que en realidad te hacen perder tanto lo uno como lo otro porque tienes que molestarte en encontrar el control remoto adecuado o la aplicación que los controla..., en fin, eso tiene que ser preferible a que salga a tirarse a otras personas y me rompa el corazón, tal y como hicieron los horribles ex de Sam y Hannah.

Martes, 9 de febrero. El día de las tortitas

Hay tortitas en el techo. Las hay también en el suelo. Y en el perro. Anoche pasé una hora viendo tutoriales en YouTube para aprender a voltear tortitas. Sí, una jodida hora de reloj. Y mira para lo que me ha servido.

Admito que me extralimité un poco al anunciar que iba a organizar una fiesta de tortitas e invitar a los hijos de Sam a que vinieran a casa al salir del colegio, pero ¿cómo es posible que lleguen tan lejos unas cuantas tortitas? Mi ingenioso plan consistía en llamar «crepes» a las tortitas, porque sería como dar un paso más en pos de mi objetivo de aprender francés y convertirme en una culta y sofisticada persona de mundo (parece ser que «qué asco de vida» se dice *baise ma vie* en francés. Me parece que prefiero mi versión, porque la francesa me suena a enfermedad contagiosa).

Lamentablemente, al preparar las crepes me quedó claro de nuevo por qué no cocino con los niños, ya que Sophie y Jane se dedicaron a esparcir harina por todo el suelo con sumo cuidado y Peter y Toby, por su parte, se las ingeniaron después para cascar cinco huevos y que ni uno solo cayera en el cuenco; al final, después de intentar hacer la masa innumerables veces, me quedé sin huevos y sin leche, así que les arrebaté el cuenco a los niños, lo eché todo en el robot de cocina y crucé los dedos.

La masa quedó algo grumosa, pero aun así procedí a ir vertiéndola en la sartén y, como no podía ser de otra forma, las tres primeras tortitas se me pegaron. Yo creo que pudo ser porque hice caso omiso a las instrucciones de santa Delia y santa Nigella, quienes advierten con firmeza que una debe comprar una sartén especial para preparar tortitas (sartén que por supuesto está a la venta en el supermercado recomendado por ellas a un precio muy razonablemente enorme).

Al final, rascando con la espátula, logré sacar de la sartén algo medio comestible y, una vez que los niños terminaron de luchar como una manada de perros rabiosos para hacerse con semejante manjar, me dijeron que no estaba volteando las tortitas, que estaba limitándome a darles la vuelta con la espátula y que estaba claro que no estaba haciéndolo bien, que debía intentar voltearlas.

Dado que la técnica para voltear las tortitas había sido el tema estelar de todos esos videos de YouTube, decidí intentarlo, pero la pésima forma en que lo hice fue la responsable de las que acabaron pegadas al techo. Los niños insistieron en que ellos podían hacerlo mejor, y sus intentos dieron como resultado las que quedaron esparcidas por el suelo y pegadas al pelaje de mi pobre perro, que parecía un poco perplejo ante semejante situación.

Sam, como de costumbre, intentó tomarse bien las cosas cuando llegó a recoger a sus querubines y se los encontró tan embadurnados de harina, huevos y masa que cualquiera diría que mi intención había sido freírlos en abundante aceite, como una especie de versión de Glasgow de la bruja de Hansel y Gretel. Supongo que una bruja de Surrey tendría una parrilla especial, cara y merecedora del sello de aprobación de Mary Berry en la que cocinar a los niños, mientras que una del norte estaría demasiado ocupada debatiendo sobre los distintos nombres con los que se conoce el panecillo en el que piensa servir a los niños como para cocinarlos.

Domingo, 14 de febrero. San Valentín

¡Y dicen que el romanticismo está muerto! Bueno, aquí sí que lo está. Simon se ha negado siempre a celebrar San Valentín porque resulta que también es el día de su cumpleaños; parece ser que su madre estaba decidida a llamarle Valentín, pero su padre la convenció de que no lo hiciera. No sé si habría podido casarme con un hombre que se llamara así, ¿significa eso que soy una persona superficial? No, no lo creo. Lo más probable es que un hombre llamado Valentín se convirtiera, por pura necesidad, en alguien muy distinto a uno con un nombre razonable como «Simon».

A mí tampoco es que me entusiasme San Valentín, ya que aún trae consigo ese tufillo a desesperación que desprendes cuando vas a un instituto de chicas y ese día tienes que llegar sin ganas fingiendo que te has ido antes de que llegara el correo, mientras que todas las chicas populares de sedosa cabellera rubia (que al crecer habrían de convertirse inevitablemente en los típicos miembros de un Aquelarre de Mamás Jodidamente Perfectas) sacuden su cabello y se pavonean por los pasillos con un montón de tarjetas en la mano y, en caso de tener novio, una asquerosa rosa envuelta en papel de celofán.

Por alguna misteriosa razón, nunca logré tener novio en San Valentín; nada, ni siquiera un mísero admirador secreto. Algunas de las chicas recibían una tarjeta de su padre, y nunca tuve claro si eso era mejor o peor que no recibir ninguna; mi padre, desde luego, ni se habría planteado tener un detalle así.

Pero, en mi primer año de universidad, ¡recibí ni más ni menos que cuatro tarjetas de San Valentín! Estaba encantada, sacudí mi cabello y me pavoneé jubilosa por los pasillos. ¡Era una persona popular!, ¡iba a encontrar el amor verdadero! Al año siguiente también recibí algunas, pero para cuando llegó el tercer San Valentín ya estaba saliendo con Simon y desde entonces la única tarjeta que he recibido en esta festividad la hizo Jane en la guardería. Fue algo muy dulce, las enviaron por correo a las mamás y Simon se indignó al creer que me había salido un admirador, pero el cabreo se le pasó en cuanto le expliqué de dónde había salido. No supe si sentirme halagada al ver que estaba celoso o insultada por lo mucho que le había sorprendido el hecho de que alguien pudiera enviarme una tarjeta de San Valentín.

Este año, sin embargo, tengo la gran dicha de tener que lidiar con las respectivas versiones del día de San Valentín de mis dos hijos (uno y otro lo viven de forma distinta), y también con los ataques de nervios de Sam. Peter ha anunciado su amor eterno por Poppy Hodgins, una niña excesivamente alegre que apesta a fresas sintéticas (aunque Peter afirma categórico que huele genial) y que sospecho que cuando crezca será una verdadera zorra; aun así, mi hijo le ha regalado una tarjeta y le ha pedido que sea su novia. Poppy se lo está pensando (¡la muy zorra!).

Jane, por su parte, se sintió horrorizada y se puso furibunda porque Freddie Dawkins tuvo la temeridad de darle una tarjeta (ninguno de estos críos parece haber captado que se supone que las tarjetas de San Valentín deben ser anónimas); según mi hija, el tal Freddie es un «cuatrojos apestoso de pelo color zanahoria».

He intentado explicarle que no debería juzgar a las personas por su apariencia, y lo más probable es que Freddie sea un crío encantador, pero hay que admitir que el pobre no es demasiado agraciado y desprende un extraño tufillo a repollo rancio que me lleva a sospechar que su verdadera vocación en esta vida tendrá algo que ver con enterrar a gente en algún bosque, en tumbas poco profundas.

Es probable que Jane no haya ayudado demasiado en lo que a la inadaptación social de Freddie se refiere, y que muy posiblemente sea la catalizadora que le lleve a embarcarse en una vida de relaciones disfuncionales (como mínimo), ya que parece ser que lo que hizo cuando él le entregó la carta fue romperla en pedacitos y pisotearla (junto con el corazón del pobre crío) delante de todos; a diferencia de los padres de Poppy Hodgings, no creo para nada que deba preocuparnos el tema de los embarazos adolescentes en el caso de nuestra hija.

En cuanto a Sam, está intentando preparar una cena romántica para Mark, pero todo está saliéndole mal; al final, tras recibir su décimo séptimo mensaje de texto rebosante de angustia porque las vieiras gratinadas se le habían echado a perder, le aconsejé que se limitara a ir a un M&S y escondiera las bolsas. Es lo que hago yo para la cena de cumpleaños de Simon, quien se niega en redondo a aventurarse a entrar en el mundo del día de San Valentín; así me ahorro el tener que cocinar un día, y mi marido cree que le he preparado una deliciosa cena de alta cocina.

Simon ha pasado el día ajeno a la angustia emocional que están sufriendo sus hijos, porque estaba demasiado ocupado jugando tan feliz con sus regalos de cumpleaños. Los dos acordamos hace mucho tiempo que yo dejaría de comprarle cosas porque es un capullo increíblemente quisquilloso y, si algo no es justo lo que quiere, está muerto para él. Eso no tendría por qué suponer problema alguno si devolviera el regalo indigno a la tienda para pedir un reembolso o comprar lo que realmente quiere, pero se niega a hacerlo y en vez de eso deja a un lado el cacharro en cuestión e insiste en que no, no pasa nada, sí que le gusta, no, no hace falta ir a cambiarlo por otra cosa. Y el cacharro se queda ahí, solito y sin nadie que lo quiera, y nadie vuelve a tocarlo nunca más.

De modo que, cuando le dije que eligiera entre que yo le metiera por el culo todos los regalos caros que le he comprado a lo largo de los años (relojes, camisas, bufandas, aparatejos...) o comprarse él mismo su regalo y dármelo para que se lo envolviera, optó por la segunda opción.

Aún sigo comprándole alguna que otra botella de ginebra cara o una bufanda de cachemira para que parezca que pongo algo de mi parte. Después se la robo y me la quedo, así que todo el mundo sale ganando. Este año ha optado por una serie de cajitas negras que se conectan a la tele para que tengamos incluso más mandos inalámbricos que se perderán y habrá que buscar, con lo que el proceso de encender la tele se ha convertido en un desafío al estilo de los de *The Krypton Factor*. Y también se ha comprado una sierra caladora, para que le haga compañía a la sagrada sierra de ingletes y sentirse muy machote y que Bardo le tenga más envidia aún la próxima vez que venga a visitarnos.

Lamentablemente, la extensa conversación con mis muñequitos adorados sobre por qué tenían que acostarse y no iban a quedarse levantados para unirse a nuestra cena romántica hizo que, mientras recalentaba con mucho amor la cena que había comprado en M&S pensando en Simon, me pasara un pelín con la ginebra que le había dado como regalo de cumpleaños. Y así fue como después, mientras saboreábamos el tiramisú, le pregunté de buenas a primeras:

—¿Te acuerdas de la primera vez que te preparé la cena, cariño?

—Sí, claro que sí, ¿cómo lo iba a olvidar?

Yo me sentí halagada al oír aquello.

—Tardé una eternidad. Y dejé la cocina hecha un desastre, no sé por qué demonios pensé que sería buena idea preparar canelones con masa de tortitas y relleno de espinaca y requesón. La culpa la tuvo santa Delia.

—Eso no fue lo que cocinaste la primera vez que me preparaste la cena.

El hecho de que en realidad no recordara la primera vez que cociné para él me indignó y me hizo alzar un poco la voz.

—¡Claro que sí! Era un plato increíblemente complejo, pero quise prepararlo porque en esa época eras vegetariano.

—No sé a quién le prepararías esos canalones, me parece un plato bastante asqueroso; en cualquier caso, no fue a mí, porque nunca he sido vegetariano. Y la primera vez que me preparaste la cena fue inolvidable, porque habías intentado dorar algo de carne colocando sobre uno de los fogones un plato de Pyrex que estalló, y cuando llegué tenías la cocina llena de bomberos y de cristales rotos y estabas histérica.

¡Uy, qué momento tan incómodo! ¿Puede saberse entonces a quién demonios le preparé aquellos canalones? (Simon tiene razón, estaban bastante asquerosillos... según creo recordar, me quedaron muy pastosos).

—Ah, sí, ya me acuerdo.

—Y la segunda vez que me preparaste la cena lograste que los bomberos no tuvieran que intervenir, pero habías intentado asar un corte de cordero equivocado y te quedó incomible. Creo que en ese entonces eras la única persona que conocía capaz de hacer mal una receta de Delia, pero entonces compraste una copia de un libro de recetas italianas sencillas y la vida se volvió mucho menos peligrosa ya que te limitaste a preparar pasta durante un año. Ahí fue cuando decidí que a lo mejor era seguro casarse contigo.

—¿Qué cojones quieres decir con eso? No suena nada romántico, ¿te casaste conmigo por seguridad?

—No, cariño, no se puede decir que no seas una opción arriesgada —contestó él, con una sonrisa—. Yo supe que quería pasar el resto de mi vida contigo después de esa primera noche. Lo que pasa es que, teniendo en cuenta tus inusuales habilidades culinarias, ¡no estaba seguro de lo larga que iba a ser esa vida!

Aquello me apaciguó un poco.

—Pero ahora sí que te gusta cómo cocino, ¿no? ¿Verdad que he mejorado?

—Sí, cariño, te has vuelto increíblemente hábil para esconder los envoltorios de M&S. Eres una maravilla en la cocina.

Qué grosero. Pero estaba bastante borracha y sentimental y decidida a conseguir todos los cumplidos posibles porque era San Valentín.

—¿De verdad que esa noche supiste que querías pasar el resto de tu vida conmigo?

—Por supuesto que sí. No voy a preguntarte si tú sentiste lo mismo; teniendo en cuenta que esta noche ya me has confundido con un antiguo novio, no sé si podría confiar en tu respuesta. Me gustabas desde hacía muchísimo tiempo, lo que pasa es que nunca había tenido oportunidad de hablar contigo antes porque o estaba demasiado borracho o lo estabas tú o tenías a algún capullo revoloteando a tu alrededor; de hecho, pensaba que ni siquiera sabías que yo existía. Hasta que una noche allí estabas tú, y vi que estabas sola, y allí estaba yo y pensé: «¡A la mierda! ¡No tengo nada que perder! ¡Yo me lanzo! Al menos está sola por una vez, así que no habrá público si me rechaza». Y el resto es historia.

—Sí, aunque me fui a la cama contigo en la primera noche a pesar de todos los sermones sobre el hecho de que los chicos no te respetan si haces eso. Anda, dime, ¿por qué te gustaba tanto?

Estaba buscando con descaro que me regalara los oídos. Simon ya me ha contado antes todo esto, pero a veces es agradable volver a oírlo; de hecho, siempre lo es. Me pregunté si podría encender mi móvil con disimulo y grabarle, para poder oírlo de nuevo la próxima vez que esté perdiendo el tiempo en su caseta o roncando frente a *Joyas sobre ruedas*.

—¡Porque tenías unas tetas espectaculares! —Yo intenté darle un puñetazo—. ¡Vale!, ¡vale!, ¡las sigues teniendo! Y siempre se te veía tan feliz, como si te lo estuvieras pasando mejor que nadie; de hecho, desearía que hoy en día se te viera así más a menudo. Bueno, ahora te toca a ti. Yo soy el del cumpleaños, tendrías que ser tú la que estuviera diciéndome lo irresistible y guapo que soy y lo mucho que deseas mi cuerpo.

Le dije lo enigmático y misterioso que me había parecido siempre, y que la forma en que el pelo le caía sobre los ojos hacía que me vinieran a la cabeza pensamientos de lo más impuros en los que él era el protagonista, y que yo también había dado por hecho que él ni siquiera sabía que existía porque pensaba que estaría más interesado en chicas más de su estilo, chicas de esas en plan enigmática artista bohemia, que en alguien tan normal y aburrido como yo. Y entonces nos fuimos a la cama, tras quedar demostrado que a Simon se le da mejor que a mí esto del romanticismo (me fastidia admitirlo, pero no tengo más remedio que hacerlo por culpa de aquel estúpido chico vegetariano y sus jodidos canalones de espinacas).

Miércoles, 17 de febrero

A veces me pregunto qué cojones me pasa. Fui tan gilipollas como para acceder a mantener una conferencia telefónica esta tarde en casa, después de recoger a los niños del cole. ¿Qué idiota intenta mantener importantes llamadas telefónicas habiendo niños en casa?

A pesar de dejarlos sentaditos con sus respectivos iPad y todas las patatas fritas y los aperitivos habidos y por haber, de asegurarme de que los dos hubieran ido al baño para que no hubiera desafortunados incidentes en plan «¡Mamá, ven a limpiarme!» como la última vez que intenté atender una llamada de trabajo en casa (téngase en cuenta que Peter nunca se molesta en limpiarse), y de alejarme entonces de puntillas más silenciosa que un ratón, en cuanto entró la llamada las antenas de ambos se pusieron alerta y en un abrir y cerrar de ojos los dos estaban aporreando la puerta, chillando y protestando y berreando y lloriqueando. Y entonces, para mi pesar, descubrí que intentar chantajearlos emocionalmente para conseguir que se callen y me dejen tranquila porque estoy ocupada con una tarea muy importante es básicamente como sacudir un trapo rojo frente a un toro, y se adueña de ellos de inmediato el irreprimible deseo de hacer todo el ruido posible mientras se dedican a darme por saco.

Mis intentos de ignorarlos y aislarme de su presencia fueron infructuosos y, en cuanto a la llamada, la verdad es que no tengo ni idea de lo que me comprometí a hacer porque no alcanzaba a oír lo que me decían, así que espero que no sea nada demasiado pesado; en fin, creí haber salido airosa de la situación al alegar que el jaleo que se oía de fondo se debía sin duda a que la conexión era mala, y sugerir entonces sonriente que lo pusieran todo en un correo electrónico (así podría tener alguna idea de lo que se había hablado). Entonces abrí la puerta para preguntar por qué mis queridos muñequitos habían considerado oportuno aporrear dicha puerta y gritar durante el transcurso de la llamada, a pesar de que yo había estado diciéndoles entre dientes lo que iba a pasar si no se largaban.

Peter tenía el rostro enrojecido y estaba sollozando, pero se le veía un poco avergonzado; estaba parado detrás de Jane, quien estaba indignada y era la que había estado intentando echar abajo la puerta.

—¿POR QUÉ NO HAS ABIERTO LA PUERTA, MAMÁ? —me preguntó, hecha una furia—. ¡Peter tiene un guisante metido en la nariz!

Pero ¿qué cojones...? Diez minutos. Tan solo tenían que estar entretenidos durante diez minutos, pero en ese tiempo Peter se las había ingeniado para que un guisante se le quedara atorado en la nariz.

—¿Por qué? —le pregunté—, ¿por qué te has metido un guisante en la nariz? Por cierto, ¿de dónde lo has sacado? Hace semanas que no compro.

—Lo he encontrado en un rincón de la cocina, no sé por qué me lo he metido en la nariz.

Genial, qué maravilla. Por si fuera poco ser una madre negligente, ahora podía añadir «no se molesta en limpiar a fondo» a la lista de crímenes que los niños pueden echarme en cara, una lista que cada vez es más larga.

—Qué asco de vida —susurré.

Peter sopló enérgicamente y hurgó con ahínco, pero tras todos sus esfuerzos dio la impresión de que el guisante estaba incluso más firmemente atascado que antes. De modo que no hubo más remedio que acudir una vez más a la Unidad de Heridas Leves mientras rezaba fervientemente para no haber excedido el número de visitas que te permiten antes de avisar a los de Servicios Sociales. Huelga decir que Simon se encontraba en algún lugar exótico, ocupándose de asuntos de suma importancia, así que tuve que llevarme a los dos niños.

Incluso tratándose de una unidad que trata heridas leves, un crío con un guisante fosilizado atorado en la nariz no ocupa un puesto demasiado alto en la lista de prioridades, así que tuvimos que esperar bastante hasta que nos atendieron en el hospital. Puse todo mi empeño en mantener entretenidos a los niños, pero ellos no me hicieron ni caso porque restregarse por el suelo les parecía mucho más interesante. Yo no paraba de decirles entre dientes que se levantaran, que vete tú a saber las enfermedades que había allí, que su sistema inmunológico de clase media no estaba preparado para algo así, pero mis advertencias fueron en vano.

Por fin nos llamaron y nos hicieron entrar en un box, y allí esperamos a que llegara alguna pobre enfermera saturada de trabajo con su herramienta para la extracción (enfermera que debe de preguntarse sin duda para qué empleó tanto tiempo y dinero capacitándose para salvar vidas si al final debe lidiar con casos como el de Peter y su guisante). Jane había permanecido inusualmente callada durante los últimos diez minutos, pero una vez que entramos en el box farfulló algo que no alcancé a oír.

—No te oigo, cielo, tienes que hablar más alto. Y abre la boca y vocaliza, no farfulles así.

Mi hija abrió la boca y anunció con claridad:

—He dicho que me parece que tengo un clip de esos para sujetar papeles un poco metido entre los dientes.

Vale, segunda vez en lo que va de día: pero ¿qué cojones...?

Me quedé tan atónita ante semejante revelación, que tan solo fui capaz de decir:

214

—¿Cómo?, ¿por qué? ¿De dónde has sacado un clip?

Jane se puso a la defensiva.

—Lo he encontrado en el suelo de la sala de espera.

Madre del amor hermoso, ¡no entiendo qué cojones les pasa a mis hijos! ¿Cómo es posible que a alguien se le ocurra meterse en la boca algo que encuentra en el suelo de un hospital?

—Yo solo quería ver si me cabía entre los dientes, pero se ha quedado atascado.

—¿Se puede saber por qué cojones lo has hecho? —no pude contenerme más.

—No deberías decir palabrotas, mamá, no está bien. Las mamás buenas no les dicen esas cosas a sus hijos.

Parecía una señorita remilgada al decirlo..., bueno, en la medida de lo posible teniendo en cuenta que tenía un clip atorado entre los dientes.

Al final el clip en cuestión resultó estar tan encajado que no hubo manera de sacarlo. De modo que, cuando la agradable enfermera llegó pertrechada con su extractor de guisantes y hubo extraído con destreza el guisante en cuestión de la nariz de Peter, tuve que pasar la vergüenza de pedirle si podía obrar también su magia con Jane y extraerle el clip de entre los dientes. Nunca he visto unos ojos tan llenos de conmiseración como los de esa mujer mientras yo le explicaba la situación, pero la cuestión es que procedió a sacar el clip con unas pinzas. Voy a tener que buscar otro hospital, después de lo de hoy me moriría de vergüenza si regresara a este.

¡Qué jodida vida de mierda, joder! ¡Y la gente se pregunta por qué bebo! Esta noche un simple vino no puede ayudarme y he tenido que recurrir a la ginebra mientras mascullaba en voz baja: «¡Te dicen que hay que disfrutar de cada segundo, que los niños crecen muy rápido, que son una bendición! ¡Ja!». ¡A ver quién era el valiente que habría disfrutado hoy de cada segundo con los benditos de mis adorados muñequitos!

Estuve a punto de estampar el móvil contra la pared cuando Simon me mandó un mensaje de texto preguntándome qué tal me había ido el día, se quejaba de lo harto que está de la comida del hotel y decía que estaba deseando volver a casa y comer algo sencillo. Se refería a una lasaña, siempre se refiere a eso cuando dice que quiere comer «algo sencillo». Un día va a encontrarse una lasaña metida por un sitio muy inesperado, y como me haya cabreado de verdad puede que incluso sea una congelada.

Sábado, 20 de febrero

Simon regresó al fin anoche y adoptó una actitud mohína de lo más patética ante mi cruel y poco razonable negativa a prepararle una sencilla, simple y jodida lasaña, así que decreté que cada uno iba a pasar el día estrechando lazos con uno de nuestros adorados muñequitos. Si lo hice fue en gran medida porque esta mañana me he dado cuenta de que Jane parece salida de un hospicio, ha dado un estirón y toda la ropa le queda pequeña (por no hablar de que todo está ya un poco viejo y gastado). Teniendo en cuenta que la niña ha empezado a poner objeciones a la forma en que la visto porque quiere tener su propio estilo, y a pesar de que yo aún estaba un poco molesta por el incidente del clip entre los dientes, decidí que sería buena idea disfrutar de un agradable día de compras solo de chicas, pasar algo de tiempo juntas y charlar sin Peter pegado a nosotras como una lapa quejándose de que tiene hambre e intentando tocar cualquier cosa que parezca remotamente cara o frágil. Nos íbamos a divertir tanto que cuando mi hija crezca dirá cosas como: «¡Mi madre era como una hermana mayor para mí!»...; aunque, teniendo en cuenta que para ella lo de ser una hermana mayor significa atormentar a Peter constantemente e intentar asesinarle en repetidas ocasiones, no sé si eso sería un cumplido. No sé, puede que en vez de eso ella le diga a la gente que soy su mejor amiga, he oído a más de una persona decir eso de su madre. Sí, me parece una mejor opción.

Jane rechazó todas y cada una de las adorables prendas que

vimos en John Lewis. Las preciosas camisetas adornadas con lazos y gatitos de purpurina, las faldas con volantes, los jerséis retro...; no le gustó nada, parece ser que todo era una caca. La historia se repitió en Gap, en Next y en Primark. Caca, caca, caca.

Al final, cuando descolgué otro vestido más para mostrárselo y lo miró con una mueca de desagrado, sollocé desesperada:

—¡A ver! ¿Me puedes decir de una vez qué es lo que quieres exactamente?

—Una camiseta con dinosaurios.

—¿Con dinosaurios? Cariño, me parece que no hemos visto ninguna así.

—Sí, en la primera tienda.

—En la primera. ¿Por qué no me lo has dicho?

—No sé, no me has preguntado.

Regresamos a John Lewis, donde no vi ni rastro de la mítica camiseta con dinosaurios.

—Cielo, ¿estás segura de que estaba aquí?

—Sí. Mira, está allí. —Señaló hacia la sección de chicos.

—Pero esa camiseta es para chicos, cielo.

—¡Me da igual!, ¡me gusta! Y también me gustan aquellos vaqueros, no son ridículos como esos otros con purpurina.

Al final compramos toda la ropa en la sección de chicos, pero llegados a ese punto todo me daba igual. Lo único que quería era que aquel infierno terminara cuanto antes; cada vez que le mostraba una prenda a mi hija y ella me decía que era un asco me daban ganas de darme cabezazos contra la pared. Mientras nos dirigíamos a la cafetería hice una breve parada en la sección de zapatos, porque había visto un cartel de rebajas y pensé que igual podía encontrar alguna buena oferta. Tuve suerte. Poco después, con un par de brillantes zapatos de tacón plateados en mi poder (de verdad que eran toda una ganga. Costaban 79 libras y los habían rebajado a 23, habría sido una grosería por mi parte no comprarlos), pusimos rumbo a la cafetería.

—Qué buenas amigas somos, ¿verdad? —le dije sonriente a mi hija, mientras yo me tomaba un café y ella un chocolate caliente.

Las botellitas de vino me habían tentado, pero las había vuelto a dejar en su sitio porque tenía que conducir.

Jane me miró incluso más horrorizada que cuando le mostré una camiseta rosa de Hello Kitty para ver si le gustaba.

—¡No!, ¡claro que no! Tú no eres mi amiga, eres mi mamá. Sophie es mi amiga, y Tilly y Milly y la Lucy que no es Lucy Atkinson. Pero tú no. ¡¡¡Las personas no son amigas de sus mamás!!!

—¡Algunas sí que lo son! —protesté yo indignada.

—¡Ja! Pues entonces es gente rara.

Cuando llegamos a casa, lo primero que salió de la boca de mi hija fue lo siguiente:

—¡Papá, mamá ha comprado más zapatos! Yo le he dicho que no lo hiciera, le he dicho que ya tiene suficientes pares de zapatos, pero no me ha hecho caso y los ha comprado.

La casa estaba como si la hubieran bombardeado. Había platos sucios diseminados por la cocina y la sala de estar, y cuatro..., sí, no uno ni dos, CUATRO vasos a medio acabar de refresco de naranja sobre la mesita auxiliar junto con varios botellines vacíos de cerveza; sobre el respaldo del sofá había tirados varios pantalones de Peter, y los poyos de la cocina estaban salpicados de migajas y restos de mantequilla y trocitos de queso; una bolsa vacía de patatas fritas había sido abandonada con desidia junto al cubo de basura, que estaba lleno a rebosar.

—¡Simon! ¿Qué cojones ha pasado aquí? ¿Qué has hecho en todo el día?

Él puso cara de ofendido.

—¡He estado ocupado cuidando de tu hijo! Nosotros no hemos pasado el día comprando zapatos y paseando por la ciudad.

—Vale, pero ¿se puede saber qué has hecho exactamente? Podrías haber vaciado la basura, o haber metido los platos que habéis usado en el lavavajillas...

—¡Ya te he dicho que he estado cuidando de Peter! Le he preparado la comida. Además, te recuerdo que acabo de hacer un viaje y aún estoy afectado por el desfase horario. ¿Cuándo se supone que iba a tener tiempo de hacer todo lo demás mientras tú estabas por ahí, comprando zapatos? Por cierto, no sé por qué te quejas de que los niños te vuelven loca, porque Peter y yo nos lo hemos pasado de maravilla.

Sí, claro, no me cabe duda de eso. Simon había tenido que ocuparse de un solo niño y eso significa que no había habido discusiones, que no había tenido que evitar que se mataran entre sí porque uno había cometido la osadía de mirar al otro; lo único que había tenido que hacer mi marido era «cuidar» de Peter, quien apuesto a que estuvo conectado a una u otra maquinita electrónica desde que salí de casa esta mañana. Simon no ha estado intentando quitar mierda del retrete con el estropajo ni metiendo cinco cargas de ropa en la lavadora ni recogiendo piezas de Lego ni planchando, y todo ello mientras detienes discusiones y atiendes las constantes peticiones (que si quiero comer, que si bájame tal aplicación...), y responder a preguntas absurdas como por ejemplo quién sería el vencedor en una pelea entre un robot y un mono. ¡No me extraña que se lo hayan pasado genial y que todo el mundo crea ahora que Simon es el mejor papá del año! Y por supuesto que salir de compras con su adorada hijita ha sido una experiencia maravillosa, no veas lo bien que me lo estaba pasando mientras ella hacía añicos todas mis esperanzas y se negaba a posar para las fotos que quería colgar en Instagram con las etiquetas #diadechicas y #quesuertetengo (no solo eso, sino que encima me ha dado todo un sermón acusándome de estar violando sus derechos humanos al querer colgar fotos suyas en Internet sin su consentimiento).

Qué asco de vida. Bueno, al menos tengo los zapatos brillantes, aunque me da la impresión de que al perro no le han gustado demasiado.

Lunes, 29 de febrero

Dado que los hijos de Sam y los míos han decidido que son mejores amigos, Sophie y Toby han venido hoy a merendar. Tal y como suele suceder en mi casa, han acabado por ponerse perdidos; en esta ocasión parecía que ambos se habían echado encima un bote entero de salsa de tomate.

Para intentar apaciguar a Sam cuando vino a por sus hijos y se los encontró de semejante guisa, le ofrecí una copa de vino y, tal y como cabía esperar, al final nos terminamos la botella entera mientras él me contaba las últimas prodigiosas aseveraciones que han salido de boca de Mark. Uno puede explayarse a gusto contando lo que ha dicho su nuevo novio cuando el susodicho se llama Mark, pero yo no pude hacer nunca lo de mencionar al mío con ojos soñadores en cada conversación porque, cada vez que empezaba a decir «Simon dice...», mis amigos exclamaban de inmediato algo así como «¡Que te lleves las manos a la cabeza!». Vaya mierda de amigos. Pero Sam aún está en el séptimo cielo y bromea sobre cuál de los dos le propondría matrimonio al otro en un año bisiesto.

Cuando Sam se fue me sentía un poco mareadilla por la media botella de vino que me había tomado con el estómago vacío, así que decidí ser valiente de nuevo y echarle un vistazo a mi cuenta bancaria para disfrutar de la sensación de no estar en números rojos (aunque fuera por los pelos) y calcular la miseria que iba a quedarme después de que al día siguiente me cobraran varios recibos domiciliados.

Me quedé un poco perpleja al ver que había unas diez mil libras más de lo que esperaba. Eso es algo que no pasa nunca. No me extrañaría que hubiera diez mil menos, pero ¿diez mil más? Qué va, ni hablar. Entorné un poco los ojos para intentar aguzar la mirada mientras iba repasando las transacciones, hasta que al fin lo encontré: un ingreso de 10 003 libras procedente de los de la aplicación.

Aún seguía estando un poco borracha, pero sentí un atisbo de esperanza y me puse a revisar mi correo electrónico, todos esos mensajes que no me había molestado en abrir en el último par de meses porque me sentía incapaz de soportar la deprimente noticia de que siete personas más se habían bajado mi aplicación y, por tanto, tenía siete libras más en mi bolsillo.

¡Pues resulta que la habían comprado ni más ni menos que 14 290 personas! También tenía un correo de una de las páginas web a las que se la había enviado, en él me informaban de que iban a hablar de mi aplicación en uno de sus artículos y supongo que ese artículo es el motivo de que tanta gente la haya comprado.

¡Estaba atónita, y también eufórica! Simon iba a trabajar hasta tarde, así que no estaba allí para poder decidir juntos lo que íbamos a hacer con aquel dinero caído del cielo. ¿Disfrutar de unas vacaciones de ensueño?, ¿comprar veinte pares de Louboutin? ¿Diez pares de Louboutin y un fin de semana en París los dos solos, paseando de la mano junto al Sena, y una semana *en famille* en alguno de los complejos de Center Parcs?

Abrí otra botella para celebrarlo mientras le daba vueltas al asunto. Podríamos emplear el dinero en comprar un buen coche donde no hubiera un tufillo constante a manzanas podridas, aunque eso no servirá de mucho mientras los niños sigan viendo los coches como una especie de cubos de basura móviles.

Al final, con cierta renuencia (y aunque yo misma apenas me lo podía creer), teniendo en cuenta lo estresado y preocupado que ha estado Simon últimamente por el tema del dinero (y lo está más aún de lo habitual después de que la tarjeta de crédito sufriera semejante sacudida durante las Navidades), decidí usar el dinero para pagar la tarjeta; de hecho, con eso la deuda quedaría prácticamente saldada.

Decidí no decirle nada a él y dejar que fuera una agradable sorpresa; así, cuando vaya a comprobar cuál es el pago mínimo de este mes, se encontrará con que no debemos nada, y cuando me pregunte qué ha pasado yo podré contestar como si tal cosa: «Pues verás, cariño, ¿te acuerdas de la aplicación que creé y que según tú no iba a darme beneficio alguno y no era más que un sueño absurdo mío? ¡Pues mira por dónde gracias a ella hemos pagado la deuda de la tarjeta de crédito! Ah, y fíjate en lo frugal y prudente que he sido al gastar mi dinero en eso en vez de pulírmelo todo en zapatos de Louboutin, ¡QUE ERA LO QUE YO QUERÍA HACER! ¡Mira ahora a la boba de Ellen, la que no sabía manejar el dinero!». Y entonces podré sentirme muy satisfecha de mí misma, y él estará encantado al ver que hay una cosa menos sangrando nuestras finanzas, que siempre están al límite.

Impulsada por un exceso de vino tinto, transferí el dinero antes de que pudiera ocurrírseme una mejor idea y me convenciera a mí misma de gastármelo en algo más excitante.

Simon llegó a casa muerto de cansancio y, aunque rezongó por el hecho de que estuviera tan achispada un martes por la noche, tuve que reprimir las ganas de mirarle con una sonrisa de satisfacción y soltarle sin más lo que había hecho.

Me he dado cuenta de que si la aplicación ha generado tanto dinero en un par de meses, ¡es posible que genere un poco más! Puede que mi sensata y prudente decisión aún pueda verse recompensada con unas fabulosas vacaciones y unos zapatos espectaculares con los que apenas podré caminar. Me parece que puede decirse que estoy muy pero que muy satisfecha de mí misma esta noche, aunque es posible que lo esté menos cuando mañana me despierte con resaca y piense en todas las cosas increíbles que podría haber hecho con diez de los grandes.

MARZO

Viernes, 4 de marzo

Ni mu, nada de nada, ni chus ni mus. Eso es todo cuanto Simon ha tenido que decir esta semana sobre la increíble noticia de que la deuda de la tarjeta de crédito se ha pagado como por arte de magia. ¿Por qué no habrá dicho nada al respecto?, ¿será que no se ha dado cuenta? A lo mejor sí que se ha dado cuenta, pero ha dado por hecho que se trata de algún error informático y que ese será un problema más que le tocará solucionar porque su triste vida no tiene sentido sin dinero. Quizás tenga miedo a lo que yo pueda contestar si me pregunta cómo he pagado esa suma, igual cree que voy a decirle que he estado prostituyéndome o estafando a pobres ancianitas para robarles todos sus ahorros. Es una grosería por su parte no decir nada.

Por otra parte, lo cierto es que hoy ha pasado algo fuera de lo común. Mi coche estaba en el mecánico (¡ah, qué maravilla no tener la duda de si mi tarjeta de crédito será rechazada al ir a pagar!) y los niños iban a casa de Sam al salir del colegio porque se iban a quedar a dormir allí, así que Simon me llevó al trabajo. Mi intención era regresar después a casa en autobús, ahora que estamos en marzo y no voy a lloriquear por las lacrimógenas historias que he inventado sobre la gente que veo desde la planta superior del autobús al otro lado de las ventanas, y cuya vida imaginaria comparo con la mía.

Dado que no tenía que ir a por los niños, me quedé un par de horas más en el trabajo para no tener que aguantar a un montón de escolares en el autobús, pero al llegar a la parada estaba empezando a llover y, como aún faltaban quince minutos para que llegara el autobús, me dirigí a la pequeña galería de arte situada al otro lado de la calle donde venden un montón de cosas preciosas (ninguna de esas cosas está al alcance de mi bolsillo, pero también venden postales y esas sí que me las puedo permitir).

Decidí que, ya que tenía tiempo de sobra, podía aprovechar para curiosear un poco antes de empezar con el abastecimiento de postales, y estaba contemplando una estatua de bronce monísima de un lirón dormidito y pensando para mis adentros que no me gastaría 450 libras en algo tan pequeño ni aunque me sobraran cuando la única persona que estaba en la galería aparte de mí, un hombre muy corpulento, se me acercó y se detuvo a mi lado.

No me gusta que la gente se meta en mi espacio personal, ni siquiera me gusta que Simon esté demasiado cerca de mí en la cama a menos que haya un buen motivo para ello. A la hora de dormir cada uno tiene su lado de la cama, aunque él mantiene con obstinación que soy yo quien no me quedo en mi lado e intenta adueñarse también del mío. Me parece algo de lo más razonable por mi parte, pero, dado que ni siquiera me gusta que el padre de mis hijos invada mi espacio personal, que lo haga un desconocido me molesta de verdad.

Este hombre tenía la galería entera para él, ¿por qué estaba arrimándose tanto a mí y a mi carísimo lirón? Parecía una persona muy respetable, pero recordé aquella vez que estaba en el metro con Simon y en el vagón había un tipo con pinta de rufián de aviesas intenciones, y apreté el bolso contra mí con fuerza y le dije entre dientes a Simon que tuviera cuidado con su billetera porque No Me Gustaba la Pinta del hombre de aviesas intenciones, quien no tardamos en descubrir que era un agente de policía encubierto cuando agarró a un tipo trajeado de lo más elegante y le esposó por robarle el bolso a una señora.

No iba a jugármela con el desconocido de la galería. Me dispuse a apartarme, pero antes me volví hacia él y le lancé una mirada fulminante que habría enorgullecido al mismísimo oso Paddington.

En vez de avergonzarse y alejarse, que era lo que se suponía que debía hacer y lo que haría cualquier británico como Dios manda, se quedó parado y su rostro se iluminó con una enorme sonrisa. Dios mío, pensé, voy a tener que ser amable con un turista y lo más probable es que pierda mi autobús intentando decirle cómo llegar a algún sitio porque soy demasiado británica como para no hacerlo, y hoy es viernes y los niños no están y lo único que quiero hacer es llegar a casa y darme un baño (con una ginebra enorme que me ayude a no pensar en lo que mi cuñada habrá hecho en mi bañera), y ponerme entonces el pijama y comer patatas fritas frente a la televisión. Joder, tengo ante mí una noche de viernes en la que los niños no están en casa y ¿eso es todo lo que ambiciono? ¡Estoy convirtiéndome en Simon! Mierda, el desconocido está diciéndome algo.

—¡Ellen Green! Ya me parecía a mí que eras tú, y reconocería en cualquier parte esa mirada de «por favor, lárgate y déjame en paz».

—¿Charlie? ¡Madre mía! ¡Charlie! ¿Qué haces aquí?

Charlie Carhill. No había pensado en él en cerca de veinte años. Corrección: me había negado a pensar en él en todo ese tiempo. Le traté fatal y me había sentido avergonzada de mi propio comportamiento desde entonces, así que metí todo lo relacionado con él en una cajita que guardé en el fondo de mi mente y no pensé más en él porque cuando lo hacía me sentía muy incómoda conmigo misma. Y allí estaba ahora, parado frente a mí, y la verdad es que se le veía bastante atractivo y, aunque me parecía increíble teniendo en cuenta lo que pasó entre nosotros, parecía alegrarse de verme.

Antes de darme cuenta estaba dándome un enorme abrazo de oso, y entonces me soltó y exclamó sonriente:

—¡No me lo puedo creer! ¡Cuánto me alegro de verte!

Eso bastó para que recordara lo buena persona que es, lo auténtico que es y el hecho de que nunca guarda rencor, jamás.

—Yo también me alegro muchísimo de verte, pero ¿qué estás haciendo aquí?

—Trabajo en el hospital que hay en esta calle, el St. Catherine's.

—¡Ah, claro, eres médico! Y trabajas en el St. Catherine's, ¡qué bien!

Las palabras aún no habían terminado de salir de mi boca y ya estaba pensando: «¡Pues claro que es médico, idiota! ¿Qué creías?, ¿que en estos veinte años siguió siendo un estudiante de medicina tímido y torpe porque así era cuando cerraste la cajita en tu mente y decidiste que no ibas a volver a pensar nunca más en Charlie Carhill?».

—Sí, no llevo mucho tiempo aquí, pero ¡Ellen Green! ¡Aún me cuesta creer que seas tú! —exclamó, con una sonrisa de oreja a oreja.

—Ahora me apellido Russell. Y soy yo, te lo aseguro.

Lo dije en un tono un poco más cortante de lo necesario, pero él no se amilanó.

—¿Estás ocupada? ¿Tienes que ir a alguna parte o tienes tiempo para ir a tomar algo?

Y como lo cierto es que me alegraba de verle, y estaba molesta conmigo misma por haber sido brusca al cabo de unos treinta segundos de volver a coincidir con él y también porque, al fin y al cabo, era viernes *pasotil*, le dije que sí y fui a tomar una copa con él, y después me tomé otra, y al final llegué a casa un poquitín borracha y bastante más tarde de lo que tenía planeado.

Encontré a Simon en la cocina, leyendo una revista y bebiendo vino. Le había mandado un mensaje de texto para avisarle de que había decidido ir a tomar una copa, pero eso era todo cuanto le había dicho.

—¿Lo has pasado bien? —me preguntó.

Abrí la boca para decirle: «¡Dios mío, Simon, ni te imaginas a quién me he encontrado! ¡Ahora vengo de tomarme unas copas con él!», pero, por alguna extraña razón, me limité a decir:

—Sí, no ha estado mal. Lo normal. —Me encogí de hombros como diciendo que habían sido unas copas un viernes por la noche con los compañeros del trabajo, nada fuera de lo común.

Tenía intención de decirle a Simon que había coincidido con Charlie. Durante todo el trayecto de vuelta a casa había estado pensando en lo que iba a decir; iba a comentar que había sido una coincidencia sorprendente y lo genial que había sido volver a verle, pero en el último momento no lo hice.

Puede que no lo hiciera porque Simon no había llegado a conocerle y la idea de intentar explicarle quién era, dónde había encajado exactamente, me habría recordado a su vez mi propio comportamiento hacia Charlie, y eso era algo de lo que prefería olvidarme. No, no quería pensar en ello esa noche, cuando estaba claro que Charlie me había perdonado por ser una arpía de mierda.

—¡Oye, hoy es viernes *pasotil* y no hay niños en casa! —me dijo Simon—. ¿Quieres que salgamos a tomar una copa? Si no has cenado, podríamos ir a comer algo.

Qué inusual en él, estar dispuesto a salir voluntariamente al mundo repleto de gente. Habría sido grosero por mi parte negarme a pesar de que estaba deseando quitarme el sujetador, así que salimos y cenamos pasta y bebimos más vino, e incluso nos tomamos de la mano y, no sé por qué, pero no encontré un momento oportuno para decirle que me había encontrado a Charlie.

Sábado, 5 de marzo

Se suponía que Sam iba a presentarnos a Mark oficialmente a Hannah y a mí. Intenté convencer a Simon de que lo mejor sería pedirle a la hija mayor de los Baxter, los vecinos del número 34, que viniera a hacer de niñera para que él pudiera venir también, pero parece ser que salir dos noches seguidas era demasiado para que alguien de tan avanzada edad como él se lo planteara siquiera y, por lo tanto, argumentó que sentía la necesidad imperiosa de tumbarse en el sofá y ver *Joyas sobre ruedas* bien abrigadito con su jersey de lana más viejo.

—Debes tener en cuenta que ahora soy viejo y decrépito, cariño, mientras que tú sigues siendo una mujer en su plenitud.

—No me vengas con gilipolleces, cariño, porque solo tienes un año más que yo. Por cierto, ¿qué quiere decir esa bobada de «una mujer en su plenitud»? Haces que parezca la señorita Brodie.

—Mmm... —murmuró, mientras intentaba agarrarme y en sus ojos aparecía esa mirada tan especial—. ¿No era un poco facilona?

—¡Suéltame! ¡Si no vas a venir, voy a llegar tarde!

Pero mira por dónde al final Mark no había podido venir a conocernos porque había pillado un norovirus.

—Me he ofrecido a quedarme cuidándolo —nos contó Sam, todo un dechado de nobleza—. Menos mal que me ha dicho que no, porque no se me da demasiado bien lidiar con enfermos. El pobrecillo tenía un aspecto horrible.

—Puede que la idea de conocernos a nosotras le haya descompuesto —dijo Hannah.

Yo solté una carcajada de bruja malvada y exclamé:

—¡Sí, nuestra reputación nos precede!

La verdad es que estoy bastante segura de que en realidad no es así. Sí, estoy casi segura de que nunca he hecho nada inapropiado delante de Alison, la hermana de Mark, a menos que los hijos de esta le hayan ido con el cuento de algo que hayan hecho mis adorados querubines...; aunque Oscar, el hijo mayor, es un héroe para Peter porque parece ser que en una ocasión hizo una caca tan enorme que las cañerías del colegio entero quedaron obstruidas.

—Espero que se mejore pronto —añadí con la debida corrección, antes de pasar al siguiente chisme de la noche y pedirle a Hannah que adivinara a quién me había encontrado el día anterior—. ¡No, él no! Claro que no era ella, ¿crees que me alegraría de verla? ¡Venga, tienes que adivinarlo! ¡No podrás adivinarlo jamás!

—A ver, si no voy a adivinarlo, ¿para qué me pides que lo haga?

—¡Por Dios, qué mal se te da esto! Vale, voy a decírtelo. ¡Charlie! ¡Charlie Carhill! Qué coincidencia tan extraña, ¿verdad?

A mi amiga le cambió el semblante al oír aquello.

—¿Que saliste con Charlie Carhill? ¿Se puede saber qué estás haciendo, Ellen?

—No salí con él. Yo estaba en la galería de arte de High Street, dio la coincidencia de que él también estaba allí y me reconoció, se acercó a saludarme y fuimos a tomar una copa.

—Una copa. ¿Los dos solos? Por el amor de Dios, de verdad que no te entiendo. ¿Acaso no puedes dejarle en paz? ¿Qué va a pasar ahora?, ¿vas a empezar a jugar con él otra vez? ¿No te parece que ya le hiciste bastante daño en su momento?

Me espetó esa última frase con tanta mala hostia desde el otro lado de la mesa que me eché hacia atrás de forma instintiva.

—Hannah, llevaba casi veinte años sin verle. Puedo ir a tomar una copa con él si me apetece y no es asunto tuyo si lo hago. Te lo he contado porque creía que te interesaría saber que me lo encontré, y que te gustaría saber qué ha estado haciendo desde que terminó la universidad. ¿Te queda claro?

Los ojos de Sam habían ido abriéndose como platos durante este intercambio de palabras. Al final fue incapaz de seguir conteniéndose y exclamó, poco menos que dando saltitos en la silla:

—¿¿¿QuiénesCharlieCarhillyquéestápasandoyquéfueloquehizoEllen???

—¡Le rompió el corazón! —contestó Hannah.

—¡Eso no es verdad! —protesté yo con indignación—. No le hice daño a propósito. Yo no tenía la culpa de lo que él sentía por mí, ni de no sentir lo mismo por él.

—Sí, claro, ahora resulta que tú no tuviste la culpa de nada, ¿verdad? No tuviste la culpa de estar dándole falsas esperanzas durante dos años dejando que creyera que quizás, solo quizás, podría tener alguna posibilidad contigo, ni de acostarte al final con él... Por cierto, nunca llegué a entender por qué lo hiciste... Y a la noche

231

siguiente ahí estaba el pobre Charlie, creyendo que por fin tenía algo contigo, pero tú le dejaste plantado y te largaste con Simon. ¡Él te vio, Ellen! ¡Te vio saliendo del Pear Tree con Simon! Y entonces, por si fuera poco, le tuviste en vilo otro jodido año más, le llamabas cada vez que discutías con Simon para contarle tus penas al bueno de Charlie, así que siempre albergaba la esperanza de que Simon y tú estuvierais a punto de cortar y de tener por fin la oportunidad de conquistarte. Te portaste fatal con él, Ellen. Y me dejaste a mí la tarea de intentar salvar lo que se pudiera del naufragio.

—¡Vaya, vaya, Ellen! ¡Vaya zorrita que estabas hecha! —exclamó Sam—. ¡Dos hombres en dos noches seguidas! Y tenías al tipo ese de repuesto mientras salías con Simon, ¿eh? ¡Chica mala!

—¡Cállate, Sam! —dijimos Hannah y yo al unísono.

Él chasqueó la lengua y rezongó:

—¡Solo estoy intentando ayudar!

—¿Qué quieres decir con eso de que tuviste que «intentar salvar lo que se pudiera del naufragio»?, apenas conocías a Charlie —le dije, incrédula ante aquella furia tan inesperada.

—Sí que le conocía. Yo estaba presente cuando le conociste aquella noche durante la semana de los novatos; estaba contigo en los comedores a la hora de la cena cada noche durante nuestro primer año de universidad, y Charlie también y, cuando no te molestabas en aparecer porque habías recibido una oferta mejor, él y yo cenábamos juntos. Cuando decidiste destrozarle la vida a Charlie por capricho, fue a mí a quien le contó sus penas. Seguramente le conocía mucho mejor que tú porque no te molestaste nunca en hablar con él de sus cosas, cuando estabais juntos solo hablabas de ti misma. ¡Le trataste como si fuera una especie de perro faldero! De hecho, te he visto con tu perro y puedo afirmar que con Charlie no fuiste tan considerada como lo eres con él.

Eso me escoció. La verdad es que la devoción inquebrantable de Charlie había guardado cierta similitud con la actitud de un perro fiel, y que yo había disfrutado bastante con eso aunque a veces me costara reprimir las ganas de rascarle detrás de las orejas, preguntarle si era un buen chico o acariciarle la barriguita. Pero no me sentía orgullosa de ello.

—¡No le destrocé la vida por capricho! —La culpabilidad que seguía carcomiéndome por cómo me había portado con él hizo que reaccionara con furia ante las acusaciones de Hannah—. Además, ¡eso fue hace dieciocho años! ¿Por qué te indigna tanto de repente la idea de que él y yo fuéramos a tomar una copa? Nunca me contaste nada de todo esto en su momento, ¡y no entiendo qué cojones tiene que ver esto contigo ahora!

—En aquel entonces apenas te veía, Ellen —me contestó ella con aspereza—. Cuando empezaste a salir con Simon estabas tan centrada en él que no tenías tiempo para nadie más, a menos que quisieras algo de esa persona. De Charlie, por ejemplo, lo que querías era que te hiciera sentirte adorada y venerada cada vez que discutías con Simon.

—Pero todo lo demás... lo buenos amigos que erais Charlie y tú, lo reprobable que te parecía mi actitud... nunca me dijiste nada al respecto. Y yo no le di falsas esperanzas, de verdad que no. Él me caía bien, pero no sentía lo mismo que él sentía por mí.

—¿Puede saberse entonces por qué te acostaste con él si no tenías intención de ir más allá? ¿Si no estabas dándole falsas esperanzas, por qué lo hiciste? Y no fue un polvo sin más, ¿verdad? Fuiste la primera chica con la que estuvo. Seguro que sabías lo que eso significaba para él, pero después te burlaste de él hablando conmigo. Te burlaste del pobre y virginal Charlie, de que le sudaban las manos y no sabía quitarte el sujetador. «Charlie el torpe», creo que así fue como le llamaste.

—¡Vaya, vaya, Ellen! ¡Tú lo desvirgaste, zorrita sin corazón!

—¡Cállate, Sam! —exclamamos nosotras al unísono.

—No sé por qué me acosté con él sabiendo que la cosa no iba a ir más allá —admití—. Me acosté con un montón de chicos sabiendo que ninguno de ellos iba a ser el amor de mi vida. Y que conste que no tenía ni idea de que Charlie no lo había hecho nunca, para cuando me di cuenta ya estábamos en la cama. ¿Qué se suponía que debía decirle: «Lo siento, colega, vuelve cuando te hayas estrenado»? ¿Crees que eso habría sido mejor?, ¿tendría que haberle dicho que no iba a tirármelo porque iba a hacerlo fatal? ¡ESTABA BORRACHA, JODER! Pensaba que estaba haciendo una buena obra, que... no sé, que si me acostaba con él igual se le quitaba el encaprichamiento, superaba lo que sentía por mí y se buscaba una buena chica. Y tú eres la única con la que hablé acerca de lo que pasó, porque creía que nos lo contábamos todo, pero ya veo que me equivocaba. No sabía que te ofendiera tanto mi mal gusto, porque te partías de risa cuando te contaba otros polvos desastrosos... como lo del ingeniero aquel que guardaba los condones en la funda de la calculadora. ¡No tenía ni idea de que Charlie fuera un caso especial y nuestra unión tan jodidamente sagrada! ¡No sabes cuánto siento ser una zorra y no ser más como tú!

—¿No ser como Hannah, la monjita frígida? —La voz le temblaba terriblemente—. No ser como yo, la pobrecita de Hannah, la que no se tiraba ni a la piscina.

—No —dije con un pesaroso suspiro—. No ser como tú, en el sentido de que yo era una jodida zorra; no ser como tú, en el sentido de que yo era una persona capaz de acostarse con alguien porque le parecía que sería una grosería no hacerlo; no ser como tú, en el sentido de que yo era una persona horrible que carecía del amor propio y la seguridad en ti misma que tú tenías.

—¡No digas tonterías, Ellen! ¡Eras tú la que tenía seguridad en sí misma, y sigues siéndolo! Tú eras con quien todo el mundo quería hablar, salir, entablar amistad, y yo no era más que alguien que estaba a tu sombra. ¡Ojalá tuviera aunque fuera una pizca de tu seguridad en ti misma! Fue de ti de quien se enamoró el gran Simon Russell, cuando medio Edimburgo se moría por sus huesos; eras tú quien tenía a Charlie besando el suelo por donde pisabas, ¡ERAS TÚ! Si yo no tenía novio no era porque estuviera llena de amor propio y seguridad en mí misma, sino por lo tímida y nerviosa que era; de no haber sido tu amiga, seguro que a estas alturas sería una vieja solterona chalada, viviría sola en un sótano con diecisiete gatos y no tendría ni un solo amigo. Yo no era más que la sombra que seguía tus pasos, tan solo le caía bien a la gente porque era tu amiga.

—¡Yo no tenía ninguna seguridad en mí misma!, ¡estaba aterrada! Me odiaba a mí misma. Cuando tenía que entrar en una sala llena de gente lo pasaba fatal y tú siempre insistías en que yo entrara primero, en que fuera la primera en entablar alguna conversación. ¿Sabes cómo lo conseguía? Fingiendo que era Jessica. Dejaba de ser yo y me metamorfoseaba en mi fabulosa, inteligente y segura de sí misma hermana mayor. ¡Me habría gustado ser como tú, reservada e independiente, y tener la valentía de ser yo misma en vez de ser una copia falsa, estridente y exagerada de mi jodida hermana!

Hannah y yo nos miramos en silencio. Sam abrió la boca, pero se lo pensó mejor y volvió a cerrarla de nuevo; al cabo de unos segundos, ella soltó un sonoro suspiro.

—Da la impresión de que la imagen que tenemos de nosotras mismas es muy distinta a la forma en que nos ven los demás —comentó.

—Sí, es verdad. Y me porté fatal con Charlie, lo admito, pero no entiendo por qué eso te afecta tanto ahora, cuando en su momento no te importó.

—Es que no quiero que vuelvas a hacerle daño, estuviste a punto de destruirle.

—Pero ¿por qué te importa tanto el dichoso Charlie Carhill?, ¿por qué te ha cabreado tanto el hecho de que fuera a tomar una copa con él? Hacía años que tú y yo no discutíamos, Hannah, y acabamos de hacerlo por él... Espera un momento... ¡Madre mía! ¡No me digas que sentías algo por él! ¿Por eso te molesta tanto que fuéramos a tomar algo?

Mi amiga siempre se ha ruborizado a lo bestia, y en este caso estaba roja como un tomate; el color era tan intenso que prácticamente podía verse pulsando por las venas que le surcaban la frente.

—¡NO! ¡Entre él y yo no había nada!

—¿Ah, no? ¿Puede saberse entonces por qué estás tan roja?

—Empecé a atar cabos—. ¡Ah, claro! Él te gustaba, querías que fuera tu novio. ¿Por qué no me dijiste nada? Dios, ya sé que era una idiota en aquel entonces, pero de haber sabido que te gustaba jamás me lo habría tirado, no habría querido saber nada más de él.

—No solo me gustaba, lo que sentía iba un poco más allá —admitió ella con tristeza—. Pero Charlie estaba loco por ti. Yo no quería tenerlo porque tú lo hubieras descartado, sabiendo que tan solo estaba conmigo porque no podía tenerte y no le quedaba más remedio que conformarse con tu segundona. Deseaba que estuviera conmigo porque realmente me quisiera a mí. Tenía la esperanza de que, si era su amiga, empezara a preferirme tarde o temprano, pero entonces te acostaste con él. Y al día siguiente quedaste con él para tomar una copa por la noche, y por una vez en tu miserable vida llegaste pronto y te pusiste a hablar con Simon, y cuando él estaba entrando por una puerta vosotros dos estabais saliendo por la otra y Simon te rodeaba con un brazo. Y Charlie se quedó destrozado, pero cuando quedó claro que Simon y tú ibais muy en serio pensé que se olvidaría de ti. El problema fue que tú no le dejabas en paz. Que si vamos a tomar una copa, que si vamos al cine, que si vamos a dar un paseo por Holyrood Park... Cada vez que necesitabas que te levantaran la moral echabas mano del bueno de Charlie, ¿cómo iba a poder olvidarse de ti? Así que le dije que merecía a alguien mejor, que tenía que cortar por lo sano, y eso fue lo que te dijo cuando volvisteis a veros. ¿Te acuerdas?

Sí, claro que me acordaba. Me acordaba muy bien. Charlie sentado frente a mí, tomándome la mano y diciendo lo siguiente: «No puedo más con esto. Te quiero muchísimo, y no soporto estar contigo y saber que tú estás con otro. Creo que será mejor que no vuelva a verte, no puedo ser tu amigo y nada más». Y entonces se puso en pie, me dio un suave beso en la boca y añadió: «Adiós, Ellen». Dio media vuelta y se alejó sin volver la vista atrás ni una sola vez.

Sam soltó un teatral sollozo y se secó las lágrimas.

—Entonces, cuando cortó por lo sano contigo, yo pensé que por fin me vería como algo más que una amiga —siguió diciendo Hannah—, pero no fue así. Para él seguí siendo lo mismo de antes, una extensión de ti, y tampoco quería verme porque le recordaba a ti. Así que tuve que aceptar que nunca iba a tener nada con él y empecé a salir con Eddie, y Charlie empezó a salir con aquella horrible estudiante de derecho que llevaba tres años detrás de él...

—¡Rachel la Repulsiva! —apostillé yo—. Sí, se casó con esa arpía espantosa... ¡pero están divorciados! —añadí aquello a toda prisa al ver el mohín de preocupación de mi amiga—. Supongo que era una tipa insoportable, aunque eso ya se lo podríamos haber advertido nosotras a Charlie desde un principio. En cualquier caso, no me puedo creer que no me dijeras nada de todo esto en aquel entonces.

—¡Y yo no me puedo creer que tú no me dijeras que fingías que eras Jessica para poder acercarte a hablar con la gente!

—Creía que lo sabías.

—No, siempre pensé que esa era tu forma de ser. Yo misma a veces finjo que soy tú cuando tengo que hablar con un grupo de desconocidos. En el primer día de escuela de Emily, al ver a todas esas madres en el patio, pensé en lo que harías tú y entonces entré como si tuviera toda la seguridad del mundo y charlé con ellas como lo harías tú.

—¡Ja!, ¡ahí te equivocas! —dijo Sam, con una sonrisita burlona—. Ellen no habla con casi ninguna de ellas, no le caen bien.

—¡CÁLLATE, SAM!

—En fin —dijo Hannah—, lo siento. Tienes razón, mi reacción ha sido exagerada. Es que me ha pillado por sorpresa enterarme de que le has visto, eso es todo.

—Yo también lo siento. Y tienes razón, me porté fatal con él. Siempre me he sentido culpable por eso. Aunque no sabía que me hubiera visto con Simon aquella noche, nunca me dijo nada al respecto.

—Bueno, supongo que ahora todo eso ya es agua pasada —Hannah empezó a calmarse y no pudo reprimir su curiosidad—.

¿Cómo está? Me cuesta creer que se casara con Rachel la Repulsiva, ¿le dio la lata hasta que el pobre no pudo más y cedió?

—¿PUEDO HABLAR YA? —refunfuñó Sam—, ¿o vais a hacerme callar otra vez? ¡Podría haber mediado entre las dos si me hubierais dejado! Habríamos podido ser como una especie de *minishow* de Jeremy Kyle en versión clase media, aunque está claro que yo soy mucho más guapo que él. Podríamos volver a hacerlo, pero esta vez como Dios manda y yo os iría dando el turno de palabra.

—¡Cállate, Sam! —en esa ocasión lo dijimos de buen rollo.

—¡Venga ya! Si no dejáis que haga de Jeremy Kyle, me aburro del rollo este de sincerarse y hablar del pasado. A ver, en resumen: Ellen era un poco zorrilla; Charlie *Comosellame* era una especie de santo que follaba fatal, y Hannah necesita echar un polvo. Ve a Facebook, cielo, y envíale al tal Charlie una solicitud de amistad, a ver lo que pasa. Han pasado dieciocho años, ya habrá superado lo de Ellen; por lo que decís, su mujer no era una maravilla precisamente, y a estas alturas ha tenido tiempo de sobra de practicar lo de quitar sujetadores con sus manos sudorosas. Venga, Hannah, tírate a la piscina... o al tal Charlie. ¡Ja, qué ocurrente soy! Bueno, ¿sabéis qué nos vendría bien ahora? ¡Unos tequilas!

Varios tequilas después, Hannah preguntó arrastrando las palabras:

—*Stoy* pensando en *Jesca*.

—¿Qué? —dije yo.

—*Jesca*. ¿Quién crees que finge ser?

—No *lacefalta* fingir, ¡da miedito!

—¡Noooooo! —insistió mi amiga—. Yo finjo ser tú, tú finges ser *Jesca*, ¿y ella? ¡Apuesto a que *tambén* finge *ques* alguien!

Yo reflexioné al respecto antes de dar mi veredicto.

—¡*Jesca* finge *ques* la Reina!

Sam se desternilló de risa hasta el punto de caerse del asiento.

—¡Yo *tambén* finjo *quesoy* la Reina! —Se le escapó un hipido—. Hoy no, claro. La Reina no se caería de la *shilla*. Bueno, del trono.

Para mí no supondría problema alguno que Hannah tuviera una relación con Charlie, los dos son buenas personas que merecen ser felices. Tan solo olvidé mencionar que él me había dado su teléfono porque estaba muy borracha; de hecho, voy a ser virtuosa y repararé los errores del pasado enviándole a Charlie un mensaje de texto con el número de móvil de mi amiga, y le sugeriré como quien no quiere la cosa que la llame. Sí, eso es lo que haré. Pero lo haré después, ahora estoy un poquitín ocupada emborrachándome.

Domingo, 6 de marzo. Día de la Madre

El Día de la Madre con resaca no es algo recomendable precisamente. Los niños me despertaron temprano para darme sus tarjetas y sus regalos; las primeras estaban cubiertas de purpurina y los segundos eran unos bultos inidentificables cubiertos de purpurina. Mi cama está cubierta de purpurina.

—¡Mi regalo es una caca! —me explicó Peter con orgullo.

—Qué bien, cielo —contesté con una débil sonrisa.

Me pregunté si había hecho una caca de arcilla en el colegio, lo que ya sería malo de por sí, o si se había limitado a secar una de las suyas y la había espolvoreado con purpurina. Con Peter nunca se sabe.

—¡El tuyo también es muy bonito, Jane! Es un... eh... es...

—Una cosa con purpurina. La profesora dijo que todos teníamos que hacer algo. ¿Preparamos ya el desayuno?

—¡Sí, por favor! ¡Qué hambre tengo! ¿Voy con vosotros y os ayudo?

—¡NO! Es el Día de la Madre, vamos a traerte el desayuno a la cama.

—¡Qué bien, mis cielos! ¡Qué lujo!

Cuando los niños bajaron rumbo a la cocina, le di una patadita a Simon.

—Ve a supervisarlos.

—¿Qué? ¿Por qué?

—Porque se trata de nuestros hijos, cariño. ¿Acaso no los conoces? Están sueltos en un lugar que contiene cuchillos afilados y objetos inflamables. Mira, cielo, tengo un poquitín de resaca…

—¡Tú misma te la buscaste, así que no me das ninguna lástima!

—No quiero pasar el resto del día viéndome obligada a explicarles a las televisiones y a Servicios Sociales cómo fue que mis adorables hijitos se apuñalaron el uno al otro y/o se prendieron fuego mutuamente. Así que, por favor te lo pido, baja a supervisarlos. Anda, hazlo por mí.

—¡Pero es que van a tardar un montón! —protestó—. Yo creía que íbamos a aprovechar que están ocupados para…

—¡NO! ¡NI HABLAR! ¡Nada de sexo! ¿Cómo voy a concentrarme en eso si no puedo quitarme de la cabeza que los dos frutos de mis entrañas van a matarse en una horrible pelea sobre quién casca los huevos sobre el poyo de la cocina porque se supone que van a preparar huevos revueltos? ¡Ve a echarles un ojo, POR FAVOR! Te prometo que después te compensaré por ello… Ya verás, cielo, te espera un ratito calentito…

—Por el amor de Dios, Ellen, te pido que no lo llames así, lo de «ratito calentito» es una expresión muy poco atractiva —me dijo mientras se levantaba al fin de la cama—. ¿Has visto mis pantuflas?

Yo me senté como un resorte y lo miré horrorizada.

—¡Dios mío! ¿Desde cuándo usas pantuflas? ¡Mira quién fue a hablar de cosas poco atractivas! Lo que yo he dicho no tiene ni comparación con el hecho de llevar pantuflas, solo te falta ponerte una chaqueta de punto de esas que tienen parches de cuero en los codos y deambular por ahí ofreciéndoles Werther's Originals a pobres críos incautos. ¡PANTUFLAS!

—Es que los pies se me enfrían —protestó.

Me tumbé de nuevo en la cama. Seguía sin poder creerme lo de las pantuflas.

El desayuno habría sido una dura prueba en el mejor de los

casos, pero lograr comerme unos huevos revueltos medio hechos (sazonados con unos buenos pedazos de cáscara) acompañados de tostadas quemadas y leche tibia manchada de té, todo ello con una resaca provocada por el tequila, es la mayor demostración que haya habido jamás de la fuerza del amor de una madre.

El resto del día pasó sin sobresaltos. Después de dejar la cocina patas arriba, Peter y Jane perdieron todo interés en el tema del Día de la Madre, y yo cumplí con mi deber llamando a la mía y escuchándola quejarse de que por qué no había recibido una postal de parte de mis hijos aparte de la mía (tuve que morderme la lengua para aguantar las ganas de gritarle: «¡Porque no son tus hijos, joder!»); después pasé veinte minutos más oyéndola ensalzar las virtudes de la maravillosa Jessica y sus maravillosos retoños, y durante el resto del día estuve dándole la lata a Simon para que llamara a su madre.

Al final no tuve ocasión de mandarle el mensaje a Charlie con el número de teléfono de Hannah, pero voy a hacerlo en cuanto pueda; por cierto, él me mandó una solicitud de amistad por Facebook, habría sido una grosería por mi parte no aceptar.

Sábado, 12 de marzo

Todos los fines de semana, todos sin excepción, estoy decidida a que las cosas cambien. Sí, las cosas van a ser distintas; vamos a ser una familia feliz, llena de amor y armonía, y vamos a pasar juntos unas maravillosas horas dignas de quedar documentadas en Instagram con unas etiquetas debidamente almibaradas. Cada semana creo que el fin de semana transcurrirá de la siguiente forma:

Sábado

08:00: Despertar, salir de la cama bien descansada y lista para empezar la jornada pletórica de energía renovada; despierto a mis queridos hijitos, que bostezan y se estiran y se levantan adormilados y que están adorables con sus pijamas de White Company.

08:30: Nos sentamos todos juntos a la mesa, charlamos con animación sobre los planes que tenemos para la jornada. Simon tiene el pelo revuelto y una barba incipiente y se le ve muy sexi, esta mañana ya hemos echado un polvo antes de levantarnos. Disfrutamos de un buen desayuno que consiste en cruasanes, zumo de naranja y café mientras leemos los periódicos y conversamos sobre temas de actualidad con los niños, que muestran mucho interés y participan activamente en la conversación.

10:00: Al emerger de un relajante baño encuentro a Simon afeitado y vestido con ropa de punto que demuestra un gusto exquisito. Los niños ya están listos también, los cuatro parecemos sacados de un pretencioso catálogo de ropa para gente de clase media.

12:00: Los niños me ayudan a preparar una deliciosa comida, hoy hemos optado por una sopa bien sana y pan casero. Ellos se lo comen todo encantados entre exclamaciones de lo bueno que está.

14:00: Salimos los cuatro juntos a dar un paseo por el bosque; la salida finaliza en un rústico *pub* donde los niños logran hacer sonreír al tosco tabernero, cuyo corazón se conmueve ante su infantil y sincera alegría, y el hombre aprende a amar de nuevo. El perro permanece tranquilamente tumbado a nuestros pies.

17:00: Simon se ofrece a preparar la cena, yo disfruto de una copa de vino mientras leo una novela que me tiene muy enganchada y que está destinada a intelectuales con deseos de cultivarse.

20:00: Vemos una peli clásica los cuatro juntos. Los niños hacen comentarios interesantes y pertinentes sobre la trama antes de irse a dormir.

22:00: Simon y yo disfrutamos juntos de una última copa de vino mientras charlamos sobre arte y política, y entonces subimos a acostarnos y echamos otro polvo.

Domingo: más o menos igual que el sábado, con la diferencia de que los niños se acuestan un poco más temprano porque al día siguiente quieren ir bien descansados al cole.

Lo que sucede en realidad es lo siguiente:

Sábado

09:00: Salgo de la cama a trompicones y un poco resacosa, me gustaría dormir un poco más pero me levanto para eludir las insinuaciones cada vez más claras de Simon. Encuentro a Peter en la sala de estar jugando a un videojuego que por la pinta que tiene no parece nada apropiado para su edad, por alguna razón que prefiero ni saber tan solo lleva puestos los pantalones del pijama. Descubro que Jane se levantó hace rato, bajó a por su iPad y regresó a la cama, donde en este momento está viendo videos de animalitos en YouTube. Rezo para que no se le haya ocurrido buscar algo así como «conejitos peludos» en Google.

10:00: Me desgañito gritándoles a todos que dejen de discutir y desayunen algo de una jodida vez. Simon se rasca las pelotas en la mesa del desayuno y Peter le imita y Jane les grita que son asquerosos y le lanza la cuchara a su hermano; este le lanza la suya a su vez, pero, no contento con eso, le lanza entonces su plato de cereales con leche, pero el lanzamiento sale desviado y acaba dejando perdido al perro. Mando a los niños a sus respectivas habitaciones, ellos se quejan a pleno pulmón de que no es justo y de que todavía tienen hambre; limpio el desastre, le doy un baño al perro.

12:00: Me dispongo a preparar una deliciosa y saludable comida, y me encuentro a Peter en la cocina engullendo rollitos de salchicha a toda velocidad. Le grito que pare, y él se lleva tal sobresalto que se atraganta; realizo la maniobra de Heimlich mientras Jane pregunta una y otra vez si puede quedarse con la habitación de su hermano en caso de que este fallezca.

14:00: Grito y doy la lata hasta que los demás acceden a salir a dar un paseo. Insisto en que Simon nos lleve a algún lugar adecuado para disfrutar de un encantador paseo campestre, no estoy dispuesta a conducir porque es insoportable como copiloto; la última vez que me puse al volante con él al lado, al final hice una parada de emergencia y le saqué a patadas del coche en medio de la calle porque estaba harta de los comentarios que hacía constantemente para «ayudarme», y también de verle mover el pie como pisando un freno imaginario. Los niños siguen discutiendo durante todo el trayecto, Jane atormenta a Peter diciéndole lo que piensa hacer con sus cosas en caso de que él muera.

Los niños siguen discutiendo, el perro se larga corriendo, Simon se ha puesto su jersey de lana más viejo y raído para fastidiarme; Jane lanza a Peter al río de un empujón para lograr su objetivo de acabar con él; encontramos un *pub* donde los niños podrán tomarse un chocolate calentito; el tabernero nos dice que no se admiten perros, así que no tenemos más remedio que sentarnos fuera; Peter dice que está muriendo de hipotermia, Jane parece esperanzada al oír eso; Simon no deja de quejarse porque estoy tomándome una copa de vino y él tiene que conducir.

17:00: Me niego a preparar la cena y me declaro en huelga; anuncio que vamos a pedir comida a domicilio, se desata la tercera guerra mundial a la hora de decidir lo que vamos a cenar; me niego a llamar a la vez a la pizzería, al restaurante hindú y al chino, me decido por la segunda opción. Bebo más vino.

20:00: Todo el mundo está retrepado en un asiento, contemplando con semblante ausente y ojos vidriosos algún aparato electrónico; propongo que veamos una película; me dicen que las películas son aburridas y una gilipollez; me rindo, bebo vino.

22:00: Me acuerdo de que los niños aún siguen despiertos, les grito que suban a acostarse, les arranco las maquinitas de las manos y les digo que no se las devolveré nunca, ¡jamás de los jamases! Simon sigue roncando con fuerza en el sofá y no se entera de nada; consigo acostar a los niños e intento cambiar el canal de la tele para ver algo que no sea *Joyas sobre ruedas*; Simon, que lleva dos horas roncando como un jabalí, despierta de inmediato y exclama: «¡Estaba viéndolo!».

01:00: Subo al fin a la cama tambaleándome, no tenía intención de emborracharme tanto; le digo a Simon que me deje en paz cuando intenta meterme mano.

Domingo: más o menos igual que el sábado, pero sin la salida porque nadie sería capaz de soportar una segunda ronda; así que Simon se refugia en su caseta y yo cargo la jodida lavadora once mil millones de veces mientras les grito a los niños; la discusión a la hora de mandarlos a la cama ocurre un poco antes porque a la mañana siguiente tienen que ir al colegio, ellos protestan gritando que es muy injusto tener que acostarse a las ocho porque todos los demás niños del cole pueden quedarse despiertos hasta la medianoche jugando al *Grand Theft Auto*.

Jueves, 17 de marzo

Simon ha mencionado por fin el pequeño e insignificante detalle de que, en un alarde de ingenio, saldé la deuda de la jodida tarjeta de crédito. No se alegró tanto como yo esperaba; de hecho, tal y como yo había vaticinado, su primera reacción fue pensar que había cometido alguna locura para conseguir el dinero, lo que no resulta demasiado halagador. A continuación me acusó de tener una tía millonaria de la que nunca le había hablado que me había dejado en herencia el dinero y, cuando le informé que lo había ganado yo solita porque soy una mujer muy ingeniosa, guardó un extraño silencio.

Tardé un poco en darme cuenta de su extraño comportamiento, porque estaba parloteando feliz sobre mi gran ingenio y mostrándole cuántas copias más se habían vendido desde aquel primer pago; dicho pago había resultado ser por las que se habían vendido hasta finales de enero, pero en febrero se habían vendido 40 000 más y este mes otras cuantas, así que íbamos a recibir otros sesenta de los grandes como mínimo, puede que incluso más. Le pregunté qué le gustaría que hiciéramos con ese dinero; le dije que podríamos disfrutar de unas vacaciones fantásticas o comprar un coche (o varios), ¡que incluso podríamos permitirnos hacer ambas cosas!

Yo estaba entusiasmada, pero él se limitó a murmurar algo para sí antes de decir:

—Tienes que tener en cuenta los impuestos, Ellen. Vas a tener que declarar tus ganancias, y acabarás por pagar el cuarenta por ciento.

—¿De verdad que eso es todo cuanto tienes que decir?, ¿lo único que se te ocurre es hablar de los impuestos? Aun suponiendo que pague el cuarenta por ciento de lo que he ganado, ¡nos quedan más de 30 000 libras! ¡Que le den al de los impuestos! Bueno, no lo digo de forma literal, supongo que eso no sería correcto, pero, de cualquier modo, se trata de una cifra que basta para cambiar nuestra vida.

—A ver, si hubieras creado una compañía limitada no tendrías que pagar tanto, pero...

—¡A la mierda con tu jodida compañía limitada, Simon! ¿Acaso no te das cuenta de lo que he conseguido?, ¿de lo que he hecho por nosotros? A pesar de que me dijiste que era una idea absurda que no me llevaría a ninguna parte.

—¿Qué quieres que te diga: «Bien hecho, has hecho un traba-jo brillante»?

—¡Sí, claro que sí! Y en vez de eso te pones en plan pesimista y hablas de impuestos y de compañías limitadas, ¡y das a entender de nuevo que soy una cría estúpida que no sabe de finanzas y que va a salir a gastárselo todo en zapatos!

—Por supuesto que me alegro y que es genial y que tú no eres estúpida ni mucho menos, aunque la verdad es que lo de las finan-zas se te da fatal y lo sabes. Admites abiertamente que las tarjetas de crédito son como dinero gratis para ti, y es innegable que compras muchos zapatos...

—¡Simon, pensaba que estabas empezando a decirme cosas agradables!

—¡Así es! Lo que pasa es que..., en fin... —guardó silencio lar-gamente y bajó la cabeza para eludir mi mirada—. En fin, a partir de ahora ya no vas a necesitarme, ¿verdad?

—¿Para qué?, ¿a qué te refieres? —No entendía nada.

—Para nada de nada. La verdad es que nunca me has necesi-tado y siempre me ha aterrado que acabaras por dejarme. Podrías haber conseguido a cualquiera y me elegiste a mí, pero siempre he pensado que un día despertarías y te preguntarías qué cojones estás haciendo con alguien como yo, y que te perdería para siem-pre.

—¡Eres un capullo, Simon! ¡Un gran capullo egocéntrico! ¿Qué tiene que ver todo esto contigo?, ¿qué cojones te pasa? ¡Hannah co-mentó la otra noche que la mitad de las chicas de Edimburgo esta-ban enamoradas de ti!

Aquello le animó un poco.

—¿Ah, sí? ¿Puedes darme algún ejemplo? ¿Qué me dices de aquella rubia de las tetas grandes?, ¿cómo se llamaba...? Sadie, creo. Siempre tuve la impresión de que me miraba mucho, ¿crees que yo le gustaba?

—¡Cállate, Simon! ¿Por qué crees que voy a dejarte?, ¿por qué no te alegra que haya ganado tanto dinero para nuestra familia?

Porque si no lo quieres estoy dispuesta a gastármelo todo en zapatos, ¡te aseguro que soy capaz de hacerlo!

—Me alegro muchísimo, Ellen. Y me siento orgulloso de ti. Lo que pasa es que, cuando hemos ido un poco justos de dinero en estos últimos años, a veces he pensado: «Bueno, por lo menos Ellen no puede permitirse dejarme ahora, estamos demasiado pelados». Y sí, ya sé que es una estupidez por mi parte.

Eludió mi mirada de nuevo mientras esperaba a que yo respondiera. Supongo que tenía la esperanza de que me ablandara y le asegurara que no estaba siendo un capullo como una catedral, pero no fue así.

—Sí, una jodida estupidez. ¡Una gran estupidez!, ¡una estupidez enorme! —Le miré con incredulidad—. ¿Qué cojones he hecho yo para que creas que podría querer dejarte?

—No sé, supongo que siempre pensé que conseguirías algo mejor. Como ese médico que te seguía a todas partes cuando tú y yo empezamos a salir; ese que te miraba con cara de bobito, como un labrador que ha visto un plato de salchichas.

—Qué símil tan bello. Muchas gracias, Simon, es agradable saber que tengo un efecto tan maravilloso sobre los hombres. ¿Se te ha ocurrido pensar alguna vez que, de haber querido casarme con Charlie el labrador, lo habría hecho?

—Te acuerdas de cómo se llamaba.

—Tú te acuerdas de Sadie, la chica de las tetas grandes.

—No es lo mismo. Además, sois amigos en Facebook. Yo no soy amigo de Sadie ni de sus tetas —protestó gruñón.

—Yo tengo muchos amigos en Facebook, y tú no eres amigo de Sadie ni de sus tetas porque solo tienes unos seis en total, porque resulta que lo usas básicamente para espiarme y, según tú, saber de qué humor estaré al llegar a casa. Ah, y un locutor de Radio 2 retuiteó una vez un tuit mío, pero eso no quiere decir que vaya a huir con él.

—Sí, pero...

—Simon, tú no eres el único que está paranoico. ¿Acaso crees que no me preocupa que te asignen una secretaria nueva y te enamores de su maestría con el archivador, o que te encandile alguna morena de ojos ardientes en alguno de tus viajes al extranjero? Pero a pesar de todo, a pesar de las tarjetas de crédito y de los niños demoníacos que hemos creado y de las malas rachas, de momento no lo has hecho y los dos seguimos aquí y aún estamos juntos, así que no sé por qué crees que ese dinero va a cambiar nuestra vida a peor en vez de a mejor. Y en este momento estás cabreándome mucho por ser tan jodidamente negativo. Pero no voy a dejarte porque, cuando no me dan ganas de apuñalarte por ser un capullo obstinado y egocéntrico y no llevas puestas tus pantuflas de abuelito ni ese horrible jersey de lana, la verdad es que te amo mucho. Ah, y que sepas que vas a tener que encargarte tú de lo de los impuestos, porque sigo sin entender ni una mierda de todo eso. ¿Ves como sí que te necesito? ¡Así que vas a animarte ahora mismo y vamos a hablar de todas las cosas geniales que podríamos hacer con todo ese JODIDO DINERO! ¡Porque TE AMO y no vas a poder deshacerte de mí tan fácilmente! ¿Está claro?

Él se puso a hablar de inmediato de planes de ahorros y pagos de hipoteca y pensiones.

—¡Me importa una mierda todo eso! —dije yo—. Voy a comprarme un par de zapatos Louboutin como mínimo y nos iremos de vacaciones, puedes manejar con sensatez lo que quede.

Este podría ser otro ejemplo de por qué Simon está a cargo de nuestras finanzas.

Supongo que, cuando Charlie salió a colación durante la conversación, tendría que haber aprovechado para mencionarle a Simon que me lo había encontrado por casualidad, ¿verdad? Y quizás también debería haberle comentado que al salir mañana del trabajo voy a ir a tomar una copita con él. No hay ninguna mala intención en todo esto, por supuesto, pero es que Charlie y yo hemos estado mandándonos algunos mensajes para hablar de cómo nos han ido estos últimos años, y él comentó que estaría bien acabar de ponernos al día y me preguntó si me apetecía ir a tomar algo; de hecho, me dijo que trajera también a Simon, así que está claro que no hay nada inapropiado en la invitación, pero, si ya es difícil de por sí conseguir que mi marido salga de la casa en el mejor de los casos, imagínate si es para ir a ver a alguien a quien apenas conocía de vista hace una eternidad. En fin, la cuestión es que al final acabé por no mencionar el tema.

En cualquier caso, mis motivos son puros, porque se me ha ocurrido que sería mucho más fácil conseguir que Charlie empiece a interesarse por Hannah si le hablo de ella en persona. Puedo mencionarla de pasada al hablar, decirle lo fabulosa que es ahora y que está soltera... Me parece mejor que hacerlo a través de un mensaje, daría la impresión de que ella está un poco desesperada. Soy una buena persona, ¡de verdad que sí! La Boda del Año podría volver a estar en pie en un abrir y cerrar de ojos. En fin, ahora voy a pasar el resto de la velada buscando en Google zapatos poco prácticos y villas de lujo en lugares cálidos mientras Simon se dedica a comparar febrilmente planes de ahorro.

Viernes, 25 de marzo. Viernes Santo

Los padres de Simon, Michael y Sylvia, han dejado por unos días el pequeño palacete francés al que se fueron a vivir tras la jubilación para venir a pasar la Pascua con nosotros. Nos avisaron con tres días de antelación, como de costumbre (encontraron unos billetes de ferri de última hora bastante baratos), y llegaron esta mañana. Peter y Jane están muy contentos con la visita de sus «abuelos franceses» o «*mamie* y papi», que es como Sylvia quiere que los llamen. Es un poco lioso, porque, o suena como si estuvieran gritando «mami» y entonces yo me giro y grito exasperada que qué diantres quieren, o intentan poner acento francés (Sylvia los alienta a que lo hagan) y entonces suena a una especie de imitación bastante desafortunada de Al Jolson que no se vería con buenos ojos en algún sitio público.

En fin, al menos han traído un montón de botellas de vino francés del barato y no van a acabar con todas nuestras existencias como su encantadora hija, lo que alivia hasta cierto punto el fastidio de tenerlos aquí. Sylvia siempre ha sido una persona bastante compleja e inescrutable. Sé que le gustan los pañuelos para el cuello (nunca he visto a nadie que lleve tantos como ella, aparte de Alicia la de la tele), a veces me pregunto si lleva ropa encima o son capas y más capas de pañuelos. Se lo mencioné a Simon en una ocasión, y él se puso pálido y exclamó: «¡No me metas ideas como esa en la cabeza! ¡Dios, igual se emborracha y decide hacer la danza de los siete velos! ¡Tiemblo con solo pensarlo!».

No tengo claro qué otras cosas le gustan a Sylvia aparte de los pañuelos y de su carlino, al que le puso el augusto nombre de Napoleón Bocarlino. Eh... cojines. Sí, le gustan los cojines. Bueno, a mí también, puede que eso sea lo único que tengamos en común porque los pañuelos no me entusiasman y Napoleón Bocarlino es un cabroncete malvado. Me he dado cuenta de cómo me mira. Y mi perro me da la razón en eso, y se le da muy bien juzgar el carácter de los demás. Le encantaría comerse a Napoleón Bocarlino (hay que usar siempre el nombre completo), pero no tiene oportunidad de hacerlo porque Sylvia nunca deja a su perro en el suelo el tiempo suficiente. A una conversación sobre el interés compartido por los cojines tan solo se le puede sacar jugo hasta cierto punto, así que al final siempre termino por parlotear sobre cualquier chorrada que se me pasa por la cabeza —creo que mi momento más brillante fue un extenso soliloquio sobre las focas y el hecho de que tienen pulgares oponibles (¡aquella salida tan cara al acuario en la que Jane intentó ahogar a Peter en el «acuario interactivo» sirvió para algo!)— mientras Sylvia pone cara de aburrimiento y exige saber en cuántas galerías de arte y exhibiciones he estado recientemente y yo reprimo las ganas de gritar que no he estado en ninguna, porque no tengo tiempo de ir sola y cuando intento llevar a sus nietos a esa clase de sitios para fomentar en ellos el amor por el saber y la cultura corren de acá para allá como bestias salvajes y lo único que les interesa saber es dónde está la tienda de regalos.

Sylvia se considera una especie de artista porque muchas lunas atrás, antes de casarse con Michael, pasó una breve temporada como empleada temporal en la BBC, así que le gusta meter la coletilla «cuando trabajé en la tele» en todas las conversaciones a la más mínima oportunidad. También perteneció a un club de arte cuando vivía en Surrey y se presentó a una prueba para participar en el concurso *Watercolour Challenge*, por lo que se atribuye todo el mérito de las habilidades artísticas de Simon y de Louisa y se lamenta de que su pobre hijo haya terminado casándose con semejante inculta.

El padre de Simon, sin embargo, es un hombre fantástico, un tipo encantador y adorable de muy buen carácter al que le gustan el buen vino, el golf, el *tweed* y sus nietos (en ese orden, posiblemente). En el vestir tiene tendencia a decantarse por un estilo que podría llamarse «*tweed* a porrillo» y su principal misión en la vida parece ser lograr emborrachar a todo el mundo, lo que me parece una actitud muy loable. Pone un empeño entusiasta en asegurarse de que las copas siempre estén bien llenas y, de hecho, resulta peligrosamente fácil emborracharse en su presencia sin tener ni idea de cómo ha sucedido, tal y como descubrí la primera vez que Simon me llevó a su casa para presentármelos.

Michael y Sylvia vivían en aquella época en una casa muy elegante de Surrey; aunque ni mi padre ni mi madre estaban mal de dinero, al menos en teoría, ninguno de los dos vivía en una casa especialmente grande y preferían gastarse el dinero en amargos divorcios y recriminaciones. Ah, y no hay que olvidar que también debían costear la carísima educación que nos dieron a mi hermana y a mí, por supuesto; eso es algo que les encanta recordarnos a ambas a pesar de que hace más de veinte años que terminamos los estudios, aunque supongo que técnicamente podría clasificarse también en el apartado de recriminaciones.

Sylvia dejó muy claro en cuanto me conoció que no me consideraba apropiada en ningún sentido para su hijo y heredero. Uno de los motivos era el hecho de que, a su modo de entender, el que yo fuera hija de padres divorciados y tuviera numerosos padrastros y madrastras ponía mi moralidad en tela de juicio. Con el paso del tiempo he llegado a varias conclusiones: a) Sylvia mira con superioridad a casi todo el mundo, a menos que uno tenga un título nobiliario o haya salido por la tele (por cierto, ¿ha mencionado alguna vez que trabajó en la tele?), y b) nadie habría sido lo bastante bueno para su querido hijo, puede que hubiera aceptado a una princesa de verdad e incluso en ese caso esta habría tenido que pertenecer a la familia real británica, los miembros de realezas extranjeras tampoco son de fiar para ella. Aunque eso significa que las únicas opciones para Simon serían las princesas Beatriz y Eugenia, y mi suegra tampoco las aprueba, porque en su opinión la madre de ambas es muy vulgar al igual que el cabello pelirrojo. Sylvia tiene una larga lista de cosas arbitrarias que se consideran vulgares y que incluye, por poner unos ejemplos: comprar pantalones en cualquier tienda que no sea Marks & Spencer, las dalias, los pendientes de *hip-hop* («Querido, ¿es necesario que tengas aspecto de zíngaro?»), Grecia y Turquía (ni idea del porqué), el café instantáneo (por desgracia, le ha transmitido este esnobismo en particular a su hijo, quien reculó horrorizado la primera vez que vio mi tarro de Nescafé), los ordenadores, toda la comida rápida, el jamón comprado en supermercado, las secadoras, las revistas y lo más raro de todo: el Instituto de la Mujer (yo creo que seguramente la pusieron en la lista negra).

Durante aquella primera visita para conocernos, la casa de Michael y Sylvia me pareció tan majestuosa, ella se mostró tan glacialmente aterradora y tan generosa fue la hospitalidad de él, que después de que Michael me llenara la copa por enésima vez me incliné hacia él, le felicité por su preciosa casa y añadí que me tenía muy impresionada pensar que la familia entera podía ir al cuarto de baño al mismo tiempo y seguían quedando dos cuartos de baño más para invitados. Michael se portó como todo un caballero, como siempre, y contestó con cortesía: «Eh..., sí, supongo que sí. Nunca nos lo habíamos planteado, quizás podríamos ponernos todos de acuerdo un día para hacerlo. ¿Quieres más vino?».

Mi suegro amasó una verdadera fortuna en el distrito financiero londinense en la década de los ochenta, y tiene un gran arsenal de anécdotas graciosísimas de aquella época que terminan en su mayoría con cosas como: «¡Y ni te imaginas de dónde se sacó aquello la *stripper*!», o «Era de esperar que le pasara, después de esnifar tanto polvito blanco de Colombia!»; Sylvia, mientras tanto, intenta hacerle callar desesperadamente, ya que no considera que semejantes historias encajen con su imagen de Elegante Señora del Castillo. Lamentablemente, hoy en día yo también tengo que intentar callarle porque tiene tendencia a contar esas anécdotas en presencia de los niños y eso puede llevar a explicaciones bastante interesantes ante preguntas como: «Pero ¿por qué estaba jugando la señora al pingpong sin nada de ropa?».

Michael es un capitalista declarado (a Bardo, su yerno, lo llama «ese *hippy* mugriento que no sirve para nada», y en una ocasión enfureció a Louisa cuando enseñó a Coventina a jugar al póquer y le dijo que no tenía sentido jugar a menos que fuera por dinero), así que se alegró mucho al enterarse del éxito que ha tenido mi aplicación.

Me parece que en su entusiasmo hay también cierta dosis de alivio. Me he dado cuenta de que mis suegros han ido reduciendo gastos en su estilo de vida con discreción durante los últimos años, y eso parece indicar que la fortuna ha ido menguando un poco debido a varias recesiones, los excesos de Sylvia y los saqueos de Louisa con su constante necesidad de que sus padres la saquen de apuros o, como ella dice, de que «inviertan en el lugar de retiro».

Las cajas de champán y de Saint-Émilion que habrían traído en el pasado se han visto reemplazadas por otras «de este vinito tan especial de la zona donde vivimos»; aunque los pañuelos de Sylvia siguen siendo de seda, ahora ya no son de Hermès, sino que los ha comprado en algún mercado francés; Michael ha dejado de comprarse coches por capricho y de venderlos escasos meses después porque se ha aburrido de ellos, e insiste en que su fiable Saab es «un clásico» y no necesita nada más moderno. A pesar de su afabilidad y su generosidad, se trata de un hombre prudente y no me cabe duda de que tienen dinero más que de sobra para vivir el resto de su vida cómodamente, pero la precaria situación económica por la que pasamos Simon y yo debió de preocuparle, sobre todo si ya no estaba en condiciones de poder ayudarnos tanto como lo ha hecho con Louisa. De modo que se llevó una gran alegría al enterarse de que vamos a recibir una buena inyección de dinero, aunque me tomó un poco el pelo al preguntarme, con cara muy seria: «¿Qué piensas hacer con todo ese dinero, Ellen? ¿Vas a hacer realidad tu sueño instalando un par de cuartos de baño más? ¡Así podréis ir todos al mismo tiempo!».

Domingo, 27 de marzo. Domingo de Pascua

Había decidido organizar una búsqueda de huevos de Pascua, pensé que sería divertido. Les dije a Hannah y a Sam que vinieran con los críos y Simon propuso también invitar a Tristan, el viejo amigo al que se había encontrado en Navidad, junto con su esposa (Alicia la de la tele) y sus hijos.

Por si fuera poco, decidí entonces invitar también a la agradable familia que se había mudado a la casa de los Jenkins la semana anterior, lo más probable es que las historias sobre la autocaravana y la tribu errante de Louisa no hubieran llegado a sus oídos (lamentablemente, nuestros esfuerzos por bajar el nivel del barrio para que la casa tuviera un precio asequible para Hannah habían sido infructuosos).

Conocí a mi nueva vecina varios días después de que se mudaran y me pareció muy agradable, aunque durante la conversación no logré sacar el tema del precio que habían pagado por la casa. Huelga decir que ese era el único motivo que me había llevado a abordarla sonriente en la calle y poco menos que obligarla a que viniera a tomar un café en mi casa interpretando el papel de buena vecina; además, mi casa estaba relativamente limpia y ordenada y, como nunca se sabe cuándo volverá a suceder semejante milagro, decidí aprovechar la ocasión.

Se llama Katie, su marido Tim, tienen dos hijas (Lily y Ruby) y, tal y como descubrí cuando llegaron para lo de la búsqueda de huevos de Pascua, son las personas más agradables que he conocido en mi vida, y yo diría que también las más anodinas. Los dos reían con nerviosismo con cualquier cosa que decíamos y daba la impresión de que les aterraba Michael, quien, como era de esperar, circulaba de acá para allá con una botella en cada mano diciendo cosas como «¡Venga, hay que beber! ¡No hace falta aguantar a la familia estando sobrio! ¡Anda, tómate un buen trago! ¿Te he contado aquella vez en que el viejo Eddie Harrington-Hughes…? ¿Qué pasa, Sylvia? Solo estoy contándole a esta gente tan simpática la vez aquella en que cambiamos el polvito blanco de Eddie Harrington-Hughes por polvo de ese con sabor a fruta, y cuando se escabulló para esnifar un poco y que le fuera más llevadero lo de empuñar el hacha de guerra para preparar el cordero asado terminó con la nariz llena de polvo de fruta. ¡Tenía la boca llena de sopa de champiñones cuando le vino un estornudo y dejó perdida a su abuela!, ¡yo creía que le había explotado el cerebro! ¿Qué pasa, Sylvia? ¿Que no es apropiado contar algo así?, ¿por qué no? Ah, los niños. Claro, claro, lo siento. No, Jane, cielito, *mamie* me tiene prohibido volver a contar la historia de la campeona de ping-pong a la que conocí en Bangkok. Sí, ¿a que es una historia divertidísima? ¿Qué pasa, Sylvia?».

Mi suegra se me acercó envuelta en una nube de pañuelos e indicó con un ademán a los invitados.

—¿Quién es toda esta gente, *chérie*? ¿Por qué los has invitado?

—Son amigos y vecinos nuestros, Sylvia.

—¡Ese de ahí es contable! —exclamó con indignación mientras señalaba al pobre Tim—. ¡Pobre Simon! ¡Estás obligándole a vivir en un desierto intelectual, Ellen! ¿Por qué no puedes cultivar una amistad con gente más interesante que todos estos trajeados del mundo empresarial?

—Eh...

—Y ¿se puede saber quién es esa mujer cubierta de pañuelos? ¿Qué pintas son esas?, ¿se ha vuelto loca?

Estaba señalando a Alicia la de la tele. Parecía existir una especie de rivalidad entre ellas para ver cuál de las dos llevaba más pañuelos, yo juraría que mi suegra había subido a ponerse unos cuantos más para no quedar en segundo lugar en esa competición *pañuelil*.

—Esa es Alicia. Trabaja en la tele y está casada con Tristan, un antiguo compañero de estudios de Simon.

—¡Tristan! ¿Te refieres a Tristan Barnaby-Soames? ¡Era un chico encantador! Su padre era el propietario de buena parte de Warwickshire, un hombre muy agradable. ¿Dices que Alicia trabaja en la tele? Sí, salta a la vista que es una persona artística. Debo ir a saludarla, seguro que tenemos a muchos conocidos en común de la época en la que trabajé en la tele; ah, y debo pedirle a Tristan que le dé recuerdos de mi parte a su padre, nos llevábamos muy bien. Un hombre agradable de verdad, propietario de medio Warwickshire.

Se alejó con paso ligero y una sonrisita coqueta y yo pude centrarme en conseguir que diez adultos achispados y diez niños eufóricos salieran al jardín sin que nadie se rompiera el cuello al tropezar con mi perro, que no tenía ni idea de lo que estaba pasando pero estaba decidido a unirse a la diversión.

La búsqueda de los huevos de Pascua podría haber salido peor. Tan solo la mitad de los niños lloraron porque no les parecía justa la cantidad de huevos que habían conseguido, tan solo dos pisaron una caca de perro que se me había pasado por alto y el perro, por su parte, fue considerado y se limitó a robar una tableta de chocolate blanco, así que a pesar de que soltó una vomitona espectacular me ahorré el gasto de una visita de emergencia a la veterinaria.

De hecho, todo iba de maravilla hasta que unos gritos espeluznantes hicieron que todos entráramos en tropel a la casa. Lily, la hija pequeña de Katie y Tim, había traído su adorado conejito de peluche (se llama Conejito. Vale, no es un nombre demasiado original, pero quién soy yo para hablar teniendo en cuenta que Jane tiene el estante lleno de osos llamados Abracitos, Peludo, Abracitos Peludos, Pompón Peludo, etcétera. Cada dos por tres hay alguno nuevo, debido a todas las fiestas de cumpleaños que se celebran en la tienda esa donde los críos crean su propio peluche). Lily estaba tan entusiasmada con la búsqueda de huevos de Pascua que había dejado a un lado sin piedad alguna a Conejito para salir en busca de azúcar y aditivos alimentarios; Sylvia, por su parte, había tenido un descuido muy inusual en ella y había dejado a Napoleón Bocarlino en el suelo por un momento mientras le daba la tabarra a Alicia la de la tele preguntándole si había conocido a Binky Warrington-Jones, a Emerald Tuftson-Smith o a cualquiera que hubiera trabajado en la BBC cuarenta años atrás (Alicia intentó explicarle que en realidad trabajaba para una productora independiente, pero mi suegra no le hizo ni caso y le dijo con altanería que en la tele todo el mundo se conoce).

Encantado con aquel inusual momento de libertad, Napoleón Bocarlino se había acercado trotando con sus regordetas patitas a Conejito, que yacía allí, tirado en el suelo, abandonado y sin nadie que lo quisiera, y había procedido a montarlo con gran entusiasmo. Lily había descubierto a Napoleón Bocarlino cabalgando como un poseso y jadeante de placer, y se había puesto a chillar porque aquel perro estaba matando a su conejito.

Sylvia, en vez de intentar apartar a Napoleón Bocarlino de Conejito, estaba hablando con voz almibarada con su perro, ajena a los gritos de la niña y a las caras de horror de todos los demás.

—¡Pero qué listo es el niñito de mamá! ¿Has encontrado un amiguito, Napoleón Bocarlino?

Yo intenté poner fin al momento de pasión del perro con una rápida patadita, pero él estaba tan cegado por la pasión que no se dio ni cuenta y lo único que logré fue que Sylvia se pusiera a chillar también.

—¡No patees a mi perro, abusona!

Llegados a este punto, mi propio perro, tras haberse recuperado de la vomitona, decidió venir a ver a qué se debía tanto jaleo y, ya fuera para erigirse como salvador de la virtud de Conejito o porque se sintió indignado al ver que Napoleón Bocarlino estaba pasándoselo de fábula y él no, o simplemente porque vio que por fin se le presentaba una oportunidad de matar a su enemigo acérrimo, se abalanzó hacia el cuello de este.

La chillería que se montó fue monumental. Sylvia y yo gritábamos a los perros y Lily chillaba histérica porque Conejito seguía perdido en medio de aquel caos, y todos los demás quisieron intervenir y revoloteaban alrededor gritando sugerencias inútiles. Pero un carlino con incontinencia sexual no es rival para un terrier furioso y, aunque nunca he sido fan de Napoleón Bocarlino, me preocupaba que nuestro perro lo matara a sangre fría delante de Sylvia, con lo que nuestras futuras reuniones familiares serían un poquito incómodas; además, ya tenía bastante con que casi toda la calle nos considerara unos peligrosos pirómanos después de la fiesta de la hoguera, no quería que nos vieran también como los vecinos del perro asesino.

Estaba intentando abrirle la mandíbula a mi perro, poniendo en juego la integridad de mis propios dedos, cuando Sam tuvo la sensata idea de verter una gran jarra de Pimm's con hielo sobre los dos perros, que se separaron por fin. Sylvia se agachó y alzó en brazos a Napoleón Bocarlino entre dramáticos sollozos, Conejito le fue devuelto a Lily (con bastante relleno menos y los ojos abiertos como platos, yo juraría que el peluche no tenía esa cara de pasmo antes), y yo me di cuenta de que buena parte del gélido contenido de la jarra me había caído encima y me había dejado la camiseta completamente transparente, a lo que había que sumar además el desafortunado efecto causado por lo frío que estaba el Pimm's. Apreté a mi perro contra mi pecho con toda la dignidad que pude, en buena parte para intentar proteger en algo mi recato y, haciendo un valeroso esfuerzo por ignorar la menta y las fresas que se me habían quedado en el escote, pregunté con una gran sonrisa quién quería un poco más de pastel.

Todo el mundo se marchó poco después. Dudo mucho que a Tim y a Katie les apetezca entablar amistad con nosotros y es una verdadera pena, porque habría sido muy conveniente; de hecho, tengo la sensación de que igual procuran evitarnos.

ABRIL

Viernes, 1 de abril

Michael y Sylvia se marchan mañana. Es un verdadero alivio porque, al margen de todo lo demás, a ella no le parece bien lo del viernes *pasotil*. Ha sido una semana muy larga en la que he recibido unas contribuciones muy útiles por parte de mi suegra, como cuando estaba intentado hacerle entender a Peter que sí, que tenía que bañarse y que ya podía enseñarme todos los vídeos de YouTube que quisiera donde dicen que la piel y el pelo se limpian solos, que si quería ser un niño mugroso podía irse a vivir con su tía Louisa al bosque, donde no hay maquinitas electrónicas, cuando Sylvia, una mujer perfectamente capaz de valerse por sí misma, me preguntó lastimera desde la planta de abajo si esa noche íbamos a tomar una copa. Yo intenté hacer acopio de paciencia y le contesté que se sirviera lo que le apeteciera, y ella va y contesta: «¡No, no quiero tomarme unas libertades que no me corresponden! Supongo que voy a tener que esperar a que Simon y su padre regresen para poder tomar una copa, ya que tú estás tan ocupada y no puedo dejar solo a Napoleón Bocarlino».

Hemos ido recibiendo informes diarios sobre el trastorno por estrés postraumático del perro después de, en palabras de Sylvia, su «roce con la muerte»; al parecer, el pobrecito está tan traumatizado que lo único que su estómago soporta es pollo asado que ella debe ir dándole con la mano... Qué raro, porque no veo que haya vomitado las galletitas que roba del cuenco de mi perro cada vez que logra escaparse de mi suegra.

Por otro lado, Sylvia se ha pasado la semana mencionando constantemente a las chicas con las que Simon salió antes de estar conmigo. «¿Has vuelto a saber algo de Catherine MacKenzie, querido? Era una chica muy agradable, ¿verdad? Me caía muy bien. ¿Qué fue de Toggy Wilkes-Cholmondeley? Sus padres tenían un precioso castillo, ¿verdad? ¡Era una dulzura de muchacha!».

Da igual que Simon le diga que no ha visto a Catherine Mac-Kenzie desde los dieciséis años, cuando Sylvia le obligó a acompañarla a la escuela de baile, o que lo último que supo de Toggy Wilkes-Cholmondeley fue que vivía muy feliz con su esposa, Elizabeth; mi suegra siguió machacando con ese tema con el tacto y la diplomacia de un tanque Panzer.

Simon suele aconsejarme que me limite a ignorarla, pero incluso él admite en ocasiones que no sabe cómo se las ingenia su padre para aguantarse las ganas de estrangularla. El impacto de tener que pasar un par de semanas en compañía de mi suegra cuando vamos a visitarlos suele verse mitigado por el hecho de estar disfrutando de unas vacaciones baratas tanto en primavera como en verano, pero antes de dichas vacaciones no solemos tenerla deambulando por nuestra casa durante una semana. Me daba tanto miedo la idea de tener que aguantarla durante dos semanas más en breve que quedé a comer con Charlie y me desahogué contándole los problemas que tengo con ella.

Él no me dijo que me limitara a ignorarla. Lo que hizo Charlie fue escucharme mientras yo enumeraba las numerosísimas maldades de Sylvia, incluyendo la primera vez que tomó en brazos a Jane de recién nacida y dijo: «¡Cielos! Ellen, querida, supongo que ha salido a tu familia, porque está claro que no se parece a la nuestra». Charlie se mostró muy comprensivo e insistió en que por supuesto que debía pedirme el *ganage* de chocolate con helado para que sirviera de bálsamo a mi exhausta alma.

Él no hizo una mueca de exasperación ni me dijo: «Es mi madre, cariño. ¿No podrías intentar llevarte bien con ella?» al verme golpear la mesa con la cuchara y mascullar que mi suegra es una arpía. Pero lo que sí hizo fue darme un abrazo de despedida que fue un poco más fuerte y largo de lo necesario. Tengo que darle el número de teléfono de Hannah, por supuesto que sí.

Sylvia sacó hoy el tema de las vacaciones durante la cena.

—¿A qué hora tenéis el vuelo, querido? —le preguntó a Simon—. Es absurdo que ya no se celebren unas fiestas de Pascua como es debido y se haya adoptado esta estupidez de las «vacaciones de primavera», pero al menos hará buen tiempo cuando vayáis.

—La verdad es que quería hablar contigo del tema, mamá. Este año hemos pensado que estaría bien ir a otro sitio.

¿Ah, sí? Yo no tenía ni idea.

—¡Qué bien! —dijo Sylvia—. ¿A dónde?

—A Corfú.

Se me escapó una exclamación ahogada de sorpresa.

—¡Qué maravilla! —exclamó mi suegra—. ¡Adoro ese lugar! ¿Dónde vamos a alojarnos, consentido mío?

Se me cayó el alma a los pies al pensar que ella también iba a venir.

—Pues... —Simon respiró hondo—. Pensé que probablemente os apetecería volver a disfrutar de algo de tranquilidad vosotros solos cuando regreséis a casa, así que he alquilado una pequeña villa para nosotros cuatro.

¡Mi ánimo se recuperó al instante!

Alrededor de la mesa se hizo un silencio que, más que ártico, era siberiano. Sylvia soltó al final una pequeña carcajada que tenía tanta calidez como un carámbano de hielo que está a punto de hundirse en el corazón de alguien (de hecho, eso es algo que siempre me ha preocupado al ver afiladas hileras de carámbanos: ¿qué pasa si se caen y se te clavan? Y también me preocupa que si te tiras un pedo fuera cuando hace mucho frío se te puedan formar nubes de condensación saliendo del trasero, tal y como sucede cuando ves tu propio aliento, y que la gente se dé cuenta de lo que acabas de hacer. Por esas dos razones, nunca me ha atraído demasiado la idea de ir a esquiar en vacaciones).

—¡Qué gracioso, Simon! ¡Me parto de risa! —le espetó Sylvia a mi marido—. Pero no soy tonta, tendrías que volver a nacer para poder tomarme el pelo a mí. ¿Acaso crees que no sé que hoy es del día de las inocentadas? Bueno, dime cuándo nos vamos a Corfú.

—Mamá, la verdad es que tú y yo ni siquiera habíamos hablado de las vacaciones de este año. Diste por hecho que íbamos a ir a vuestra casa.

—Claro, ¡igual que tú das por hecho que puedes venir sin más! Nunca nos preguntas a tu padre ni a mí si nos va bien que vengáis y paséis varias semanas allí, te limitas a informarme de la fecha de vuestra llegada. ¡No sé si te habrás dado cuenta de que nuestra casa no es un hotel que está disponible para vuestro disfrute, jovencito!

La verdad es que tengo que darle la razón en eso. Le he dicho a Simon en reiteradas ocasiones que, antes de reservar los vuelos, deberíamos consultarlo con sus padres para ver si les va bien que vayamos a pasar las vacaciones con ellos, pero él se limita a encogerse de hombros y a decir que no hace falta, que a ellos les gusta que vayamos sin avisar.

En ese momento, Sylvia tenía en el ojo algo peligrosamente parecido a una lágrima. Me sorprendí bastante, porque no sabía que fuera capaz de tener emociones que pudieran estropearle el maquillaje.

Se volvió entonces hacia mí y exclamó airada:

—¡Supongo que esto habrá sido culpa tuya! ¡Tú y ese absurdo jueguecito tuyo! Por si no bastara con tener que decir que sí cuando mis amigas me preguntan si mi nuera trabaja, y tener que admitir encima que trabajas con ordenadores en vez de tener algún empleo adecuado... como la nuera de Sukey Poster, por ejemplo, que es diseñadora de interiores... ¡Resulta que ahora tengo que decirles que has inventado un juego de lo más vulgar sobre madres borrachas como tú!

266

—Serénate, cielo —le dijo Michael—. El trabajo de Ellen no tiene nada de malo, será mejor que no digamos nada de lo que después podamos arrepentirnos. En Corfú se estará de maravilla en esta época del año, aunque el mar estará frío. Espero que hayas conseguido una villa con piscina, hijo.

—Ellen no sabía nada de todo esto, mamá.

—¡Yo sí que lo sabía! —afirmó Michael sonriente—. Simon me lo dijo hace un par de días, pero me pidió que lo guardara en secreto porque quería darle una sorpresa a Ellen. Iba a decírtelo cuando surgiera la oportunidad, Sylvs.

Me recorrió una enorme oleada de gratitud hacia el querido Michael por tomarse todo aquello con tanta deportividad, y también por hacer que la ira de Sylvia dejara de estar centrada en Simon y en mí y se desviara hacia él. Gracias a su intervención, la sorpresa de mi marido no se echó a perder por completo por la rabieta que Sylvia habría tenido de un momento a otro contra mí.

Mi suegra se limitó a ponerse en pie y apretó a Napoleón Bocarlino con tanta fuerza contra sí que este por poco se atraganta con el trozo de pollo que ella acababa de darle.

—Ya veo —dijo, con el labio trémulo, mientras hacía un heroico esfuerzo por mantener la compostura—. En fin, supongo que no os importará excusarme, pero, como da la impresión de que soy algo superfluo en esta familia y nadie siente la necesidad de contarme nada de lo que ocurre, creo que voy a subir a acostarme. Noto cómo se avecina una de mis migrañas. Quizás debería preguntarle a Louisa si a los críos y a ella les apetecería venir en vuestro lugar.

Las migrañas de mi suegra son legendarias en la familia. Da la impresión de que solo aparecen cuando ella no se sale con la suya, con lo que puede salir de una habitación con el debido dramatismo y tiene la ventaja añadida del chantaje emocional.

A pesar de hablar constantemente de la multitud de cosas que pueden darle migraña (café, chocolate y queso, por mencionar unas cuantas), engulle tan tranquila todo lo dicho sin que le provoque efecto nocivo alguno y, si alguien le hace algún comentario al respecto, alega que el que la afecta es «otro tipo» del alimento prohibido en cuestión. También es la única persona que he conocido en toda mi vida que parece sufrir de claustrofobia y de agorafobia. Dejo ahí el dato.

Cuando Sylvia ejecutó su teatral actuación y se marchó de la sala en un revuelo de pañuelos, Michael (quien había empalidecido visiblemente ante la posibilidad de que Louisa y sus hordas estuvieran a punto de invadir su hogar) se puso en pie, murmuró que iba a ver la tele un rato con los niños y salió rumbo a la sala de estar, donde Peter y Jane estaban viendo dibujos animados despatarrados en el sofá.

Una vez que se fue, yo me volví hacia Simon.

—¿En serio que vamos a ir a Corfú?

—Ellen, ¿tienes idea de cuánto dinero has ganado este mes?

—La verdad es que no.

Qué respuesta tan vergonzosa. Después de que Simon me diera la lata con lo de los impuestos y las compañías limitadas, podría decirse que le endosé a él toda la responsabilidad de manejar el dinero generado por la aplicación, así que tuvo que crear una compañía limitada y yo acababa de hacer las gestiones necesarias para que el dinero dejara de depositarse en mi cuenta personal y fuera a parar a una empresarial.

Leía de forma periódica los correos electrónicos para ver cuántas copias más se habían vendido e intentar calcular cuánto dinero suponían esas ventas, pero debido al sermón de Simon sobre el IVA y todo lo demás no tenía ni idea de lo que quedaba después de que el Servicio de Aduanas e Impuestos de Su Majestad me hubiera quitado por aquí y por allá; aun así, había ido al centro para pasar por Harvey Nicks y me había comprado unos Louboutin que eran increíblemente bellos, una maravilla, pero tan altos que al intentar andar con ellos me salía una imitación bastante buena de Bambi patinando sobre hielo.

—Por las ventas de febrero ganaste sesenta de los grandes que has recibido hoy y este mes has vendido unas 140 000 copias, así que estamos hablando de unos cien de los grandes más. Antes de aplicar los impuestos, claro. ¡Lo has conseguido, cariño! Has solucionado nuestra situación financiera, y yo soy el capullo que dudó de ti y que se comportó después como un gilipollas porque quería ser el cavernícola cazador y recolector que se encargaba de traer el gran mamut lanudo. Así que me parece que te mereces unas vacaciones sin mis padres, sobre todo después de que esta semana hayas logrado la heroica hazaña de reprimir las ganas de estrangular a mi madre.

—¡Vaya! ¿En serio he ganado tanto? Pero ¿por qué has elegido Corfú?

—¿No quieres ir allí? —me preguntó con preocupación—. ¿Me he equivocado de lugar?, ¿habrías preferido Barbados o algo parecido?

—¡No, qué va! ¡Corfú me parece perfecto! Solo me preguntaba por qué lo habías elegido.

—Es que encontré una villa realmente preciosa. En realidad es enorme, pero si mi dichosa madre cree que hay sitio para ella me dará la lata hasta que me rinda y la invite a venir, así que sigamos diciendo que se trata de un lugar pequeñito y compacto. Has comentado en más de una ocasión que *Mi familia y otros animales* es uno de tus libros preferidos y que siempre quisiste ir a Corfú, así que pensé que te gustaría la idea.

Sí, es verdad que lo he dicho. No lo he dicho en mucho tiempo, porque no recuerdo cuándo fue la última vez que Simon y yo hablamos de libros o de viajes; de hecho, hoy en día nuestras conversaciones suelen versar sobre quién va a pasarse por Sainsbury's para comprar yogures para los niños, sobre por qué soy yo la única persona capaz de cambiar el rollo de papel de váter o sobre quién habrá usado los destornilladores buenos de Simon para abrir botes de pintura. Pero se ha acordado de que lo dije, y vamos a ir de vacaciones a Corfú.

En una extraordinaria muestra de tacto y contención, no eché a perder el momento preguntándole de qué color es la villa y refunfuñando entonces diciéndole que está claro que no ha leído el libro y que no tiene ni idea de lo que dice. Porque se ha acordado, y vamos a ir a Corfú, y estoy extraordinariamente feliz.

Jueves, 14 de abril

Estamos en Corfú, ¡esto es una maravilla indescriptible! Lo que no fue tan maravilloso fue llegar hasta aquí, ya que Simon llevó a cabo su truquito preferido de metamorfosearse en un completo gilipollas antes de irnos de vacaciones.

Este juego tan fantástico y divertido empezó, como de costumbre, varios días antes de la fecha de partida: se dedicó a deambular por la casa siendo un estorbo, preguntándome lastimero si había visto su sombrero de ala ancha (no, aunque creo recordar vagamente que pude haberlo tirado a la basura en un arranque de exasperación mientras limpiaba, porque es horrible), o si le había comprado el protector solar especial que necesita porque no puede ponerse del normal porque le sale sarpullido (sí, porque no me sentía capaz de verle haciendo otra vez el numerito ese de rascarse como un loco en otra farmacia extranjera, da la impresión de que está interpretando con exagerada teatralidad a un mono infestado de pulgas).

Tal y como suele suceder siempre cuando nos vamos de vacaciones, para cuando llegamos al aeropuerto yo ya estaba extremadamente estresada y preguntándome por qué leches me habría casado con semejante gilipollas. Simon también estaba muy estresado, ya que tenía la trascendental tarea de encargarse del *check-in* porque él es el hombre machote. Yo no soy más que una mujercita, así que mi tarea consistía en intentar evitar que Peter y Jane circularan por la terminal a toda velocidad en sus maletitas infantiles con ruedas (cuando las compramos nos parecieron una idea genial, para cuando nos dimos cuenta de que en realidad eran unas armas letales ya era demasiado tarde).

Si conseguimos que al completar el *check-in* tan solo haya unos doce pasajeros cojeando porque los niños han colisionado contra sus tobillos, entonces suele considerarse que el proceso ha sido un éxito. Mientras Simon se encargaba de completarlo yo tuve que hacerme cargo de su equipaje de mano, porque, dado que él llevaba los pasaportes y en breve también iba a tener las tarjetas de embarque en la mano, sería poco razonable pedirle que se ocupara también de la horrible mochila de nailon que siempre insiste en llevarse cuando vamos de vacaciones.

Yo, por mi parte, también tenía mi propio equipaje de mano, que la verdad es que tan solo pesaba un poco más que el que iba a facturar porque había puesto en marcha la operación «llévate todos los zapatos en vacaciones sin que te cobren por exceso de equipaje».

Después del *check-in* hubo que pasar por el control de seguridad y eso supone otro desafío personal para Simon, que cambia frenético de fila cada treinta segundos para intentar ganarle la partida al sistema. Le propuse gastar un poco más y optar por la vía de acceso rápido ahora que vamos mejor de dinero, pero dijo que ni hablar porque parece ser que lo que cuenta para él es el principio en sí de vencer a los dispositivos de seguridad, y pagar por una vía de acceso rápido no sería deportivo.

Después de cambiar siete veces de fila porque mi marido insistía en ir cambiando a la que, según él, estuviera avanzando más rápido, pasamos por fin el control de seguridad unos quince minutos después de la gente que en un primer momento estaba detrás de nosotros y no se había movido de esa cola. Fue entonces cuando Simon se embarcó en la etapa siguiente de su Épica Cruzada, que no era sino Encontrar la Puerta. Da igual que falten aún dos horas y media para que salga nuestro vuelo, él siempre insiste en que lleguemos al aeropuerto absurdamente pronto por si hay mucha cola en el control de seguridad y su táctica para vencer al sistema terminara fallando. La cuestión es que él tenía que Encontrar la Puerta de inmediato, ¡tenía que hacerlo! ¿Que aún no han anunciado cuál es la jodida puerta? ¡Eso da igual! ¡Él es un Hombre Machote, puede adivinar cuál será!

Y allí iba él, guiando nuestros pasos sin más peso encima que su mochila, con los valiosos pasaportes y tarjetas de embarque guardados en uno de los Bolsillos Especiales de sus Pantalones de Viaje Especiales. Yo iba cargada con mi bolsa llena de Todos los Zapatos, y llevaba colgadas al cuello las de los niños porque se las había confiscado tras una desagradable escenita en la que habían intentado atropellar a una anciana y darse a la fuga; los llevaba agarrados de la mano para intentar evitar que echaran a correr y volcaran las gigantescas torres de Toblerone que había en la tienda libre de impuestos (donde por supuestísimo que no se nos permitía detenernos, porque Simon estaba Buscando la Puerta).

Él se detenía de vez en cuando para volverse a mirar por encima del hombro, y chasqueaba la lengua con impaciencia mientras intentábamos alcanzarle. Para entonces yo ya estaba llevando prácticamente a rastras a Peter y a Jane, ya que cuando están en un aeropuerto tienen por costumbre intentar liberarse y salir corriendo en algún momento dado.

—¡Venga, vamos! ¿Por qué vais tan lentos? —dijo él.

Cuando masculté entre dientes que le apuñalaría mientras duerme me miró desconcertado; al fin y al cabo, ¿acaso no estaba Buscando la Puerta por mí?

Ah, y sería inconcebible por mi parte hacer algo que pudiera entorpecer la sagrada búsqueda, como por ejemplo pararme a comprarles agua a los niños (que parece ser que estaban sedientos de repente y no podían dar ni un solo paso más si no bebían de inmediato), porque eso supondría un grave impedimento para su plan.

Cuando llegó por fin a La Puerta (una hora larga antes de que se les pasara siquiera por la cabeza anunciar el embarque), se le veía tan satisfecho de sí mismo como si hubiera conseguido un gran logro; cualquiera diría que acababa de viajar él solo a pie hasta el Polo Norte. Se sentó lo más cerca posible de la puerta porque así, cuando anunciaran que el embarque iba a ser según el número de asiento, podría obstruir el paso a la mayor cantidad de gente posible, aunque antes habríamos tenido la tradicional discusión de siempre sobre si colaría intentar hacer pasar a uno de los niños por menor de cinco años para solicitar que nos dieran prioridad y embarcar antes.

Cuando llegué varios minutos después que él con el rostro enrojecido, sudorosa, jadeante y hecha una furia, apenas visible bajo las bolsas y los niños, me miró con cara de sorprendido.

—¡Por fin llegáis! Yo creía que veníais justo detrás de mí, ¿qué os ha pasado?

Para cuando abordamos el avión (ahí hay que incluir lo divertido que fue el trayecto en bus hasta el avión en cuestión, donde tuve la cara apretada contra la axila de un desconocido mientras los niños intentaban caerse y romperse la nariz y Simon permanecía en el otro extremo fingiendo que no nos conocía de nada) y estuvimos sentados al fin en nuestros respectivos asientos, lo único que salió de mi boca fue un airado:

—¡Quiero el divorcio, joder!

—¿Qué te pasa? —me preguntó él, sorprendido.

—¡Te odio!, ¡eres un gilipollas! ¡No te aguanto!

Entonces le pedí no sé cuántos gin-tonics a la señora que llevaba el carrito para intentar calmar mis crispados nervios y empecé a tranquilizarme al fin unos diez minutos antes de aterrizar, momento en el que se montó otra escenita porque Simon intentó ser el primero en bajar y después empezó a quejarse a gritos y convirtió el momento de la recogida del equipaje en una actuación digna de un teatro, tras lo cual tuvo un berrinche mientras hacíamos cola para alquilar un coche.

Cada vez que viajo con Simon pasa lo mismo, cada vez sin excepción, así que no sé por qué sigo sorprendiéndome. Pero este año hubo un giro inesperado añadido: como no se dio cuenta de que el coche de alquiler no tenía puesto el freno de mano, el vehículo empezó a retroceder cuando encendió el motor, así que estuvo a punto de matarme porque en ese momento yo estaba intentando ponerle el cinturón de seguridad a Peter, y eso llevó a un sinfín de recriminaciones y acusaciones de intento de asesinato; por si fuera poco, se me perdió una de las páginas que contenían las complicadas instrucciones para llegar a la villa, con lo que estuvimos recorriendo Corfú en círculos hasta que por fin la encontré mientras Simon me gritaba y yo le decía entre dientes que se fuera a la mierda.

Logramos llegar por fin a la villa, que era perfecta. Estaba situada en un punto elevado de las colinas, con vistas a la bahía, y lo único que tenía alrededor eran olivares en los que había hamacas y una destellante piscina azul.

Al bajar el equipaje del coche (incluyendo el par de cajas de vino que nos habíamos parado a comprar durante el trayecto, y que me habían valido otra discusión con Simon mientras circulaba como una loca por los pasillos del supermercado griego), Peter y Jane vieron la piscina y empezaron a dar la lata de inmediato para que les dejáramos darse un chapuzón.

Yo abrí la boca con intención de decirles que no, que ya tendrían tiempo de hacerlo después, pero entonces pensé que estábamos de vacaciones y que nada les impedía usar la piscina si les apetecía, así que le pedí a Simon que los acompañara para vigilarlos; al fin y al cabo, el mero hecho de estar de vacaciones no significa que mis hijos no vayan a intentar ahogarse el uno al otro u «olvidarse» de repente de nadar a pesar de la pequeña fortuna que despilfarramos en años y años de clases de natación.

Lunes, 18 de abril

¡Me encanta este lugar! Liberados de las restricciones a las que estamos sujetos en casa, donde da la impresión de que todos estamos siempre corriendo de un lado a otro y aun así no nos da tiempo de completar los once mil millones de quehaceres que tenemos pendientes, y donde siempre vamos con un pequeño retraso que nos pone tensos y nerviosos y nos hace gritar, somos personas mucho más agradables.

Los niños se pasan el día en la piscina y apenas discuten, aunque no sé si eso se deberá al sol, al ejercicio físico o al hecho de que yo no les grito. Simon parece haberse quitado diez años de encima, y yo siento por primera vez en años que no tengo los hombros subidos hasta las orejas.

Cuando nos levantamos por la mañana preparamos café y los niños incluso han accedido a desayunar fruta y yogur, así que durante varios meses no tendré que preocuparme por el escorbuto. Después pasamos el rato en la piscina y a la hora de comer preparamos lo que nos apetezca en la barbacoa. Peter, que en un principio se negó en redondo a probar las sardinas, finalmente probó un bocado y anunció que le encantaban antes de comerse diez, lo que echó al traste mis planes de comerme diez yo misma.

Durante el resto del día nos limitamos a holgazanear y a leer..., bueno, la que lee soy yo; Simon se pone el iPod, Peter reorganiza las cartas de Pokémon que para él son tan esenciales que no pudo irse de vacaciones sin ellas, y Jane busca cosas muertas. Qué alegrón se llevó cuando, el día que llegamos aquí, descubrió que en la terraza había una mantis religiosa muerta que estaba siendo despedazada por las hormigas.

Cada dos por tres hablamos de salir a recorrer un poco la zona, pero este lugar es tan relajante que lo máximo que hemos hecho es bajar a una pequeña taberna cercana para tomar unas copas y helados. El vino se esfuma de forma periódica (no me explico cómo), y entonces tengo que pedirle a Simon que salga al mundo exterior para comprar más porque a mí no se me da bien conducir en el extranjero.

Mi marido no se ha escabullido ni una sola vez con su portátil alegando que debe trabajar un poco o responder a unos correos electrónicos, lo que confirma mis sospechas de que, cuando estamos en casa de mis suegros, por mucho que afirme que tiene que trabajar no es más que una excusa para disfrutar de cinco minutos de paz sin su madre y sus hijos. Los críos suelen pasar las vacaciones intentando matarse mutuamente como dos desquiciados hiperactivos, porque Sylvia los ha atiborrado a dulces argumentando que los dulces franceses son distintos y el exceso de azúcar no tiene la culpa del comportamiento de los niños. También puede ser que Simon se escabulla para disfrutar de unos minutos sin tener que oír a su mujer quejándose de su madre.

En la villa hay wifi, pero he renunciado por el momento a mi adicción a Facebook. Tan solo publiqué unas cuantas fotos el día en que llegamos para fardar, pero me arrepentí al ver que Charlie empezaba a mandarme mensajes de texto cuando vio que yo estaba localizable. No es que me mande nada inapropiado (tan solo se trata de bromas, fotos y memes graciosos), pero son bastantes. Un montón. En fin, no voy a pensar en eso, porque Charlie es un problema a tratar en la vida real y ya lidiaré con todo eso cuando regresemos a casa. Si es que regresamos, claro...

Estoy formulando planes en los que nos limitamos a quedarnos aquí y nos convertimos en los siguientes Durrell. La verdad es que no he renunciado del todo a Internet, he estado navegando en secreto por páginas web de agencias inmobiliarias griegas y he visto gloriosas villas antiguas en las que podría caminar descalza por el suelo de losas de piedra, beber un sencillo vino de la zona en un vaso de terracota (no sé hasta qué punto sería agradable beber en uno de ese tipo, pero el concepto en sí encaja bien en la imagen que tengo en mente) y lanzarles alguna que otra aceituna a los niños, que para entonces serían unos pilluelos bronceados y bohemios, antes de internarme en los olivares con mi caballete para pintar una nueva obra de arte.

En la imagen que tengo en mente, aquel informe escolar que decía: *Aunque a Ellen le cuesta apreciar el arte y no tiene ni la más mínima habilidad artística, estaría bien que de vez en cuando pudiera concentrarse y fingir al menos que está trabajando* no me impide crear mis sublimes acuarelas. Lo cierto es que recuerdo que en clase de arte salpicaba mucha pintura y mi comportamiento en general dejaba bastante que desear, pero eso es lo de menos porque está claro que mis talentos artísticos latentes despertarían y saldrían a la luz cuando me fuera a vivir a mi bella villa de Corfú.

Jueves, 21 de abril

Por la noche, cuando los niños ya se han acostado, Simon y yo salimos a sentarnos en la terraza y bebemos más vino y contemplamos las luces que brillan por la ladera y la bahía. Oímos a los perros ladrándose unos a otros en el pueblo que hay bajando la colina, y también el canto de las cigarras en el jardín y los olivares, pero eso es todo cuanto se oye, aparte de alguna moto subiendo por la colina de forma muy esporádica.

Es un lugar gloriosamente tranquilo y romántico, hasta que cada noche llega un momento en que hordas de jodidos grillos deciden investigar la luz de la casa y entran en la terraza y empiezan a saltar de acá para allá e intentan meterse en nuestras copas de vino, momento en el que yo entro en la casa chillando mientras Simon me grita que tranquila, joder, que no van a hacerme daño. Gerald Durrell no tuvo nunca este problema.

Pero esta noche, antes del habitual ataque nocturno de la plaga de saltamontes, le hablé a Simon de la espléndida imagen que tengo en mente, de mi plan de quedarnos a vivir en Corfú. No se le veía demasiado convencido mientras yo describía de forma poética la nueva vida que tendríamos.

—Nadie quiere volver de las vacaciones, Ellen.

—Pero ¿no te parece que sería genial? Una vieja villa de piedra rodeada de olivares, terrazas con vides con las que podríamos producir nuestro propio vino. Y habría un viejo sirviente recorriendo los viñedos, se llamaría... —hice una breve pausa para pensar un nombre apropiado—, Nico. Nico tiene un burro y lleva una eternidad llorando la pérdida del amor de su vida, y nunca habla de lo que hizo en la guerra hasta que un día se da cuenta de que puede confiar en nosotros y nos cuenta sus hazañas en la resistencia griega y que a María, la única mujer a la que ha amado, le pegaron un tiro los nazis y que ella murió en sus brazos y que desde entonces su único amigo había sido su burro hasta que la encantadora y excéntrica familia gringa...

—Estoy casi seguro de que lo de «gringa» es mexicano, querida.

—¡Cierra el pico! Estoy contándote la nueva vida de ensueño que imagino, ¡no me pongas obstáculos! A ver, ¿dónde estaba...? Ah, sí, Alexis...

—¿Quién es Alexis?, me suena a que era un personaje de *Dinastía*.

—¡El viejo sirviente!

—¿No se llamaba Nico?

—¡Me da igual cómo se llame! La cuestión es que Nico, el viejo sirviente que recorre los olivares con su burro como única compañía, aprende a sentir de nuevo amor y emoción gracias a la simple camaradería de los niños británicos y sus padres, quienes en un principio se meterán en divertidos apuros y tendrán graciosísimos malentendidos con la gente de la zona, pero que gracias a Nico irán integrándose en la comunidad, y que celebrarán entonces una maravillosa fiesta entre los olivares donde abundará el vino casero, ¡y todos vivirán felices para siempre!

—Madre mía, cariño, ¿cuántos libros de esos para chicas con las cubiertas de color rosa y paquetes de vino en la portada has leído esta semana?

—Unos cuantos —admití a regañadientes.

En la villa había una cantidad inagotable de libros de ese tipo que debió de dejar alguien que se hospedó previamente allí. En teoría, uno de los rituales típicos de las vacaciones consiste en llevarse un montón de obras serias y enriquecedoras que aún no se ha tenido oportunidad de leer, aunque se tiene intención de hacerlo desde hace una eternidad, dejarlas a un lado en cuanto se llega al lugar de vacaciones y leer en su lugar cualquier libro entretenido que haya a mano.

—¿De qué viviríamos? —me preguntó Simon.

—Bueno, apenas nos haría falta el dinero. Produciríamos nuestro propio vino, ya te lo he dicho y me parece que no me estás escuchando. Tan solo necesitaríamos cosas elementales, como algo de pan y queso; supongo que el queso podríamos hacerlo con la leche del burro, aunque entonces tendría que ser una burra, claro.

—¿Las burras se ordeñan?

—Y yo qué sé. Supongo que sí.

—No he oído hablar nunca de un queso de leche de burra.

—¡Vale, pues conseguimos una cabra, joder! ¡No me des problemas, sino soluciones! En fin, tendremos algo de pan y queso de cabra, un poco de miel de las colmenas que habrá en los olivares, nuestro propio aceite de oliva; ah, y también habrá árboles frutales alrededor de la villa, así que tendremos deliciosos melocotones y caquis...

—¿Qué son los caquis?

—No lo tengo claro, ¿podrías dejar de interrumpir? La cuestión es que apenas necesitaríamos dinero.

—Acabo de buscar los caquis en Google, yo diría que se parecen un poco a las ciruelas. Sí que necesitaríamos dinero, cariño. ¿Cómo íbamos a pagar la electricidad y los teléfonos y el agua y la calefacción?; ¿dónde estudiarían los niños?

—En el precioso y pequeño colegio del pueblo donde vivamos, uno como el que hay aquí cerca.

—¡Pero los niños no hablan griego! De hecho, ¡nosotros tampoco!

—Di latín en el instituto.

—Cariño, el latín y el griego actual no se parecen ni por asomo; el latín y el griego no son lo mismo. No has aprendido nada de francés a pesar de ir de vacaciones a casa de mis padres en verano no sé cuántas veces, ¿cómo demonios vas a aprender griego? Seríamos como esas personas espantosas de los programas de la tele que deciden irse a vivir al extranjero y regresan al cabo de dos semanas porque no encuentran en los supermercados la marca de zumo de naranja que les gusta. La economía griega está fatal, sería una locura traerse el dinero aquí en este momento.

—Pero el que la economía griega esté tan mal significa que nuestro dinero nos rendiría mucho más, ¿no? —Pensé que mi razonamiento era muy inteligente.

—No, querida.

Y entonces estuvo parloteando un rato sobre la inflación y la economía, pero yo dejé de prestarle atención y me puse a pensar en mis olivares y mis acuarelas y la atractiva pamela que me pondría para pintar.

Cuando volví a prestar atención a lo que estaba diciendo Simon, él aún estaba haciendo añicos mi sueño y estaba preguntándome de nuevo cómo pensaba pagar los gastos. Yo estaba a punto de sugerir que podríamos vivir con lámparas de aceite y sacar agua de algún antiguo pozo de piedra, pero entonces me di cuenta de que estaba internándome peligrosamente en el terreno de Louisa y que, por otro lado, yo jamás sería capaz de vivir así.

Por suerte, los saltamontes decidieron invadirnos en ese momento, así que pude llevar a cabo una retirada digna que me salvó de las estúpidas preguntas de Simon acerca de los aspectos prácticos de la imagen que había creado en mi mente; bueno, lo más digna posible cuando una corre despavorida hacia la puerta mientras grita: «¡¡¡Aaaahhhhh!!! ¿Tengo alguno en el pelo? ¡No quiero que se me metan en el pelo!».

Pero me negué a aceptar la derrota y pasé lo que quedaba de la velada buscando la casa perfecta. Tengo una semana por delante para hacer realidad mi sueño, ¡estoy convencida de que puedo lograrlo!

MAYO

Domingo, 1 de mayo

No logré hacer realidad mi sueño. Simon siguió haciéndolo añicos al insistir en centrarse en la realidad y en los asuntos prácticos y en lo que hacía falta para mantener a nuestros hijos, y también en la alarmante inseguridad de la economía griega; además, se negó en redondo a creerme cuando le aseguré que en Grecia es optativo pagar impuestos (estoy casi segura de que lo es), y que viviríamos de los productos del campo y todo iría encajando por sí solo una vez que encontráramos la casa adecuada. En fin, la cuestión es que hemos regresado a la vida suburbana.

Me pregunto si fue así como Louisa terminó viviendo en su lugar de retiro. A lo mejor se imaginaba también una vida más sencilla, y consiguió hacer realidad su sueño porque no estaba constreñida por un marido aniquilador de sueños como Simon. Aunque la verdad es que he estado en el mundo real donde vive mi cuñada, y está lleno de barro y de humedad y huele un poco; además, Louisa soñaba con un húmedo bosque escocés y no con una colina griega bañada por el sol, así que lo más probable es que esté pirada. Prefiero esta última opción, ya que intento evitar cualquier cosa que sugiera que ella y yo podemos tener algo en común.

La lavadora no ha parado desde que regresamos a casa. No lo

entiendo, porque creía que me había encargado de eso mientras estábamos de vacaciones, pero aún hay un montón de trabajo por hacer a pesar de que solo nos poníamos pantalones cortos y camisetas. Al final no me puse ninguno de los zapatos que llevé a cuestas, ya que lo único que me hizo falta fueron las chanclas, pero me parece que me hice daño en la espalda al ir cargada con mi equipaje de mano mientras fingía que no pesaba nada.

Los niños vuelven a ser unas fieras pardas, lo han sido desde que aterrizamos y, cansados e irritables, estuvieron discutiendo durante todo el trayecto desde el aeropuerto. El cielo está demasiado bajo, las campanillas están marchitándose, hay demasiado tráfico y no quiero volver al trabajo mañana. Simon dice que tengo una dosis enorme de depresión postvacacional, pero es que lo que yo quiero es estar sentada en mi *terracio* (la verdad, no sé si eso es italiano o me lo acabo de inventar) bebiendo originales vinos locales, viendo cómo mis adorados retoños disfrutan en la piscina y, más tarde, presenciar cómo las luces van encendiéndose una a una en el valle. En resumen, que la realidad es una mierda y que vaya asco de vida y que todo es muy injusto y voy a gritar y a gritar hasta que me dé un patatús. O igual me conformo con mascullar un rato entre dientes.

La parte positiva de todo esto es que es agradable volver a disfrutar de la fontanería británica y poder echar el papel al retrete, debo admitir que no era demasiado fan de los cubos llenos de papel de váter sucio; y también es agradable poder cepillarse los dientes sin que Simon esté recordándome a gritos que use el agua embotellada, que ni toque la del grifo; y, por supuesto, me alegro mucho de volver a ver de nuevo a mi perro. La verdad es que lo he echado muchísimo de menos, y que a lo mejor me pasé con la cantidad de mensajes de texto que envié a la residencia canina para asegurarme de que estuviera bien. Y puede que le enviara alguna que otra postal.

Miércoles, 4 de mayo

Vaya por Dios. Hoy he llegado un poco antes de tiempo al cole cuando he ido a recoger a los niños y he entrado en el patio, lo que viene siendo muy poco habitual. Últimamente he estado evitándolo llegando justo cuando suena el timbre y caminando a paso lento por la calle para coincidir con los niños justo cuando están saliendo por la puerta, para no tener que pisar el patio ni hablar con el Aquelarre y el resto de las mamás. Soy consciente de que esta actitud es pésima y antisocial por mi parte, pero en estos días no tengo fuerzas para participar en sus típicos jueguecitos. Mi único consuelo es que Sam ha admitido que hace lo mismo cuando le toca ir a por Sophie y Toby, así que al menos no soy la única persona antisocial.

Pero hoy decidí ser valiente. Si la Mamá Perfecta de la Perfecta Lucy Atkinson y sus secuaces deseaban acercarse pavoneándose y preguntarme si había tenido «unas buenas vacaciones» con esa típica actitud de falsa empatía, al menos podría volverme y contestar: «Sí, gracias, acabamos de volver de una estancia de dos semanas en Corfú; ¡sí, la verdad es que ha sido una experiencia mágica!; ¡sí, tienes toda la razón del mundo, cuánto cambian las cosas cuando una puede salir y desconectar de todo!», en vez de intentar fingir que lo habíamos pasado de fábula en casa de Michael y Sylvia mientras los miembros del Aquelarre abrían los ojos como platos ante semejante idea, y corrían el riesgo de fracturarse el cuello de tanto ladear la cabeza para expresar la falsa solidaridad necesaria ante alguien tan pobre que tiene que pasar las vacaciones en casa de los suegros.

Las mamás de siempre estaban por el patio en los grupitos habituales cuando llegué, pero, al ver que todas estaban liadas con el móvil o hablando en voz baja con apremio, me pregunté qué diantre se me habría olvidado o si habría ocurrido algo a nivel mundial y yo ni me había enterado; por otra parte, se las veía bastante animadas, así que quizás se tratara de algún acontecimiento alegre. Me pregunté si podría salir del paso sonriendo y asintiendo en caso de que alguien me preguntara si lo que había pasado, fuera lo que fuese, era genial, y en ese preciso momento la Mamá Perfecta de la Perfecta Lucy Atkinson vino directa hacia mí a toda velocidad seguida del resto del Aquelarre.

—¡Ellen! ¡Dinos si es verdad!

¿Qué?, pensé yo para mis adentros. ¿Qué es lo que sabe esta mujer?, ¿qué será? Igual sabe que sí, que a pesar de ser una mujer casada flirteé más de lo debido con Charlie Carhill porque me sentí halagada al ver que me prestaba atención; sí, vale, soy una casquivana, pero no pasó nada de nada, tan solo tomamos alguna que otra copa y fuimos a comer juntos un par de veces y sí, admito que él todavía me envía varios mensajes de texto al día y no, no puedo seguir fingiendo que no los he visto, pero voy a solucionar este asunto muy pero que muy pronto.

Entonces pensé que no, claro que no sabe nada al respecto, eso sería imposible, así que ¿a qué estará refiriéndose? ¡Cielos! Apuesto a que alguien vio al perro cagando en la arboleda que hay por detrás del parque, y no recogí la caca porque se me habían terminado las bolsitas y de verdad que tenía intención de regresar a recogerla, pero ¡se me olvidó por completo! Por estos lares, lo de dejar sin recoger una caca de perro es poco menos que sancionable con la lapidación. Pensé que si mantenía en el rostro la expresión de inocente conejito que se sobresalta de repente al ver unas luces en la carretera podría echarle morro y asegurar que no sabía nada de ese asunto. Sonreí como una desquiciada y procuré abrir un poco más los ojos.

—¡Dios mío, sí que lo es! —exclamó la Perfecta Madre de Lucy Atkinson—, ¡mirad la cara que ha puesto! ¡Te lo dije, Fiona, pero no me creíste! La *au pair* Noséqué (soy incapaz de pronunciar su nombre, lo he intentado) me mostró un artículo que hablaba del tema, ¡y supe que tenía que tratarse de ti!

—¿Un artículo? —¡Mierda!, ¡he salido en los periódicos locales por la caca perruna! Y seguro que han puesto mi nombre en letras bien grandes.

—Sí, en uno de esos tan aburridos que hablan de informática. Parece ser que Noséqué tiene una licenciatura en algo relacionado con los ordenadores de una universidad ucraniana, así que le gustan ese tipo de cosas; en fin, el artículo hablaba de los últimos éxitos en el mundo de las aplicaciones y de sus desarrolladores y entre ellos estaba el juego *Un* gin-tonic *para mamá*, desarrollado por Ellen Russell Games Ltd.; ¡sabía que tenía que tratarse de ti! Fiona dijo que no tenías la inteligencia necesaria para hacer algo así, pero ¡yo dije que sí!

¡Vaya, Fiona, muchas gracias! ¡Y yo que creía que habíamos estrechado lazos al interpretar juntas a Patricia la *stripper*! No volveré a obligarte a subir conmigo al piano, ¡tu lugar podrá ocuparlo en adelante la Perfecta Mamá de Lucy Atkinson!

—Eh..., pues sí, el juego lo hice yo. ¿Lo habéis probado?

—¡Nos encanta, Ellen! ¡Todas nos hemos hecho adictas a él!

Me di cuenta de que para entonces se había congregado una pequeña multitud a mi alrededor, y de que todo el mundo emitía exclamaciones extrañamente elogiosas sobre *Un* gin-tonic *para mamá*; pero, como de costumbre, la Perfecta Mamá de Lucy Atkinson se erigió como portavoz de todo el patio.

—¡Es un juego divertidísimo, Ellen! Además, ¡qué bien refleja la realidad! La vida es así, tal cual, pero tú la has convertido en ese juego tan brillante.

No, tu vida no es así, pensé yo, confundida. Mi juego refleja la vida de mamás normales y corrientes como Hannah y yo, no la de otras como tú; tú, con tu perfecta y ondeante cabellera y tu *au pair* Noséqué y tus dichosos retoños angelicales, no tienes una vida así. Pero ella seguía parloteando sin parar...

—¡Y la parte donde hay que esquivar a las mamás maduritas en la puerta del colegio es fabulosa de verdad!

¡PERO SI TÚ ERES LA REINA DE LAS MAMÁS MADURITAS! ¿DE QUÉ COJONES ESTÁS HABLANDO, ILUSA DESQUICIADA?

—Siempre he tenido la sensación de tener que pasar de puntillas junto a las mamás trabajadoras que me miran por encima del hombro porque no trabajo o porque gozo de independencia económica, y os envidio por ir a trabajar, por tener una ocupación propia al margen de vuestra familia. Y me preocupa pensar en el ejemplo que puedo estar dándole a Lucy...

—Pero yo siempre he tenido la sensación de tener que pasar de puntillas junto a vosotras, las mamás que os quedáis en casa para cuidar de vuestra familia —afirmó Alicia la de la tele—. Creí que estabais juzgándome por abandonar a mis hijos, por tener una carrera, por no hacer que mi mundo entero gire alrededor de ellos. A mí también me preocupa pensar en el ejemplo que puedo estar dándoles al estar siempre ocupada con asuntos de trabajo, al no cocinarles lo suficiente ni hacer manualidades.

—¡Detesto con todas mis fuerzas la repostería! —Fiona Montague anunció aquello sin dirigirse a nadie en particular—. ¡Mi vida estaría perfectamente completa si no volviera a ver otra jodida magdalena en toda mi vida! ¡Las odio!

En el patio nunca había reinado un ambiente tan agradable y amistoso como hoy, mientras todas las madres bromeaban sobre el hecho de que una no se siente nunca a la altura de las circunstancias; a todas ellas, tanto a las que trabajaban como a las que no, les preocupaba no estar haciendo las cosas bien y admitían que, por mucho que una quiera a sus hijos, a veces ser madre o padre es una tarea increíblemente aburrida que requiere un gran esfuerzo.

¿Quién iba a imaginar que todas se sentían así? A mí ni se me habría pasado por la cabeza que incluso la Mamá Perfecta de la Perfecta Lucy Atkinson haya podido verse tentada en ocasiones a decirle a la mismísima santa Lucy que la deje en paz de una vez y deje de parlotear, ni que Fiona Montague se encierre a veces en el cuarto de baño y rompa a llorar porque no soporta la idea de ver otro capítulo de *Peppa Pig*, ni que el otro día la superexitosa Alicia la de la tele se diera cuenta en medio de una reunión muy importante de que estaba tarareando sin percatarse la sintonía de la serie infantil *Horrible Histories*.

A mí me costaba creer lo que estaba pasando. La aplicación había nacido como una especie de mecanismo para desahogarme, así que había metido en ella todo lo que me molestaba del día a día como retos diarios que había que superar. Aunque me encanta que esté generándome tanto dinero, no alcanzaba a entender por qué se había vuelto tan popular, porque creía sinceramente que las mamás de pacotilla, las que intentamos superar el día a día como buenamente podemos, las mamás que logramos a duras penas hacer las cosas bien si tenemos suerte, éramos una minoría. Pero resulta que no es así. La mayoría de nosotras somos esas madres aunque de cara al mundo dé la impresión de que estamos arreglándonoslas bien, de que somos supermamás, de que nuestra vida es perfecta.

La Mamá Perfecta de la Perfecta Lucy Atkinson me dio un abrazo cuando nos fuimos del patio. Fue un momento aterrador.

Martes, 10 de mayo

Hoy me llamaron de la escuela para pedirme que por favor fuera de inmediato, que había habido un «incidente» en el que había estado involucrada Jane. Petra, la secretaria, suele ser una mujer cordial y alegre, pero se la oía muy sombría y seca y me llamó «señora Russell» en vez de Ellen. Se negó a entrar en detalles, y se limitó a decirme que debía ir cuanto antes a hablar con la directora y que Jane no había sufrido ningún daño.

Huelga decir que la primera reacción ante una llamada así es entrar en pánico. Llamé a Simon, pero al ver que me saltaba directamente el contestador (qué sorpresa, ¿verdad?) decidí llamar a su despacho, donde me informaron que había salido a inspeccionar una obra y que probara a llamarle al móvil. Sí, un consejo muy útil cuando su primogénita corría vete a saber tú qué horrible peligro (es posible que le gritara sollozante ese comentario a la secretaria de mi marido).

Partí rumbo a la escuela en mi coche y, mientras conducía a toda velocidad, intenté imaginar qué diantre habría podido ocurrirle a mi hija para que me avisaran de la escuela en medio de la jornada, teniendo en cuenta que se trataba de algo por lo que no había sido necesario hospitalizarla. Dejé el coche abandonado en el aparcamiento estrictamente prohibido a los padres y reservado al personal, ya que aquello era una emergencia sin lugar a dudas, y entré a la carrera en el colegio.

Jane estaba sentada en el despacho con Petra, se la veía muy pálida y apretaba la mandíbula con esa actitud desafiante que significa que está al borde de las lágrimas y que prefiere la muerte antes que derramarlas en público. Petra alcanzó a mirarme con una sonrisa de solidaridad y una mueca antes de que la señora Johnson, la directora, emergiera de su despacho como una tromba.

La señora Johnson es una vieja arpía engreída. Está claro que es una de esas personas que se metió en la enseñanza porque era una ruta fácil para ostentar algo de poder sobre personas más vulnerables (a diferencia de la mayoría de los profesores, que lo hacen por vocación e impulsados por el deseo de llenar de conocimientos la mente de los niños e inculcarles el amor por el saber, la curiosidad por el mundo que nos rodea); por desgracia, es una mujer que me recuerda sobremanera a la directora del colegio al que yo iba, lo que significa que cada vez que la veo tengo que reprimir el impulso de encorvarme y murmurar que no estoy masticando nada antes de ir corriendo a la zona de detrás del aparcamiento de bicis y encender un porro y correrme con un chico que no me conviene.

La señora Johnson me lanzó esa sonrisa viperina que jamás se refleja en sus ojos antes de decir:

—Señora Russell. Entre a mi despacho, por favor.

—¡Mamá, tengo que hablar contigo! —exclamó Jane al mismo tiempo.

Me detuve en seco.

—¿Qué ha pasado?, ¿mi hija ha sufrido algún daño? Nadie me ha dicho por qué me han hecho venir.

—Entre en mi despacho, señora Russell, y le explicaré lo que Jane ha hecho y por qué la hemos hecho venir —insistió la directora.

—¡Mamá, por favor!

En su voz había un temblor provocado por la desesperación que me rompió el corazón; estaba claro que esas lágrimas no iban a poder ser contenidas durante mucho tiempo más y Jane no soporta llorar delante de nadie, ni siquiera de mí, así que ni hablemos de Petra y de Caradecaca Johnson.

Respiré hondo, me metamorfoseé en Jessica y dije con voz bien gélida:

—Creo que sería más apropiado que hablara con mi hija antes de oír la explicación que usted va a darme sobre lo que sea que haya pasado, señora Johnson.

Su fría sonrisa se esfumó y fue reemplazada por una boca similar al trasero de un gato.

—La verdad es que eso no me parece apropiado, señora Russell. Si fuera tan amable de entrar en mi despacho, por favor...

Jane me miró desesperada.

—Me temo que no va a poder ser, señora Johnson. —En ese momento, yo era Jessica aquella vez que el repartidor de Waitrose le llevó salmón ahumado caducado y tuvo que llamarles para quejarse—. Creo que debería hablar con mi hija antes de hacerlo con usted, ¿no le parece?

La señora Johnson se debatió por unos segundos, pero la voz de «Jessica cabreada por el salmón ahumado caducado» no admite discusión alguna.

—Bueno, supongo que las dos pueden entrar conmigo a mi despacho.

Lo dijo como si fuera su última oferta, pero quien contraatacó fue la «Jessica a la que le han ofrecido una manzana que no es orgánica».

—No creo que sea buena idea. Voy a hablar primero con Jane, y entonces será un verdadero placer para mí oír su versión de la historia. Muchísimas gracias por permitirnos usar su despacho, ¡qué amable por su parte! ¡Vamos, Jane!

Y entré en el despacho antes de que la señora Johnson pudiera articular palabra. Jane entró tras de mí, Caradecaca Johnson se quedó allí plantada hecha una furia y Petra me miró con una gran sonrisa y alzó el pulgar con discreción. La lección rápida sobre cómo cruzar puertas con actitud airada se la debo a la primera y última vez que Jessica fue al Nando's y descubrió que se suponía que debía ir a pedir a la barra.

Una vez que entramos en el despacho y ni la señora Johnson ni Petra podían vernos, Jane se desmoronó por completo y se deshizo en un mar de lágrimas. Aquella no era mi valiente guerrera, la niñita que desde que nació ha hecho las cosas a su manera y no llora nunca porque dice que las lágrimas son para los débiles y los idiotas. Estuvo sollozando entre mis brazos durante un rato y lo único que alcancé a entender fue que gritaba «¡INJUSTO!» y «¡LOS ODIO!» de vez en cuando, y que decía algo acerca de Oscar y Tilly. Al final logré calmarla (me sentí aliviada al ver que parecía estar llorando tanto de rabia como de angustia) y empezó a relatarme con voz estrangulada lo sucedido.

Parece ser que Oscar Fitzpatrick ha estado haciéndole la vida imposible a Tilly, una amiga de Jane. Le da golpes y pellizcos cuando no hay personal docente alrededor, le quita la comida y la insulta de forma horrible y se comporta en general como un pequeño cabroncete agresivo. La escuela no ha hecho nada al respecto; a pesar de que un montón de críos han presenciado ese comportamiento, el castigo más «severo» que se le impuso a ese mocoso fue no salir a la hora del patio y elegir una actividad para hacer en clase, y como parece ser que se decantó por la esquina del Lego está claro que semejante castigo le hizo sentirse profundamente arrepentido.

Se ve que Tilly trajo hoy a la escuela su muñeca nueva, una que le regalaron la semana pasada por su cumpleaños; estaba mostrándosela a sus amigas, entre ellas Jane, cuando Oscar apareció, le arrebató la muñeca de las manos, le arrancó la cabeza, lanzó el cuerpo hacia la calle por encima de la valla y la cabeza al cubo de basura. Todo ello mientras las niñas gritaban e intentaban quitársela.

Jane decidió entonces tomar cartas en el asunto y, poniendo en práctica todas esas clases de *jiu-jitsu* a las que la he llevado, logró tirar al suelo a Oscar Fitzpatrick (lo cual es realmente impresionante, porque el niño ese es uno de esos gigantescos críos mutantes que sobrepasan en altura a todos sus compañeros de clase). Entonces, una vez que lo tuvo en el suelo, le propinó una patada en los huevos porque, tal y como insistía mi hija, «¡Se lo merecía, mamá! Se supone que solo tenemos que usar el *jiu-jitsu* como defensa, pero ¡eso es lo que hice! ¡Estaba defendiendo a Tilly!».

Lamentablemente, una de las profesoras, a pesar de no estar nunca presente cuando Oscar atormenta a Tilly, vio a Jane abalanzándose contra Oscar y pateándole, así que mi hija fue conducida de inmediato al despacho de la directora para dar explicaciones. Mi hija, haciendo gala de una inteligencia que me gustaría que aplicara también a la hora de hacer otras cosas (como encontrar sus zapatos de la escuela, por ejemplo), se negó a hablar hasta que yo estuviera presente porque «¡Tengo derecho a permanecer en silencio, mamá!».

Una vez que se calmó y le aseguré que por supuesto que había hecho lo correcto y que iba a encargarme de solucionar aquello de inmediato, le dije que saliera y esperara con Petra y entonces volví a metamorfosearme en Jessica y le indiqué a la señora Johnson que ya podía entrar en su propio despacho para tratar el asunto.

La mujer parecía haberse hinchado hasta alcanzar el doble de su tamaño normal debido a la indignación que había ido creciendo y creciendo en su interior mientras yo hablaba con Jane, parecía un pez globo cuando entró airada en el despacho y exclamó con voz cortante:

—¡Bueno, señora Russell, supongo que se da cuenta de lo seria que es la situación!

—Sí, por supuesto que sí. Convengo con usted en que se trata de una situación extremadamente seria. Comprendo su preocupación. Es obvio que habla muy mal de la escuela el hecho de que, debido a lo negligentes que han sido a la hora de luchar contra el acoso escolar, algunas alumnas se hayan visto obligadas a tomar cartas en el asunto para proteger a sus compañeras, ya que no pueden contar con que el personal docente se encargue de lidiar con las situaciones que vayan surgiendo.

¡Ja! ¡Chúpate esa! Había logrado dejar sin palabras a aquella arpía, que boqueó frenéticamente por un momento antes de farfullar:

—¡Me refiero al ataque completamente injustificado de Jane hacia un compañero!

—Un compañero que ha estado acosando de forma sistemática a una de las amigas de mi hija.

—Señora Russell, no puedo hablar sobre situaciones que se están manejando desde la dirección, si nos encontramos aquí es para hablar del violento ataque de Jane contra Oscar. Me temo que en estas circunstancias no tenemos más opción que ver a Jane como la agresora y, por tanto, la abusona, y actuar en consecuencia.

—¿Qué es lo que propone exactamente?

—Jane va a tener que disculparse públicamente con Oscar, y se perderá las actividades del «viernes de diversión».

—¿Qué hará ella mientras los niños disfrutan de esas actividades?

—Se quedará sentada aquí, en mi despacho, para reflexionar sobre lo que ha hecho.

La mamá tigre que llevo dentro y que había estado gruñendo por lo bajo desde que había visto a Jane sentada en ese despacho emergió de golpe. Ya no me hacía falta metamorfosearme en mi triunfadora hermana para hacer pedazos a aquella arpía que estaba intentando castigar injustamente a mi niña; de hecho, si aquella mujer no retiraba lo dicho y dejaba en paz a mi niñita, podría considerarse afortunada si me marchaba de allí sin haber dejado su estúpida escuela hecha cenizas y su maltrecho cadáver tirado entre los cimientos. ¡Prepárate, arpía! ¡La tigresa acaba de sacar las garras!

—Pero cuando a Oscar se le castigó supuestamente porque le quitó la comida a Tilly y se la lanzó al barro y la pisoteó, tan solo se perdió el recreo y pudo elegir una actividad, no le obligaron a disculparse ni se perdió las actividades del «viernes de diversión».

—Sí, señora Russell, pero en este incidente en el que se ha visto envuelta Jane ha habido violencia, y ha sido presenciado además por un miembro del equipo docente.

—Y todos los demás incidentes, incluyendo el de hoy y otros muchos en los que Oscar ha sido violento con Tilly, han sido presenciados también por otros niños que corroborarán la versión de los hechos de Jane y Tilly; ¿está diciendo que la versión de una única empleada que ha visto el final de un altercado es más fiable que la de multitud de niños?

—Señora Russell, creo que...

Yo la interrumpí sin miramientos.

—¿Acaso cree que mi hija es idiota?

—¿*Qué?*

—Le he preguntado que si cree que mi hija es idiota. ¿Cree que se metería sin motivo alguno en una pelea física con un niño que es el doble de grande? Jane puede ser muchas cosas, pero no es idiota. Estaba defendiendo a su amiga, y se la debería felicitar por ello. No va a disculparse ni va a perderse las actividades del «viernes de diversión», porque... —busqué la información en mi móvil a toda velocidad, menos mal que no había gastado todos los datos cotilleando en Facebook—, en primer lugar, y leo textualmente, las autoridades educativas definen el acoso escolar como un *patrón reiterado de comportamiento*, así que un solo incidente aislado por parte de Jane no puede considerarse como tal; y, en segundo lugar, la política del consejo escolar en lo que al acoso escolar se refiere establece que debe seguirse un sistema que incentive el comportamiento positivo, y eso no es lo que usted está haciendo al intentar imponerle ese castigo a Jane; y establece también que a los niños hay que enseñarles a hacerse responsables de sus propias acciones. No veo que estén llevando eso a la práctica si resulta que hacen caso omiso de los testimonios de varios alumnos porque les dan menos validez que al de un único miembro del personal docente, alguien que ni siquiera presenció todo el incidente. Jane estaba defendiendo a su amiga, y usted no ha cumplido con su deber de cuidar a Tilly y a mi hija y a Oscar al no proporcionar un entorno seguro y debidamente supervisado.

—Señora Russell, quisiera decirle que...

—¡AÚN NO HE TERMINADO DE HABLAR! —rugió la mamá tigre—. ¡Y lo que yo quisiera decirle es que le sugiero que retire todas esas amenazas y acusaciones absurdas contra mi hija de inmediato, porque de lo contrario estaré encantada de poner este asunto en manos de las autoridades pertinentes! ¡Que se encarguen de investigar cómo les ha fallado usted a todos, absolutamente todos los niños involucrados en este penoso asunto! ¿Me he explicado con claridad?

—¡Señora Russell, no creo que sea necesario llevar esto a tales extremos! —balbuceó ella con nerviosismo—. Me parece que podríamos resolver este asunto con facilidad, es posible que me haya excedido un poco con Jane...

—Y supongo que desea disculparse por ello.

—Sí, por supuesto que sí. Si he perturbado a Jane sin querer, por supuesto que lamento que se haya sentido así.

Como disculpa dejaba bastante que desear, pero la verdad es que me sorprendía haber logrado que cediera hasta ese punto; en cualquier caso, la tenía acorralada y decidí aprovechar la situación al máximo.

—Y por supuesto que no exigirá que mi hija se disculpe ni le impedirá disfrutar del «viernes de diversión», ¿verdad?

—¡No, supongo que no!

Lo dijo poco menos que jadeante y su rostro se había teñido de un tono morado bastante desagradable, así que temí que fuera a darle un ataque al corazón después del palizón que yo acababa de darle. Decidí retirarme mientras iba ganando, así que me puse en pie y dije, procurando ser muy cortés:

—En fin, me alegra mucho que hayamos podido resolver este absurdo malentendido, señora Johnson. Ha sido un placer verla, no dude en llamarme si surge cualquier otra cosa sobre la que desee hablar conmigo. Huelga decir que voy a llevarme a Jane para que pase el resto del día en casa, ya que todo esto la tiene muy trastornada. ¡Adiós!

Me apresuré a metamorfosearme en Jessica saliendo del Nando's, con la frente bien alta y actitud soberbia, antes de que aquella mujer se desplomara y me culparan a mí de su muerte. Salí con paso airado rumbo al aparcamiento, Jane me seguía y en un momento dado me preguntó con una vocecilla llena de inseguridad:

—¿Mamita? ¿Estás enfadada conmigo, mamita? —No me llama así desde que tenía unos tres años.

—¡Claro que no, cariño! Estoy enfadada con la señora Johnson y con Oscar y con el colegio, pero no contigo. Tú has hecho lo correcto al plantarle cara, sobre todo teniendo en cuenta que es mucho más grandullón que tú. Estoy orgullosísima de ti, Jane. Has defendido a tu amiga, sabías que también podrían hacerte daño a ti, pero no te has asustado y la has defendido de todas formas. Deberías sentirte orgullosa de ti misma, porque lo que has hecho ha sido muy valiente por tu parte.

—¡Ah, vale! ¿Podemos pararnos entonces a comprar helado de camino a casa?

Yo suspiré aliviada. La pragmática actitud de Jane para intentar sacarle partido a la situación parecía indicar que las cosas habían vuelto a la normalidad para ella.

—Y también me gustaría comprar un cómic —añadió.

La madre de Tilly me llamó después para decirme que su hija le había relatado toda la saga de lo que se había convertido para todos en una épica batalla del tipo David y Goliat entre Jane y Oscar, y me pidió que le diera las gracias a mi hija por intervenir. Yo estuve a punto de echarme a llorar por el orgullo que sentí, aunque la descarada de Jane había conseguido que me gastara quince libras en ella cuando paramos a comprar un helado de camino a casa.

Tal y como suele suceder cuando ocurre alguna confrontación me pasé el resto del día caminando airada por la casa y mascullando «¡AH, Y UNA COSA MÁS!» conforme se me iban ocurriendo más y más comentarios cortantes y mordaces que habrían aplastado como una mosca a la señora Johnson.

Viernes, 20 de mayo

¡Llegó otro viernes *pasoti*! Ojalá pudiera decir que la semana se me ha hecho corta, pero el paréntesis que hay entre el lunes y el viernes cada vez me parece más largo; después de hacer que mis adorados muñequitos engulleran una *pizza* congelada, fui a prepararme para una salidita al *pub* con Hannah y Sam.

Me sentía muy complacida conmigo misma por haber logrado embutirme en unos vaqueros blancos que me parecían muy veraniegos, y estaba intentando aplicarme el rímel cuando Jane entró en mi dormitorio y me miró horrorizada.

—¿De verdad que vas a ir vestida así, mamá?

—¡Pues sí! ¿Qué tiene de malo esta ropa?

—Nada, es que no me había dado cuenta del culo tan grande que tienes.

«¡Anímate a tener un hijo!», te dice todo el mundo; «¡ya verás lo gratificante que es y la alegría que trae a tu vida!». Estaba intentando contener las lágrimas tras oír el comentario de Jane sobre el tamaño de mi trasero y debatiéndome entre cambiarme o pasar de todo cuando Peter entró también y anunció que quería darme un abrazo antes de que me fuera. Dicho abrazo consistió básicamente en mi hijo limpiándose las manos manchadas de chocolate en mi cara y en mis pantalones blancos; eso resolvió al menos mi dilema sobre si debería cambiarme o no, porque cuando me soltó daba la impresión de que me había cagado encima. ¡Sí, tener hijos es realmente maravilloso! ¿A quién no le encanta que le machaquen la moral o ser usada a modo de servilleta humana por una criaturita pringosa?

Cuando llegué por fin al *pub* (con un ligero retraso por haberme cambiado de ropa mientras le pedía a gritos a Simon que por favor subiera a estrechar lazos con sus adorados muñequitos), me encontré con que Sam se ha desenamorado. Ha decidido que Mark no es el hombre adecuado para él, que no ha sido más que un revolcón pasajero que le ha ayudado a volver a tomar las riendas de su vida y a cabalgar de nuevo, por así decirlo; ah, y parece ser que Mark cree que soy una homófoba.

—¡No entiendo por qué dijo algo así! —exclamó mi amigo con indignación.

—Eh..., me parece que sé por dónde van los tiros —admití, mientras notaba cómo me ruborizaba de golpe—. No fue más que un malentendido muy desafortunado entre su hermana y yo, pero creía que lo habíamos aclarado.

—¡Ellen! ¿Se puede saber qué diantres hiciste o dijiste para que su hermana te considere una homófoba de tomo y lomo?

—Puuuueeeess..., a ver, resulta que yo estaba en una fiesta, y había mucho jaleo y me había tomado un par de copitas y apenas conocía a Alison, y estábamos manteniendo una de esas conversaciones tan correctas donde le haces preguntas intrascendentes a la otra persona sobre su vida, y yo le pregunté si tenía hermanos o hermanas y me contestó que sí, que un hermano, y yo le pregunté entonces que si estaba casado y me pareció entender que me decía que no, que estaba muerto porque de verdad que había mucho jaleo, y vi que lo decía con mucha naturalidad, pero pensé que lo correcto sería expresar cuánto lamentaba su pérdida y le dije «¡Vaya, cuánto lo siento!», y al ver que me miraba raro le pregunté si había sido algo repentino y me dijo que no, que ella siempre había sabido lo que pasaba, así que deduje que él había padecido alguna enfermedad larga. Y entonces le dije «El hecho de saberlo no facilita en nada las cosas, ¿verdad?» y vi que volvía a mirarme raro; y entonces, porque pensé que no había expresado bien cuánto lamentaba su pérdida, añadí: «¿Cómo están sobrellevando tus padres una situación tan difícil? Supongo que uno no supera jamás que le pase algo así a su hijo». Y entonces se indignó mucho y me dijo que le sorprendía mi actitud, que ella creía que era una persona más abierta de mente, y que por la forma en que yo me refería a su hermano cualquiera diría que estábamos hablando de un muerto en vez de un gay. Pero ¡es que yo había entendido que él la había palmado! Y al verla hablar con tanta naturalidad sobre su jodido hermano muerto, pues había pensado que su actitud se debía a que era una especie de bicho raro sin corazón. Le expliqué el malentendido que había ocurrido y que yo había dicho eso porque había creído entender que su hermano estaba muerto, así que daba por aclarado el tema, pero está claro que me equivocaba. No entiendo la actitud de Alison, vino a mi fiesta con un hermano gay que no estaba en el mundo de los muertos y ahora se dedica a decir por ahí que soy una intolerante.

Sam estaba desternillándose de risa y exclamó entre carcajadas:

—¡Eres un verdadero desastre! ¡No me puedo creer que dijeras: «¿Cómo están sobrellevando tus padres una situación tan difícil?»! ¡No tienes remedio, Ellen! En fin, yo de ti no me preocuparía demasiado. Supongo que Alison le contó a Mark lo que pasó y él lo malinterpretó, porque no es un lumbreras que digamos. Al menos es guapo. En fin, has hecho que me alegre de haberle dejado.

Hannah, por su parte, estaba sombría porque, como a través de la página web donde se había registrado (*Mi amiguete necesita un polvete*) no había conseguido ni una sola cita y menos aún encontrar a ese espíritu afín con quien compartir el resto de su vida, estaba convencida de que iba a permanecer sola por siempre jamás.

Sam intentó animarla recordándole que por lo menos no había recibido más fotos de pollas, pero ella se hundió aún más en la desesperación.

—¡Estoy tan decrépita que nadie quiere molestarse siquiera en enviarme una foto de su pene! Soy una vieja pelleja, ¡los niños crecerán y se marcharán y se irán a vivir a Australia y se alejarán de mí! Me abandonarán hasta los gatos y no tendré a nadie con quien hablar, así que le contaré mis penas a una planta mustia. ¡Y lo más probable es que esté mustia porque desea morir para no tener que seguir escuchándome! ¡VOY A QUEDARME SOLA!

—Seguirás teniéndonos a nosotros —le dije, con la esperanza de animarla.

—¡Nooooo!!! ¡No, tú estarás siempre fuera haciendo cruceros por el Nilo con Simon, y Sam estará por ahí tirándose a un montón de tíos buenos! ¡Y yo estaré sola y abandonada!

—Yo de ti dejaría la ginebra por hoy, cielo —le dijo Sam—. Me parece que tus temores se deben al alcohol.

¿Cruceros por el Nilo? ¿Qué clase de anciana de geriátrico cree que voy a ser?

Jueves, 26 de mayo

Hoy se celebra la Jornada Deportiva. Cuánto la odio. Tanto Peter como Jane han heredado mis capacidades atléticas, lo que quiere decir que tienen la elasticidad y la coordinación de Bambi con patines, y a eso hay que sumarle la velocidad y la elegancia de una cría de hipopótamo. Mis hijos carecen también de espíritu de equipo y de deportividad, así que se enfurruñan si no ganan y lo único que se llevan es una de esas pegatinas en plan *Felicidades por participar, aunque seas un poco negado para esto*. A Jane le cabrea que se premie a todo el mundo por participar, y no para de rezongar mientras esperamos durante horas a que cada niño del colegio suba a recibir su medalla; de hecho, el año pasado amenazó con organizar un boicot, y tuve que sobornarla con un montón de bolsas de golosinas para que no montara una escenita.

Aparte de la ineptitud de mis hijos, siempre me siento un poco timada por la Jornada Deportiva. Una jornada como esta debería celebrarse bajo un sol resplandeciente, las madres deberíamos llevar vestiditos de tarde en un suave tono verde *eau de nil* y sombreros decorados con flores, y los papás deberían ir de un lado a otro vestidos con trajes de lino color crema y sombreros Panamá; debería haber fresas con nata en un patio cuadrangular (vaya palabrita), y litros y litros de Pimm's, y puede que incluso champán; a los vencedores se les debería felicitar con una cortés ronda de aplausos, puede que con algún que otro «¡Hurra!»; cestas de pícnic repletas de sándwiches de pollo y espuma de salmón tampoco estarían de más; los profesores deberían llevar un vestuario blanco similar al del críquet, incluyendo el elegante jersey de punto trenzado, y las profesoras un bonito uniforme de tenista.

Cabe la posibilidad de que haya confundido la Jornada Deportiva con una especie de popurrí de esas películas tipo Merchant Ivory ambientadas en la Inglaterra eduardina.

En vez de todo lo dicho, lo que tenemos es una deprimente cancha deportiva y hordas de niños equipados con camisetas de nailon de estridentes colores (estoy convencida de que esas camisetas pueden empezar a arder si los niños corren lo bastante rápido, pero eso no es algo que deba preocuparme tratándose de mis hijos); en fin, la cuestión es que esos luminosos pecheros indican la casa a la que pertenece cada niño, ya que todos los deportes se practican en grupo para que nadie sea un perdedor.

A pesar de este detalle de corrección política por parte de la escuela, todos los niños persisten en mofarse del que llega el último y gritarle «¡PERDEDOR! ¡PERDEDOR!», ya que ni la escuela ni la corrección política han alcanzado a comprender aún que los niños están dotados de una crueldad inherente y de una mentalidad de manada hacia el más débil; por suerte, gracias a una combinación de astucia artera y trampas descaradas, Peter y Jane suelen ingeniárselas para no quedar los últimos del todo, lo que probablemente me enorgullece más que si se les diera bien el deporte.

Los miembros del profesorado deambulan por el lugar embutidos en ropa supuestamente deportiva, ropa que abarca desde la licra ajustadísima en el caso de las jóvenes profesoras que están en periodo de prueba (licra que hace que a algunos de los padres se les salgan los ojos de las órbitas de una forma muy poco apropiada para un hombre de mediana edad) hasta el recio chándal de la señora Briggs, la profesora de religión, que a juzgar por el olor a naftalina solo sale a la luz una vez al año.

Pero lo más aterrador de todo es ver a la señora Johnson, la directora, ya que a pesar de ser una robusta señora que ya tiene cierta edad le gusta enfundar sus pechos y su trasero (que son más que amplios) en prendas similares a los conjuntos cortitos y ajustados que se ponen las jóvenes profesoras ya mencionadas. La parte positiva de eso es que cualquier pensamiento lujurioso que pueda haber aparecido en la mente de los padres ante las hectáreas de carne prieta y joven que las jóvenes profesoras dejan expuesta mientras corren y brincan de acá para allá desaparece de inmediato ante el horror de ver llegar bamboleante a la señora Johnson, quien en una regordeta mano lleva un altavoz y en la otra su bocina.

Por regla general, y a pesar de que me esfuerzo por intentar rehuirla, la señora Johnson consigue acorralarme y hace que me sienta como una colegiala traviesa, pero después de lo ocurrido con Jane semanas atrás se contentó con fulminarme con la mirada desde el otro lado de la cancha, lo que, a decir verdad, fue un regalo inesperado para mí.

El resto de las madres se dividen en dos grupos: por un lado están las mamás trabajadoras, que están acaloradas y tienen pinta de sentirse un poco incómodas vestidas aún con su ropa de trabajo porque han venido directamente tras finalizar la jornada laboral; y por el otro están las del Aquelarre y similares, que también van equipadas con ropa deportiva porque están decididas a ganar la «carrera de las mamás». El año pasado se produjo una escenita terrible cuando la Mamá Perfecta de la Perfecta Lucy Atkinson quedó descalificada por llevar zapatillas deportivas de clavos (se dictaminó que le daban una ventaja injusta); hasta entonces había ganado todas las «carreras de las mamás» desde que Lucy había empezado a ir a la escuela, así que su racha perfecta se rompió.

Los papás se dedican básicamente a deambular de acá para allá intentando demostrar cuál de ellos es el más ocupado e importante; la cuestión es competir por ver quién puede alzar más la voz al hablar por teléfono sobre asuntos la mar de importantes, y quién tiene la cámara más grande con la que poder capturar los gloriosos momentos triunfales de sus adorados muñequitos.

Este año decidí rebelarme y me puse un vestido vaporoso apropiado para una Jornada Deportiva. Intenté convencer a Simon de que se pusiera un sombrero Panamá, pero me informó con altivez que no era el tipo ese del anuncio de las piñas (más conocido como el Hombre de Del Monte). De modo que entonces intenté convencer a Sam de que se le vería muy sofisticado y atractivo con un sombrero de esos, pero recibí una respuesta similar. Quién iba a imaginar que los muchachos de la nación quedarían tan traumatizados por un anuncio de piña enlatada.

Me guardé en el bolso una gran botella de Pimm's como otro acto más de rebeldía; en un principio solo iba a compartirla con Simon y con Sam, pero se corrió al voz y en un abrir y cerrar de ojos mamás con niños de todas las edades se me acercaban con disimulo y me susurraban entre dientes: «¡Me han dicho que tienes morapio!». La verdad es que me sentía como una especie de traficante que distribuía la mercancía de contrabando entre unas cuantas elegidas. Incluso la Mamá Perfecta de Lucy Atkinson se me acercó cojeando después de la «carrera de las mamás», en la que se había confirmado de forma definitiva que su racha ganadora era cosa del pasado después de que un empujón de Fiona Montague en el momento justo la hiciera quedar en segundo lugar; al ver que se rechazaba su petición de que un comisario deportivo investigara la carrera para determinar si el resultado había sido justo, se conformó con consolarse con unos cálidos traguitos.

Gracias a mi botella de Pimm's, el interminable infierno de la Jornada Deportiva se me pasó mucho más rápido; incluso me hizo más llevadera la ceremonia de clausura al estilo de los Juegos Olímpicos, en la que un buen número de críos sin coordinación alguna ondeaban unas cintas de tela mientras se oía de fondo la música de varias flautas de Pan. En vez de murmurar «Me quiero morir», me embargaba una cálida sensación de bienestar y estaba como en las nubes viendo a aquellos pequeñines ondeando las cintas tan enérgicamente. ¡Ojalá se me hubiera ocurrido años atrás acudir a esas jornadas con una botella de bebida en el bolso!

JUNIO

Miércoles, 1 de junio

He estado un poco desalentada últimamente porque esa delicia de correos electrónicos que me informan de cuántas personas más han comprado mi aplicación ya no llegan de forma tan regular, y las cifras que contienen ya no son tan fabulosamente sorprendentes. Yo creo que la cosa ya empieza a decaer y este es el principio del fin. Ya sé que ni en sueños se me habría ocurrido que ganaría tanto dinero y que no debería quejarme, pero me encanta esa gozosa sensación que me recorre al ver esos correos electrónicos en la bandeja de entrada. Hay que tener en cuenta también que gracias a ellos se han venido a casita conmigo una buena cantidad de pares de zapatos y varios de botas, y uno o dos bolsos, y no quiero que se corte el suministro. Ha sido divino entrar en tiendas caras y decir «¡Me lo llevo!» en vez de acariciar las cosas y anhelar tenerlas y albergar la esperanza de que haya unas buenas rebajas.

Simon y los niños, por su parte, no están demasiado satisfechos con las muestras de generosidad que he tenido para con ellos. Yo creía que estaba siendo una madre y esposa muy considerada y cariñosa al comprarles fantásticos vestidos y camisas y chaquetas de marcas caras, pero Jane dijo que la ropa que le había comprado era «una caca» y se negó a separarse de sus adoradas camisetas de dinosaurios, y Simon alegó primero que no iba a ponerse nada de todo aquello porque le hacía parecer un proxeneta y después se horrorizó al ver los precios. Por lo menos no tuve que aguantar que Peter se negara a ponerse la ropa que le compré, porque es un niño pequeño y apenas le presta atención a su vestimenta, pero se manchó con refresco de grosella una camisa nueva que estaba estrenando y no hubo forma de quitar la mancha, lo que supongo que me está bien empleado por gastarme 75 libras en una camisa para un mocoso mugriento. Se me sugirió que, si quería comprarle regalos costosos a mi familia, los aparatos electrónicos más novedosos y caros serían una opción más aceptable que una ropa por la que te cobran un ojo de la cara, pero me negué a hacerlo porque no creo que haya que alimentar aún más la adicción de los niños por las maquinitas y a Simon no le hacen falta más chismes que se supone que te facilitan la vida, pero que a mí me la dificultan aún más.

Simon se pasó hoy toda la velada entretenido con su portátil y, por una vez, yo pude hacerme con el control de la tele grande; después de presionar once mil millones de botones en los once mil millones de mandos de los once mil millones de aparatejos que mi marido ha conectado a dicha tele porque es un gilipollas obsesionado con la tecnología, logré encenderla y, ¡maravilla de maravillas!, conseguí también que el iPlayer ese se conectara a través de uno de los jodidos aparatejos y..., en fin, la cuestión es que pude ver *Gente de barrio*, que es la actividad más emocionante que cabe esperar en una noche de miércoles.

Me molesté un poco cuando Simon decidió venir a la sala de estar y ponerse a hablar de dinero, porque Sharon acababa de sacudir su cabellera con soberbia teatralidad al decirle no sé qué a Ian Beale y yo no estaba de humor para otro sermón sobre cuentas de ahorro ni planes de pensiones. Pero mi marido estaba convencido de que lo que tenía que decirme era más importante que el puesto de frutas y verduras de Ian Beale, así que me dio la lata hasta que apagué la tele y entonces anunció que había estado haciendo cuentas, y que incluso después de pagar todos los impuestos (está obsesionado con ellos, yo creo que su verdadera vocación es ser recaudador)

Un gin-tonic *para mamá* había generado dinero suficiente para pagar por completo la hipoteca.

—¡No tener que pagar una hipoteca, cariño! ¡Es el sueño de la clase media hecho realidad!

—No, el verdadero sueño de la clase media es no tener que pagar una hipoteca viviendo en una casa con una carísima cocina de Smallbone y una Aga en un tono verde azulado. Pero no importa, ¡lo que tú dices sigue siendo genial! ¡Madre mía! ¿Podríamos dejar de trabajar?

—Lo siento, pero no. Tu aplicación ha generado muchísimo dinero, pero no nos daría para tanto; además, tú misma me dijiste que las ventas han empezado a caer. En cualquier caso, has logrado algo verdaderamente increíble, Ellen. Y nos quedará una buena suma incluso después de pagar la hipoteca.

—¿Será lo suficiente como para permitirnos el otro sueño de la clase media? —le pregunté esperanzada.

—¿Cuál es ese sueño?

—Una adorable casita de recreo en algún sitio..., ¿qué te parece Norfolk? Es una zona bonita, ¿no? También podría ser una vieja villa en Corfú. Aun suponiendo que en un principio solo nos diera para pagar una fianza, se trataría de una inversión porque podríamos alquilarla. Y hacer una inversión sería preferible a un plan de ahorro personal...

Simon estuvo sermoneándome un rato sobre el hecho de que las ventajas fiscales de un plan de ahorros personal eran preferibles a comprar una adorable casita o una vieja villa, pero mientras tanto yo estuve pensando enfurruñada que sí, que muy bien, pero que un jodido plan de ahorros personal no te sirve para fardar varios días en el colegio de tus hijos ni para crear bellos tablones en Pinterest.

—¡Deberíamos celebrarlo en condiciones! —dije al fin, harta de oírle hablar sin parar de aquel tema.

—¡Sí, claro que sí! He puesto a enfriar champán en el congelador, ahora vuelvo.

Regresó minutos después y me dio una fría copa de champán. Contemplé aquellas juguetonas burbujitas, procedí a tomarme muy ufana un enorme trago de mi delicioso y festivo champán... y me atraganté con lo que parecía ser una especie de ácido burbujeante para baterías de coche.

—¡Simon! ¿Qué cojones estoy bebiendo?

—Champán, cariño. Estaba en el botellero.

—¡No tenemos champán en el botellero! De ser así, ¡me lo habría bebido hace mucho!

—¡Había una botella! —afirmó él con indignación—. Estaba un poco polvorienta, así que he pensado que estarías reservándola para algún momento especial.

—¡Enséñame esa botella! —le ordené, cuando se me ocurrió una terrible posibilidad.

Simon regresó esgrimiendo La Botella, la Botella Infame de vete a saber tú qué clase de vino espumoso alemán que lleva dando tumbos por las rifas y tómbolas de institutos, clubes deportivos y agrupaciones excursionistas desde 1973 aproximadamente. No es que uno gane la botella, sino que se convierte en su guardián temporal hasta que se celebra la siguiente fiesta para recaudar fondos y puede volver a ponerla en circulación con un suspiro de alivio. Simon ha roto el ciclo y ahora existe el riesgo de que la sociedad se desmorone sin La Botella, que era el pilar fundamental de las fiestas escolares. Por no hablar del roñoso de mi marido, que como mínimo tendría que haber comprado una botella de champán decente en vez de intentar colarme algo que ha encontrado en el fondo del botellero. Estuve refunfuñando y dándole la lata hasta que al final salió a comprar una botella de champán en condiciones.

Ni que decir tiene que, para cuando él regresó con una fantástica botella de Bolly, a mí se me habían ocurrido muchas más formas de celebrar nuestro nuevo estatus de pareja de adultos libres de hipoteca.

—¡Pasemos fuera el fin de semana!

Él empezó con lo de siempre (que si «me lo tengo que pensar», que si «habrá que calcular gastos»), pero le paré en seco.

—¡A la mierda con todo eso, Simon! ¡Nos merecemos pasar un fin de semana fuera, joder! ¡Yo me lo merezco, y voy a irme te guste o no! Si no quieres venir no hay problema, me iré con Hannah y tú puedes quedarte aquí con los niños. Pero voy a largarme a disfrutar de un placentero y glamuroso fin de semana, iré a Londres y me hospedaré en..., ¡ya sé!, ¡en el Savoy! Eso, y beberé cócteles absurdamente caros con los pies enfundados en unos zapatos incomodísimos, e iré a Harvey Nicks y veré una retrospectiva de algo interesantísimo en el museo de Victoria y Alberto, y ¡me lo pasaré en grande!

Ante la posibilidad de quedarse solo con Peter y Jane mientras yo campaba a mis anchas por Londres poniéndome hasta el culo de bebidas de color rosa y con acceso ilimitado a tiendas caras, Simon decidió de repente que vale, que a lo mejor sí que podíamos decidir irnos de fin de semana así, de buenas a primeras, sin necesidad de que él realizara un exhaustivo e intenso análisis previo durante semanas; por desgracia, con tan poca antelación no encontramos a nadie que pudiera quedarse con los niños, así que van a venir también y disfrutarán tanto como nosotros. Seremos como una de esas familias felices y sonrientes que salen en los anuncios. Los llevaré a la Torre de Londres, tal y como solía hacer mi padre conmigo, y será una experiencia maravillosa que estrechará aún más nuestros lazos afectivos; además, ahora se portan mucho mejor que antes y el hotel tiene servicio de niñera, así que podré beberme en paz mis cócteles increíblemente caros. Al fin y al cabo, ¿qué sería lo peor que podría pasar?

Viernes, 3 de junio

«¿Qué sería lo peor que podría pasar?». Sí, eso fue lo que dije. Ni más ni menos. ¿Por qué tuve que tentar así a la suerte?

Después de que yo insistiera tanto en pasar este preciso fin de semana fuera para celebrar lo inteligentísima que soy y el hecho de haberme convertido en una *nouveau riche*, Simon y yo pedimos el día libre en el trabajo, le pusimos una excusa inventada a la escuela para justificar la ausencia de Peter y Jane, y reservamos billetes de tren en primera clase a Londres y ni más ni menos que una *suite* en el Savoy. Simon no solo se puso visiblemente nervioso por el desorbitado precio, para él también era un trauma el verse obligado a hacer una reserva en un hotel sin haber pasado seis semanas como mínimo leyendo valoraciones del lugar en TripAdvisor.

Partimos rumbo a Londres, tan contentos y dicharacheros, aunque me habría gustado tener un juego de maletas de Louis Vuitton y no verme obligada a ir con la de siempre, una negra de nailon con ruedas bastante hecha polvo. Los niños llevaban las suyas, esas peligrosas maletitas con ruedas de horribles colores estridentes sin las que ellos aseguraban que no podían viajar y, en cuanto a Simon, intentó llevar su asquerosa y viejísima mochila, pero yo la veté enérgicamente a base de estampar el pie en el suelo y gritar: «¡Se trata del Savoy! ¡Te van a tomar por un aspirante a vagabundo que intenta colarse para usar el lavabo si te llevas esa cosa vieja!».

Él me aseguró que no, que simplemente pensarían que se trataba de un inglés excéntrico más de los muchos que visitaban la ciudad, pero su argumento no me convenció y contraataqué diciendo que un excéntrico inglés llevaría sin duda una desgastada maleta de cuero con solera salpicada de exóticas pegatinas de lugares lejanos, y puede que también un sombrero Panamá. Él ya había dejado claro en la Jornada Deportiva lo que opinaba acerca de esos sombreros, y al final accedió a llevar la maletita que se lleva a los viajes de trabajo. Los neceseres acapararon entonces mis codiciosos pensamientos, pero la entrega no se realizaría a tiempo si pedía uno por Internet.

El tren estaba muy bien, pero cuando viajo en uno siempre acabo por llevarme una pequeña decepción. Me gustaría cruzar con garbo una nube de vapor como Marilyn Monroe al principio de *Con faldas y a lo loco*, y tener un intenso y profundo romance al estilo de *Breve encuentro*. Yo quiero compartimentos, medias de seda, sombreros adorables, revisores con gorra, y puede que algún que otro asesinato (en el que, curiosamente, apenas habrá habido derramamiento de sangre a pesar de su brutalidad) que habrá que resolver durante el trayecto en plan *Asesinato en el Orient Express*. La iluminación que hay en los trenes, por mucho que vayas en primera clase, siempre es extremadamente soviética y poco favorecedora. ¿Sería mucho pedir que hubiera algo de luz ambiental?, ¿un poco de atmósfera? En vez de tubos fluorescentes y esos asientos de nailon con ese extraño tacto velloso y esos estampados horribles; sobrios revestimientos de madera no estarían de más.

Dejando aparte lo mucho que me lamenté para mis adentros por la falta de personalidad del tren, el viaje transcurrió en gran medida sin pena ni gloria, porque Simon insistió en que sería mejor para todos que yo permitiera que Peter y Jane se conectaran al wifi del tren y permanecieran sentados frente a sus iPod con la mirada perdida en vez de intentar que charlaran con nosotros, o que jugaran al veo-veo y al «gato del ministro» (de hecho, a esto último ya no podemos jugar porque a Jane se le ocurrió la genial idea de hacer una versión grosera. Admito que era bastante divertida, pero una cría que vino a casa a merendar quedó traumatizada de por vida cuando mi hija dijo que el gato del ministro era un gato «capullo, botarate y *atontao*». Una aportación verdaderamente ganadora que dejó sin palabras a todos los demás).

La *suite* era una maravilla. El hotel envió a un tipo menudito a recogernos. ¿Por qué será que en mi vida no hay más coches con chófer? Creo que esa es una carencia muy a tener en cuenta. Dado que soy un pretencioso miembro de la clase media y finjo que leo el *Guardian*, huelga decir que para mí era de suma importancia que el tipo menudito que conducía el coche supiera que no soy elitista ni gozo de excesivos privilegios a pesar de comprar en Waitrose, y que en realidad soy una persona «cercana» con la «gente». Por ese motivo me empeciné en intentar entablar conversación con él, pero Simon me dio una patadita en el tobillo y me miró con cara de «¡cállate!» cuando le pregunté cortésmente al hombre si hacía mucho tiempo que trabajaba de chófer. Parece ser que estaba siendo condescendiente y que hablaba con aires de reina, pero eso me parece muy injusto porque yo solo estaba intentando ser amable.

Después de registrarnos en el hotel y de haberme asegurado de que habíamos acabado con todos los aperitivos y las bebidas de cortesía que venían incluidas en la *suite*, salimos rumbo a la Torre de Londres. El precio de la entrada hizo que Simon protestara incluso más que cuando había visto lo que costaba el hotel, y hubo que someterlo a una coerción extrema para lograr que accediera a pagar un poco más y que cada uno tuviera su propia audioguía.

Tal y como cabía esperar, una vez que entramos en la Torre, Peter se aburrió y sintió la necesidad de recordarnos cada treinta segundos lo aburrido que estaba, o que tenía que ir al lavabo, o que estaba aburrido, o que aquel era un sitio aburrido y él estaba aburrido.

Jane, por el contrario, estaba fascinada. Le llamó especialmente la atención la exhibición de los instrumentos de tortura y la zona de las ejecuciones, nunca la había visto tan animada y sus ojos brillaban de entusiasmo ante la idea de poder torturar o ejecutar a todo el que la molestara. Yo intenté explicarle que la tortura y la ejecución eran las herramientas de sanguinarios déspotas y que no tenían cabida en la democracia moderna, pero ella estaba enfrascada en la tarea de decidir a quién iba a cortarle primero la cabeza.

Mientras mi hija estaba planeando sanguinarias venganzas tras las cuales se adueñaría del mundo, Peter se las ingenió no sé cómo para desmantelar su audioguía y le mostró las piezas a Simon con sumo orgullo, lo que llevó a que este empezara a refunfuñar otra vez por el desperdicio de dinero.

A esas alturas yo ya no le prestaba ni la más mínima atención a las quejas de mi marido por el tema de los gastos y cuando regresamos al hotel abrí el minibar, ¡el Sagrado Minibar! Nunca se me había permitido siquiera tocar uno, ya que mi padre compartía las frugales ideas de Simon en lo que se refiere a no gastar dinero en vacaciones. En un arranque de generosidad, incluso permití que Peter y Jane se comieran los tubitos de Pringles y la tableta de Toblerone, pero entonces eché un vistazo a los precios y decidí que Simon tenía razón y que aquello era un abuso y decreté que el minibar volvía a estar prohibido. Aunque no sin antes abrir una botella de vino, claro...

El plan para aquella noche consistía en bajar con los niños para que cenaran temprano en el hotel, tras lo cual un miembro del servicio de niñera vendría a quedarse con ellos mientras Simon y yo salíamos a disfrutar de una cena de adultos y a tomar unos cócteles.

Es posible que estuviera un poquitín achispada después de tomarme el vino del minibar (era tan caro que no me había quedado más remedio que terminarme la botella), así que puede que me distrajera un poco mientras esperábamos el ascensor. Estaba mirándome con atención en el espejo situado junto a los ascensores y preguntándole a Simon si debería teñirme de un rubio más intenso cuando oímos la campanita del ascensor y nos dimos cuenta de que no había ni rastro de los niños. El Savoy es un hotel muy tranquilo y silencioso dotado de gruesas alfombras y serpenteantes pasillos, y mis queridos hijitos se habían largado vete tú a saber dónde. Después de buscarlos sin éxito durante veinte minutos nos vimos obligados a bajar a recepción, donde tuvimos que admitir que habíamos perdido a nuestros hijos y solicitamos que el personal estuviera alerta por si los veía.

Lamentablemente, descubrimos que para un hotel el hecho de que hayan desaparecido unos niños es un tema bastante más serio de lo que nos había parecido a nosotros, y se decretó de inmediato el cierre de emergencia de todo el edificio hasta que los encontraran. El vestíbulo estaba lleno de turistas americanos cabreados que exigían que se les permitiera salir a cenar mientras yo intentaba explicarle al gerente que seguro que los niños estaban bien, que no tardarían en aparecer, que seguramente no hacía falta cerrar todos los accesos y que no, que por favor no avisara aún a la policía, que sería mejor esperar un poco más, y todo ello mientras intentaba hablar por el lateral de la boca para que no notara el tufillo a alcohol.

El gerente no compartía mi despreocupada actitud en lo que a mis errantes muñequitos se refiere; de hecho, creo que me juzgó duramente cuando insistió en que el cierre de emergencia era imprescindible, aunque solo fuera para evitar que Peter y Jane salieran a la calle y se ahogaran en el Támesis, y yo contesté tan feliz que si eso sucedía por fin iba a amortizar todas las clases de natación que les había pagado por si surgía cualquier eventualidad como aquella. Y tampoco le vi demasiado convencido cuando insistí en que nadie en su sano juicio secuestraría a mis hijos porque, en el improbable caso de que Jane no se limitara a asesinarle sin más, los apestosos pedos de Peter le harían desistir de inmediato.

Había una pequeña parte de mí a la que le preocupaba que Jane hubiera podido llevar a Peter a la Torre de Londres, que le hubiera conducido con engaños a la sala de torturas y en ese preciso momento estuviera experimentando con él, pero, justo cuando estaba planteándome si alguien debería ir a preguntar si algún guardia de la Torre podría ir a asegurarse de que una niña no estaba sometiendo al potro de tortura a su querido hermanito, mis hijos aparecieron.

Al parecer, habían bajado por la escalera de incendios, y desde allí se habían adentrado en las entrañas del hotel y habían descubierto una maravillosa sala de almacenaje repleta de todas esas cositas, como las botellitas de champú y de gel, que siempre me llevo de los hoteles a pesar de las protestas de Simon. Habían rapiñado todo cuanto habían podido y estaban intentando regresar a la *suite*, trastabillando bajo el peso de su botín, cuando una de las doncellas del hotel los vio y dio aviso. Los dos se llevaron una inmensa decepción cuando el gerente (que para entonces estaba furibundo) les arrebató el botín, y los cuatro regresamos a la *suite* cabizbajos y avergonzados.

Después de aquella bochornosa experiencia, y teniendo en cuenta que prácticamente todos los huéspedes del hotel nos odiaban y temíamos que, en caso de aventurarnos a salir, alguien nos hiciera una foto y la vendiera al *Daily Mail* (donde saldríamos con el titular *La decadencia británica*), cancelamos el servicio de niñera y pasamos la primera noche de nuestro fabuloso fin de semana refugiados en la *suite*, llamando al servicio de habitaciones para que nos trajeran patatas fritas y rezando para que no hubieran hecho algo peor que escupir en ellas.

Sábado, 4 de junio

¡Ja! ¡Madre mía, qué astuta soy! Les dije a los niños que en el hotel hay una piscina y, como no podía ser de otra forma, de inmediato les entraron unas ganas locas de ir a nadar. Pero ¡uy, qué tragedia! ¡Resulta que a mamá se le olvidó traer su traje de baño! Pero no pasa nada, porque ¡PAPÁ sí que ha traído el suyo! (yo misma me había encargado de empacarlo), así que él podía llevarlos a la piscina mientras mamá iba a dar una vueltecita por las tiendas.

Y mira tú por donde en esta ocasión mis pasos no me llevaron hacia TK Maxx o H&M como de costumbre, sino hacia New Bond Street. ¡Ah, qué tiendas tan monas, y qué cosas tan monísimas venden! Vaya, ¡qué conveniente que se me ocurriera transferir todos los dividendos de mi aplicación a mi actual cuenta bancaria antes de salir de casa! Pero por supuesto que mi intención era limitarme a mirar, a apretar la nariz contra los escaparates repletos de cosas monísimas y brillantes.

Pero estaba acercando la nariz a un escaparate cuando de repente los vi. Eran los pendientes más bonitos del mundo, y empezaron a llamarme incitantes. «¡Mira cuánto brillamos!», «¡Imagina lo guapa que estarías si colgáramos de tus orejas! Todas y cada una de las partes de tu vida mejorarían por el mero hecho de tenernos, ¡sabes que quieres hacerlo! Te mereces un capricho, un capricho que brille mucho. Además, nosotros somos dos caprichos al precio de uno, así que es una verdadera ganga».

Mi única intención al entrar en la tienda era verlos más de cerca, puede que incluso preguntar el precio. Pero mis tesoros eran incluso más brillantes y bellos vistos de cerca, y a pesar de que el precio era exorbitante y rayano en lo obsceno, al final, no sé cómo, acabé entregando mi tarjeta y saliendo de la tienda con una rígida y cara bolsa en la mano.

Tenía intención de poner el freno ahí, lo digo de verdad, pero es que un poco más allá vi la tienda de bolsos más maravillosa del mundo, y en el escaparate había un neceser. Era uno glorioso, uno de esos que te hacen pensar en trenes de vapor y medias de seda; uno de esos que hacen que te imagines entrando cual estrella de cine en majestuosos hoteles del sur de Francia, con un botones corriendo tras de ti intentando llevar tu juego de maletas mientras disolutos caballeros se acercan para encender el cigarro que pende de tus enjoyados dedos en una elegante boquilla; era un neceser que me susurraba: «¡Llévame al Orient Express y te ayudaré a resolver los asesinatos! ¡Ven, entra! ¡Acaríciame! ¡Sabes que estamos hechos el uno para el otro!».

Como no quería que el neceser se sintiera solo me vi obligada a comprar una maleta a juego, ¡en el viaje de regreso a casa me sentiré como la mismísima reina! Igual exijo tener mi propio tren, uno exclusivamente para mí y para mi equipaje. Tendré que ponerles a los niños un traje aislante de esos que te protegen de las sustancias peligrosas antes de permitir que se acerquen a menos de dos metros de mi nuevo juego de maletas, por si las tocan con sus zarpas sucias. Lo más probable es que a Simon también le compre uno de esos trajes.

Esta noche, después de darles la cena a Peter y a Jane (hemos llamado de nuevo al servicio de habitaciones, para no correr el riesgo de que vuelvan a escapar), vamos a dejarlos al cuidado de un antiguo miembro de la policía de Estonia que el servicio de niñera nos ha enviado para mantenerlos a raya, y Simon y yo vamos a salir a disfrutar de la agradable cena y de los cócteles que nos perdimos ayer. Mis nuevos pendientes brillan tanto que incluso mi marido se ha fijado en ellos y ha hecho un comentario al respecto.

—¿Te gustan?, meros accesorios.

A lo mejor se da cuenta de que no he sido del todo sincera cuando vea que paso toda la velada llevándome las manos a las orejas de forma obsesiva para asegurarme de no haber perdido uno de mis tesoritos. Va a ponerse hecho una furia cuando se entere de cuánto dinero he gastado hoy, pero me da igual. Habrá valido la pena. A lo mejor le apaciguo comprándole otra chaqueta de proxeneta que no se pondrá jamás.

Viernes, 10 de junio

Vale, hoy he decidido que soy una adulta y que voy a lidiar con todo este asunto de Charlie. No le he visto en unos dos meses, desde aquel día en que comimos juntos antes de que Sylvia y Michael regresaran a casa, pero sigue mandándome un montón de mensajes de texto.

El problema radica en que durante la semana intento mantenerme distante e ignorarle, pero cuando llega el fin de semana bebo demasiado vino y me entretengo con el móvil mientras Simon intenta no quedarse dormido viendo *Joyas sobre ruedas*, y al final termino chateando con Charlie vía Messenger porque la verdad es que me hace reír mucho y afirma que ni siquiera había oído hablar de *Joyas sobre ruedas* (¿será posible semejante portento?, ¿un hombre que no ve ese programa?), y a la semana siguiente el ciclo vuelve a repetirse y está claro que soy una Muy Mala Persona.

Tengo que cortar las cosas de raíz, pero no sé cómo hacerlo porque todo se ha complicado un poco ahora que Charlie se niega a hacer las cosas al estilo británico (es decir, eludiendo con vaguedades los temas espinosos sin enfrentarse a ellos directamente) y me ha enviado un mensaje que va directo al grano, lo que me parece una grosería por su parte. Se supone que los británicos somos gente reprimida emocionalmente que no se siente cómoda expresando lo que siente, ¿por qué no se comporta como es debido?

La culpa la tiene esta nueva costumbre que parece haber adoptado todo el mundo de abrazar y besar a gente a la que apenas conoces, ¿a qué viene eso? ¡No quiero llegar a una fiesta y tener que darle un beso a un desconocido, o a alguien con quien he coincidido un par de veces! En mi época de besos con desconocidos en fiestas, alguien te metía la lengua hasta el fondo de la garganta y despertabas al día siguiente sintiéndote un poco avergonzada de tus propios actos, pero eso no tiene nada que ver con todo este rollo del besito en la mejilla. También tienes que saber si hay que dar uno o dos, y siempre está el capullo de turno que intenta darte tres, y me supone un problema serio la gente que te besa la mejilla de verdad en vez de contentarse con un vago roce de mejillas, porque entonces es muy probable que se te haya quedado en la cara la saliva de alguien a quien apenas conoces y quién sabe cuánto tiempo se puede quedar esa asquerosidad ahí hasta que puedas limpiarte la mejilla con disimulo, pero para entonces ya se ha secado y ¡es algo que me supera!, ¡no lo soporto! ¿Qué tiene de malo un firme apretón de manos?

Pero estoy desviándome del tema, véase hasta qué punto quiero evitar el tener que lidiar con emociones o con cualquier tipo de confrontación directa. No hace falta hacerlo, debería bastar con murmurar algo casi ininteligible y fingir a continuación que no ha pasado nada; en fin, este es el mensaje que Charlie me mandó:

Hola, Ellen:
No sé, tengo la sensación de que estás rehuyéndome. ¿He hecho algo que te haya molestado? En ese caso, ¿qué te parece si quedamos para tomar una copa y hablar del tema?
Charlie XX

¿Qué cojones hago yo ahora? Está claro que no puedo responder algo así como:

Pues mira, Charlie, la cuestión es que cuando me encontré contigo por casualidad estaba un poco cabreada porque mi marido estaba comportándose como un capullo, y me sentía poco valorada en general, así que fue muy agradable salir a tomar una copa contigo y sentirme halagada con tus atenciones y tener la sensación de haber recobrado un pedacito de mi perdida juventud, y debo admitir que pensé que igual aún seguía gustándote un poco, lo que también le vino muy bien a mi ego, pero resulta que ahora las cosas van mucho mejor con Simon y he ganado una millonada y voy a comprarme una casa de recreo en Norfolk, o puede que me decante por uno de esos planes de ahorro personales, no sé, casi seguro que al final elijo la casa, si no es en Norfolk podría buscar algo en Wells-next-the-Sea, ¿has estado alguna vez allí? Dicen que es un lugar precioso, así que, mira, en fin, siento muchísimo haberte dado falsas esperanzas otra vez y mensajearme contigo cuando me emborracho los fines de semana, sí, ya sé que es una actitud muy irresponsable por mi parte, pero la cuestión es que no voy a follar contigo porque estoy casada, así que perdona de nuevo que haya sido una zorra descarada... je, je, es broma!

Pero si Charlie se empeña en ser tan grosero como para hablar con franqueza, está claro que uno de los dos debe lidiar con este asunto al estilo británico, así que mi respuesta de verdad fue la siguiente:

¡Je, je! No, claro que no me has molestado ni estoy rehuyéndote! Es que en este momento estoy bastante ocupada!
Ellen XX

Pero Charlie no se da por vencido. ¿Por qué no?, ¿qué cojones le pasa?

Genial!, me alegra saber que no he hecho nada que te haya molestado. Como no estás rehuyéndome, ¿qué te parece si quedamos para tomar una copa de todas formas? ¿Haces algo este viernes por la noche?

¡SÍ, VOY A LAVARME EL PELO!

La verdad es que ya tengo planes para este viernes, ¡qué lástima! En fin, lo dejamos para otro día.

¿Te va bien el sábado?

Hola, Ellen, ¿recibiste mi mensaje para quedar el sábado? Para no estar rehuyéndome, ¡se te da de maravilla hacerlo! ¡Ja, ja!

Mierda, voy a tener que ir a tomar una copa con él porque si no lo hago creerá que estoy rehuyéndole y, aunque en realidad es verdad que estoy rehuyéndole, él no puede saber que estoy rehuyéndole porque eso echaría por tierra mi objetivo al rehuirle. Ojalá fuera francesa para poder limitarme a encogerme de hombros y decir: «*Boff! Oui*, estoy rehuyéndote» y lanzar una sardónica bocanada de humo (estoy fumando Gauloises, claro) y soltar una carcajada llena de ironía mientras me bebo mi pastís, y la cosa acabaría ahí. Decidí actuar como una adulta y le envié el siguiente mensaje:

Sí, puedo quedar este sábado noche para tomar algo, pero tendrá que ser algo rapidito.

¡Joder! ¿Por qué he puesto lo de que tendrá que ser «algo rapidito»?, ¿creerá que lo digo con segundas? ¡Demasiado tarde, ya está enviado! Puedo mirar la pantalla y golpetear el móvil con el dedo todo lo que quiera en lo que sería una versión del siglo veintiuno de que se te quede la mano atorada en el buzón cuando intentas recuperar una carta que has enviado por error, pero ahora ya no hay nada que pueda hacerse al respecto.

Y también está el pequeño detalle de que, no sé cómo ni por qué, resulta que siempre se me olvida mencionarle a Simon que me encontré con Charlie, así que mi marido sigue creyendo que se trata de un mero amigo de Facebook y no tiene ni idea de que en realidad vive a la vuelta de la esquina y va a tomarse un par de cócteles con su mujer este sábado; de hecho, nota para mí misma: este sábado no hay que beber cócteles, porque entonces me emborracharé y es posible que me dé por ponerme a hablar de mis sentimientos. Bastará con una única copita de vino blanco..., bueno, igual me pido una bien grande.

Martes, 14 de junio

Al llegar a casa después de ir a por los niños al cole, vi que el coche de Simon estaba en el camino de entrada junto con un trasto hecho polvo que guardaba un sospechoso parecido con la autocaravana de Louisa y Bardo. ¿Por qué estaban aquí?, ¿por qué no estaba Simon en el trabajo?, ¿por qué no me había avisado de que su hermana iba a venir?

Al entrar en casa ni siquiera supe en un principio si allí había alguien o no, ya que el lugar estaba demasiado silencioso como para que estuvieran allí Louisa y las hordas; aun así, cuando me asomé a echar un vistazo en la sala de estar vi ante mí un mar de pequeños rostros mugrientos, aunque me llamó la atención ver que los dueños de todos esos rostros estaban contemplando absortos la tele y, a juzgar por los restos que había diseminados a su alrededor, habían estado comiendo bocadillos de jamón.

Me costaba creer que aquellos fueran los hijos de Louisa, ¿no se suponía que eran veganos que no comían gluten y que tenían prohibido cortocircuitar sus valiosos circuitos neuronales a base de pudrirse el cerebro con la tele? Debo confesar que, como mi cuñada tiene tantos retoños, la verdad es que nunca antes me había molestado en fijarme demasiado en ellos y lo más probable es que ni siquiera pudiera distinguirlos si los pusieran en fila con otros niños mugrientos, así que por un momento temí que se nos hubiera metido alguien en casa y, en vez de llevarse la tele, nos hubiera dejado un montón de críos. Sería algo bastante raro, pero lo más probable es que el *Daily Mail* culpara de ello a los inmigrantes. Y entonces la que estaba más limpia me saludó con la mano y me dijo:

—¡Hola, tía Ellen! Hemos venido a quedarnos unos días.

Me di cuenta de que era Coventina, que sigue siendo la única que tiene un mínimo de buenos modales y un comportamiento más o menos normal.

Peter y Jane se indignaron un poco ante semejante invasión, ya que no habían olvidado ni perdonado que Cedric hubiera intentado robarles sus adorados iPod, pero el hipnótico brillo de la tele era irresistible para ellos tras un día entero de enseñanza en el cole, así que se sentaron y se quedaron mirando la pantalla igual de embobados y catatónicos que los demás; yo, por mi parte, fui en busca de Simon y de los padres de aquellos golfillos, para ver si alguien me explicaba por qué estaban allí.

Al llegar a la puerta de la cocina obtuve una pista: se oían sonidos procedentes del otro lado, así que estaba claro que allí dentro había alguien. Titubeé por un momento antes de entrar, porque, dado que los sonidos eran como una especie de quejidos con algún que otro gemido intercalado, no pude evitar pensar que existía la posibilidad de que Louisa y Bardo, ignorando como de costumbre los límites de lo permisible y la higiene, estuvieran manteniendo relaciones sexuales sobre la mesa de la cocina mientras Simon permanecía acojonado en el garaje, protegiendo sus herramientas de las desvalijadoras garras de Bardo. Pero entonces me dije que ni siquiera Louisa y Bardo serían capaces de llegar sin avisar y ponerse a follar sin más; bueno, al menos esperaba que no fuera así.

En la cocina no había ni rastro de Bardo. Tan solo estaba mi cuñada, jadeante y sollozante, llorando a lágrima viva en los brazos de Simon; a juzgar por la cantidad de pañuelos de papel que había esparcidos por la mesa, por cómo estaba la camisa de mi marido (tenía la parte delantera mojada y di por hecho que se debía a las lágrimas de Louisa, me pareció poco probable que hubiera estado participando en un concurso de camisetas mojadas justo cuando había llegado su hermana), y por el hecho de que el rostro de Louisa parecía haberse desintegrado hasta convertirse en una especie de masa de color remolacha que no dejaba de berrear y que estaba cubierta de viscosos mocos y lágrimas, y que sus ojos (que ya son bastante pequeños de por sí) estaban tan hinchados por el llanto que apenas se veían, daba la impresión de que llevaba un buen rato llorando.

Simon, que siente pánico cuando ve llorar a una mujer, estaba intentando consolarla como buenamente podía dándole palmaditas en el hombro y murmurando con nerviosismo:

—¡Tranquila, ya está! ¿Y si dejas de llorar y te tomas una tacita de té? ¿Qué te parece la idea?, ¿te apetece un té? ¡Ya está, tranquila!

El perro se había refugiado en su cama, ya que compartía el horror de mi marido hacia las mujeres llorosas.

Simon me vio en ese momento, y en su rostro se reflejó un profundo alivio. Dejó de darle palmaditas a su hermana y exclamó:

—¡Mira, hermanita! ¡Ellen ya está aquí! Seguro que ella sabe lo que hay que hacer. ¿Por qué no se lo cuentas mientras yo...? Eh..., ¡mientras preparo un poco más de té! ¡Sí, eso, más té! ¿Prefieres una copita de algo? ¡Sí, buena idea! ¿Te preparo un gin-tonic, Lou? ¿Quieres uno, Ellen?

Mi cuñada se limitó a seguir sollozando, lo que me hizo pensar que darle ginebra puede que no fuera una de las ideas más brillantes de mi marido.

—Me parece que por el momento nos conformaremos con un poco de té, cariño —le contesté yo con firmeza, mientras buscaba con cautela una silla en la que no hubiera caído ninguno de los húmedos pañuelos llenos de mocos de Louisa.

De forma gradual, mientras Louisa hablaba entre hipidos y lamentos llorosos y Simon intentaba consolarla torpemente farfullando ininteligibles comentarios en voz baja, logré ir encajando las piezas de lo que había sucedido.

Parece ser que Bardo, como parte del paquete completo para

las supuestas regresiones a vidas pasadas que lleva a cabo con mujeres crédulas e inseguras, ha estado ofreciendo también su propia «terapia especial» en la yurta..., algunos «extras», por así decirlo. Louisa, mientras tanto, vivía en la inopia y no tenía ni idea de que él estaba mojando su sucio churro siempre que podía, hasta que a Bardo se le fueron las cosas de las manos con su última «clienta», una americana rica y claramente chalada que había viajado hasta Escocia para que se demostrara su teoría de que era la reencarnación de una reina guerrera celta. Bardo la complació confirmando su teoría antes de proceder a complacerla también de varias formas más, pero la americana chalada decidió entonces que él era su alma gemela, el hombre al que había estado buscando a través de los siglos (igual se pasó viendo *Los inmortales*), y que estaban destinados a estar juntos.

A Bardo no le pareció mal la idea. ¿Por qué? Pues, probablemente, porque en su búsqueda del amor verdadero la mujer se había divorciado tres veces, había ido amasando cada vez más dinero con los sucesivos acuerdos de divorcio y estaba dispuesta a darle acceso a todo su dinero.

De modo que Bardo y Sgathaich (conocida anteriormente como Carol) habían ido a ver a Louisa y le habían propuesto vivir todos juntos, es decir: que la chalada forrada y ella fueran coesposas de Bardo. Al menos hay que reconocer que el tipo tiene una jeta alucinante al intentar abarcarlo todo, otro en su lugar se habría limitado a largarse con la divorciada millonaria.

Louisa, en un arranque de ira que yo diría que estaba bastante justificado, respondió a semejante propuesta subiendo a sus seis hijos a la destartalada autocaravana junto con todas las pertenencias que pudo embutir entre ellos. Había dejado atrás tanto a Bardo y a Sgathaich/Carol como su lugar de retiro, había salido pitando en busca de su hermano, y en ese momento estaba intentando convencerle de que fuera a Escocia a defender su honra mientras él ponía como excusa la distancia y el hecho de que Bardo es un tipo bastante grandote.

De modo que, por lo que parece, Louisa y los niños van a quedarse aquí por el momento, aunque no estoy segura de dónde van a instalarse exactamente. Pasar unos días aquí en Navidad es una cosa, pero ella ha afirmado que no piensa volver jamás con Bardo ni al lugar de retiro.

Yo le sugerí que se fuera a un hotel con los niños, pero Simon cree que sería muy cruel abandonarlos a su suerte cuando ella está tan frágil. Yo no lo tengo tan claro, pero, por otra parte, como resulta que Louisa no tiene dinero y seríamos nosotros los que tendríamos que pagar la cuenta del hotel, a lo mejor es preferible que esté aquí, bebiéndose todo mi vino, en vez de vaciando el minibar mientras esos niños salvajes campan a sus anchas llamando al servicio de habitaciones para que les suban comida y robando todo cuanto no esté fijado a alguna superficie.

Cuando Louisa empezó a recobrar un poco la compostura al fin y murmuró que creía estar en condiciones de beberse una copita de vino, yo aproveché aquel momento de calma sin berridos ni sollozos para escabullirme al cuarto de baño de arriba y esconder la botella de aceite de baño de Penhaligon que acababa de comprarme; mientras estaba en ello vi a mis hijos haciendo lo mismo con todas sus maquinitas electrónicas, se les veía malhumorados ante la idea de que sus primos fueran a quedarse durante bastante tiempo.

La cosa podría ser peor. Mi cuñada ha anunciado que a partir de ahora deja de ser Amaris y se la volverá a conocer como Louisa, porque no quiere nada que pueda recordarle a «ese cabronazo de Kevin» (aunque no sé cómo va a conseguirlo, teniendo en cuenta que tiene seis recuerdos vivientes de él sentados delante de mi tele), y ¡maravilla de maravillas!, por fin les ha ordenado a los *cagasuelos* que usen el lavabo.

Viernes, 17 de junio

Mi casa es un verdadero caos. Hay niños por todas partes, me siento como si estuviera viviendo en una especie de horrible comuna...

329

o en un orfanato, porque los pilluelos de Louisa acechan en cada esquina. No hay duda de que mi cuñada ha recibido un golpe muy fuerte, y más aún porque enfrentarse al hecho de que vas a tener que sacar adelante a tus seis hijos estando sola debe de ser aterrador, y estoy intentando ser comprensiva, de verdad que sí, pero no puedo evitar pensar que no se herniaría por pasar la jodida aspiradora cuando yo estoy en el trabajo; de hecho, me conformaría con que recogiera aunque fuera algo del rastro de destrucción que sus hijos van dejando tras de sí.

El bebé se comió ayer el jabón de Crabtree & Evelyn del lavabo de abajo que tan solo pongo cuando tenemos invitados especiales a los que quiero impresionar, y después vomitó espuma por la escalera. Louisa se quedó mirando la vomitona, se sorbió los mocos y dijo, con semblante de trágico sufrimiento:

—¡Mi pobre niñito que va a crecer sin padre!

Tampoco me ha pasado desapercibido el hecho de que, a pesar de que está sumida en la más profunda desesperación, aún tiene la presencia de ánimo suficiente para hacer codiciosos comentarios sobre los muebles que heredamos de la abuela de Simon.

Aparte del aparador que destrocé hay otras piezas bastante bonitas a las que ella ha estado echándoles el ojo mientras murmura que no sabe cómo va a arreglárselas para empezar a amueblar una casa propia, y que siempre le encantó la otomana de la abuelita, y que un par de muebles de calidad pueden marcar la diferencia en una casa..., y eso lo dice la mujer que, hasta hace poco, repetía hasta la saciedad que lo único que poseemos realmente es nuestra alma y que, cuando se le ofrecieron algunos de los muebles de la abuela después de que la querida ancianita la palmara, afirmó no estar interesada en posesiones mundanas y le dijo a Michael que vendiera lo que no quisiera y le diera una parte del dinero. Me quedan varios botes de pintura a la tiza, y no me da miedo usarlos si con ello logro evitar que Louisa ponga sus sucias zarpas en nuestros muebles.

Por otra parte, tampoco tengo claro que sea estrictamente necesario que se lance a abrazar a Simon con tanta teatralidad en cuanto le ve entrar por la puerta al final de la jornada, ni que empiece de nuevo con la lacrimógena escenita de siempre en plan «¡Oh, pobre de mí!», sobre todo teniendo en cuenta que, hasta el momento en que oye el ruido de la llave en la cerradura, está retrepada tan feliz en el sofá sin una sola lágrima en los ojos, molestando con comentarios constantes mientras los niños intentan ver la programación de CBeebies, haciendo caso omiso cuando sus hijos le dicen que tienen hambre y diciéndoles que vayan a pedirle comida a la tía Ellen, que a mami le duele la cabeza.

Qué asco de vida, ese es mi mantra mientras voy de acá para allá procurando hacer ruido mientras recojo e intento adecentar un poco la casa, murmurando (con teatralidad, para que se oiga bien lo que digo) que no, qué va, no te molestes en recoger la cocina ahora que los niños han terminado de comer, Louisa; al fin y al cabo, yo solo he estado trabajando TODO EL DÍA. No, por supuesto que no espero de ti que limpies las encimeras, ni que vuelvas a guardar el queso en la nevera y el pan en la panera, y no te preocupes PARA NADA por el hecho de que tus hijos se hayan comido TODOS LOS YOGURES que iba a ir dándoles a los míos para que se los comieran en el cole, lo único que tengo que hacer es IR A COMPRAR MÁS, ¿verdad? ¡Vale, genial! Pero ella no presta ni la más mínima atención a lo que digo, y se limita a marcharse con aire trágico a otra habitación.

Sábado, 18 de junio

Estuve a punto de cancelar mi encuentro con Charlie para tomar una copa, porque no sabía si iba a poder soportar más dramas ni conversaciones sobre sentimientos después de aguantar a Louisa deambulando como alma en pena por la casa y lamentándose sin parar, pero, después de verla llorar ruidosamente y hacer el numerito delante de Simon durante un día entero, la idea de escapar de todo aquello por un par de horas resultaba muy tentadora.

Cuando fui a la cocina para despedirme encontré a mi cuñada en la que se había convertido en su postura habitual de cada noche, y que básicamente consistía en mantener el sollozante rostro apoyado en la mesa. De forma periódica alzaba la cabeza para tomar otro enorme trago de vino (no pude evitar darme cuenta de que se trataba de un Barolo bastante bueno que yo había comprado para alguna ocasión especial) mientras Simon permanecía acobardado en el otro extremo de la mesa; su mayor contribución para lograr que Louisa reaccionara de una vez había sido hacerla desistir de su manía de llorarle encima.

No sé, hay una insistente vocecilla en mi interior que me dice que Louisa está disfrutando bastante de este papel de mujer abandonada y desesperada y que está sacándole todo el jugo que puede. Es consciente de que no le sirve de nada llorar delante de mí, porque la primera vez que lo intentó saqué mi iPad y le propuse sonriente que pidiéramos cita para ella en la oficina local de Asesoramiento Ciudadano, para que recibiera algo de asesoramiento legal y se enterara de cuál es su situación; por otro lado, sabe perfectamente bien que Simon se quedará tan paralizado por el horror al verla histérica que dejará que la llorera siga su curso, por miedo a que decir algo práctico que pueda ser de ayuda tan solo sirva para empeorar aún más las cosas.

Indiqué con un gesto el calendario y articulé con los labios: «Voy a salir, ¡está en el calendario!», porque, como todo el mundo sabe, lo que pone en un calendario es tan indiscutible como si estuviera escrito en tablas de piedra.

Simon me miró ceñudo.

—¿Esos zapatos también son nuevos? Por el amor de Dios, Ellen, ¿cuántos tienes?

Yo negué de forma categórica que mis flamantes zapatos nuevos fueran nuevos mientras él me miraba con cara de no creerme ni un poquito. Supongo que su reacción se debe a que mi colección de zapatos ha alcanzado la masa crítica y ya no cabe debajo de la cama; esa es otra de las razones por las que me gustaría deshacerme de Louisa, porque así podría guardar mis zapatos en el cuarto de huéspedes. Si Simon atendiera a razones me permitiría comprar mi adorable casa de recreo en Wells-next-the-Sea, por supuesto, y podría almacenarlos allí; él sostiene que mi plan de comprar una casa con el mero propósito de guardar mis zapatos no es nada razonable, pero está claro que se equivoca.

Louisa levantó la cabeza de la mesa con pesadez, me miró con ojos enrojecidos e inundados de lágrimas y dijo, con voz trémula y lastimera:

—¡Qué agradable debe de ser salir a tomar algo, Ellen, y no tener preocupaciones!

Estuve a punto de sentir lástima por ella, pero entonces añadió:

—¡Y llevas zapatos nuevos! No me acuerdo de la última vez que yo pude comprarme unos.

¡Joder, menuda cara dura tiene! Ha estado soltando un montón de indirectas diciendo que tenemos los pies de un tamaño similar, pero no es verdad. Ella calza un número más que yo por lo menos, y no va a poner sus zarpas (que siguen estando desagradablemente mugrosas) en ninguno de mis preciosos zapatos.

—A lo mejor te apetece salir también, Lou —le propuso Simon con desesperación—. Yo podría quedarme con los niños, no tardarías demasiado en arreglarte. Te echas un poco de agua en la cara, te das una rápida peinadita y ¡listo! Ellen podría prestarte algo de ropa y unos zapatos, puede que te venga bien airearte un poco.

Madre mía, mi marido debe de estar realmente desesperado por pasar unas cuantas horas sin la demente de su hermana si se presta voluntario para cuidar él solo de ocho críos, ¡ocho! Pero era yo quien había ideado un plan de huida en un alarde de ingenio, y no estaba dispuesta a ceder la victoria y tener que sentarme con Louisa en un sitio público y aguantar su interminable diatriba sobre el hecho de que los capitalistas burgueses le han arruinado la vida y le han robado su juventud.

Además, no bastaría con una rápida peinadita para lidiar con la pelambrera de mi cuñada, que creo que la última vez que vio unas tijeras o un peine fue en la época en que el Primer Ministro era Tony Blair. «Tendrás que esforzarte un poco más para ganarme la partida, queridito», pensé para mis adentros mientras le daba unas cariñosas palmaditas a Louisa en el hombro (en otras palabras, que la eché hacia atrás para que no se levantara de la silla).

—¡No digas tonterías, Simon! Louisa todavía no está en condiciones de salir a ningún sitio, está pasando por una época muy difícil y lo último que le apetece es ir a un club ruidoso lleno de desconocidos. Me quedaría aquí a hacerte compañía si pudiera, cuñadita, pero es que se trata de un compromiso ineludible. ¡Cuánto lo siento!

Y me largué de allí sin más mientras Simon volvía a desplomarse desmoralizado en la silla al ver cómo se esfumaban sus esperanzas de sobornar a los niños con iPads y dulces para que permanecieran arriba mientras él se despatarraba en el sofá y veía *Joyas sobre ruedas*; en vez de eso, por cuarta noche consecutiva iba a tener que escuchar a su hermana berrear y despotricar sobre el hecho de que TODOS LOS HOMBRES SON UNOS CABRONES (el repertorio de Louisa es bastante limitado. Empieza diciendo cuánto le gustaría matar a Bardo y a Sgathaich, después se lamenta de que la Diosa la haya abandonado y se pregunta qué será de ella y al final, cuando ya casi ha llegado al fondo de la botella, termina despotricando furiosa sobre la opresión que sufre a manos del patriarcado). Lo bueno es que mi marido se quedó tan derrotado que ni siquiera me preguntó con quién había quedado, y eso fue un alivio para mí porque aún no tenía claro lo que debería decirle respecto a Charlie.

La verdad es que la velada no transcurrió para nada como yo esperaba. Charlie y yo habíamos quedado en una vinoteca nueva bastante finolis (no sé si serán imaginaciones mías, pero tengo la impresión de que están poniéndose de moda otra vez. Desaparecieron por largo tiempo después de los ochenta, pero ahora aparece una nueva cada dos por tres). Cumplimos con la educada charla de rigor inicial en plan «cómo estás» y «qué has estado haciendo» y empecé a pensar que qué bien, que todo iba a salir rodado, que al final no íbamos a hablar de sentimientos y nos limitaríamos a tomar una copa tranquilamente como dos personas civilizadas y que después cada uno se iría por su lado, lo que me parecía genial porque gracias a Louisa ya estaba hasta las narices de tantas emociones, cuando hubo una pausa en la trivial conversación y Charlie me dijo a bocajarro:

—¿Por qué has estado rehuyéndome?

Mierda, y yo que pensaba que había quedado establecido que yo no había estado rehuyéndole por el mero hecho de asegurarle que no era así en un mensaje de texto. Se supone que uno tiene que darlo como cierto aunque se trate de una mentira flagrante, empiezo a poner en duda que Charlie sea británico. Ahora que me acuerdo, ¿no pasó un año sabático en Estados Unidos? Seguro que ahí fue donde empezó todo, que ese es el origen de este deseo de comunicarse en vez de vivir perfectamente feliz con silencios incómodos y limitándose a hablar de clichés.

Por supuesto que yo respondí de la única forma posible en tales circunstancias: solté una estridente carcajada y exclamé atropelladamente:

—¡Je, je, no digas tonterías! ¡No he estado rehuyéndote, qué va! ¡Es que he estado ocupadísima!

Mantuve la mirada fija en la mesa mientras balbucía aquello, eludiendo frenética su mirada, porque no había necesidad de hacer que aquella situación fuera incluso más embarazosa. Pero él se inclinó hacia delante por encima de la mesa, posó la mano bajo mi barbilla, me instó a alzar la cabeza y me apartó el pelo de los ojos con delicadeza. ¡Mierda! Ya sabía yo que tendría que habérmelo sujetado con una horquilla, tal y como hace Lucy Worsley, y así él no tendría excusa alguna para hacer ese tipo de cosas. Deseé ser tan sensata como Lucy Worsley, seguro que ella no se metería jamás en una situación así..., aunque, en caso de que le ocurriera algo similar, lidiaría con la situación de forma firme y práctica, tal y como corresponde a una señorita de buena cuna, como la capitana del equipo deportivo del colegio rechazando a las de cuarto grado. Apuesto a que Lucy Worsley era la capitana de un equipo en el colegio...; no, lo más probable es que fuera delegada. Me planteé buscarla en Google por debajo de la mesa para distraerme de la desagradable escenita que estaba a punto de vivir.

Mis planes de distraerme con Google se vieron frustrados cuando Charlie alargó el brazo por encima de la mesa y me tomó la mano. ¡Madre de Dios!, ¡más contacto físico! No había duda de que aquello no era una buena señal. Me planteé con desesperación volcar mi copa de vino, que saliera volando y nos manchara a los dos; de ese modo, el incómodo momento se esfumaría mientras nosotros nos limpiábamos la ropa con las servilletas, y yo podría limitarme a agarrar mi bolso y a decir algo así como: «¡Uy, mira qué tarde es! ¡Me tengo que ir, ha sido un placer verte! ¡Adiós!», antes de huir de allí y mudarme a la Mongolia Exterior y cambiarme el nombre; ah, y buscar en Google si Lucy Worsley fue capitana de un equipo deportivo del colegio o delegada.

El problema radicaba en que Charlie me había agarrado la mano más cercana a la copa, así que para poder volcarla me vería obligada a extender el otro brazo por encima de la mesa para darle un buen empujón. Vale, podía hacerlo sin problema, claro que sí. Aunque también podría gritar de repente que tenía un súbito ataque de diarrea explosiva y que tenía que ir al lavabo cuanto antes, que tenía que ir ¡YA!; a ver quién es el guapo capaz de ponerse a hablar de sentimientos ante una incontrolable cagalera. ¡Mierda, él estaba diciéndome algo más!

—¿Me estás escuchando, Ellen?

—¡Sí, claro que sí! Oye, ¿sabes si Lucy Worsley fue delegada o capitana de algún equipo en el colegio?

—¿Qué? ¿Quién es esa tal Lucy?, ¿qué tiene que ver ella con esto?

—Es esa historiadora rubia que sale en la tele, una mujer de lo más sensata. Siempre lleva una horquilla en el pelo y zapatos cómodos.

—No tengo ni idea de a quién te refieres.

—¡LUCY WORSLEY! ¡HORQUILLA PARA EL PELO! ¡Un montón de programas sobre Enrique VIII! ¡Lleva una horquilla, joder! ¿Cuántas historiadoras que salen en la tele llevan horquillas? ¡Seguro que sabes quién es!

—Ellen, las horquillas nunca me han llamado demasiado la atención y no entiendo por qué estás tan obsesionada con ellas de repente. ¿Podríamos hablar de...?

—Pues son muy útiles a la hora de mantener el pelo apartado de la cara, o para hacerte un moño y que se te quede bien fijo. Pero es que ella me parece una mujer muy pragmática y estoy convencida de que fue delegada o capitana de algún equipo en el colegio, pero no sé cuál de las dos opciones es la correcta. La verdad es que me decanto por la primera, la delegada de mi clase era una chica increíblemente inteligente y sensata. A mí ni siquiera me permitieron ser monitora, alegaron que para mis compañeras de clase era como una especie de líder rebelde porque llevaba los calcetines del uniforme enrollados a la altura de los tobillos. Los documentales de historia no son *Star Wars* precisamente, ¿verdad? ¿Quieres que busque a Lucy Worsley en Google para que veas de quién se trata? Puede que en la Wikipedia ponga si fue delegada, ¡te apuesto 55 libras a que sí! De hecho, seguro que llevo alguna horquilla en el bolso, voy a aprovechar para sujetarme el pelo...

Se le veía desconcertado y yo aproveché aquella confusión momentánea para intentar apartar la mano con la excusa de buscar en Google el historial escolar de Lucy Worsley y ver si tenía alguna horquilla en el bolso, pero él se me adelantó y la aferró con firmeza.

—Ellen, la verdad es que me importa un comino lo que hizo en el colegio no sé qué mujer que sale por la tele, y quizás te hayas dado cuenta de que no me interesan para nada tus horquillas. ¡Lo que quiero es hablar contigo!

—¡Estamos hablando, Charlie! Estamos conversando sobre un amplio abanico de temas. Historia, televisión, moda...

Logré liberar mi mano de la suya, la metí a toda prisa en mi bolso y al cabo de unos segundos saqué triunfal una horquilla bastante sucia y mi móvil.

—¡Mira, aquí tengo una horquilla! ¡Qué bien, así podré apartarme el pelo de la cara! En fin, voy a buscar en Google a Lucy Worsley en un periquete...

Él me arrebató de las manos tanto la horquilla como el móvil y los dejó sobre la mesa, pero no sin antes mirar con cara de horror el polvoriento pegote de alguna sustancia indeterminada que estaba pegado a la horquilla (yo creo que debía de ser un trozo de alguna gominola que se me había quedado olvidada en el bolso).

—¡Ya está bien!

Hay que reconocer que lo dijo con bastante autoridad; si lo de tener que hablar de mis sentimientos no me tuviera tan nerviosa, puede que hubiera estado a un tris de que me recorriera un escalofrío.

—¡La mujer esa me importa una mierda! —exclamó—. ¡Me da igual que te pongas una horquilla en el pelo! ¡Tenemos que hablar! Por favor, ¿podríamos ser sinceros el uno con el otro?

¡¡¡NO!!! Por favor, ¿podríamos no serlo?

—¿Por qué has venido, Ellen?

—¡Je, je! ¡Pues para tomar una copa, claro! ¡Una copita siempre sienta bien! ¿Podrías devolverme mi horquilla? Son muy útiles, también sirven para forzar cerraduras. A ver, yo no lo he hecho nunca, pero eso dicen. Seguro que hay algún tutorial en YouTube para aprender a hacerlo, ¡podría buscar información sobre el tema en Google! Puede que la imagen de sensata delegada de curso de Lucy Worsley sea una mera fachada, y en realidad se dedique a robar en su tiempo libre y ese sea el motivo de que siempre lleve una horquilla en el pelo, para poder forzar cerraduras y robar todos los diamantes.

—¡ELLEN! ¡CÁLLATE DE UNA VEZ! Si vuelves a mencionar una horquilla o a Lucy Worsley una jodida vez más, ¡NO SERÉ RESPONSABLE DE MIS ACTOS! ¡TENEMOS QUE HABLAR!

—¡Lo estamos haciendo! Estamos hablando sobre...

—No, no estamos hablando, estás dedicándote a soltar chorradas. Pero ahora sí que vamos a hablar. Dime una cosa: podrías salir a tomar una copa con cualquiera, ¿por qué estás aquí conmigo? Santo Dios, sigue erre que erre sin rendirse.

—Pues porque somos amigos, por supuesto. ¡Je, je!

—¿Podrías dejar de reírte así? Resulta un poco desconcertante.

—¡Je, je, je! ¡Uy, perdón!

¡Ja! decidí hacerle desistir con mi horrible risa nerviosa, una carcajada estridente es tan efectiva para apagar la pasión como amenazar con cagarte encima o hacer toda una disertación sobre la historia y el uso de las horquillas.

—Ellen, por favor. Espero de verdad que me consideres un amigo, pero tengo la impresión de que a lo mejor has estado rehuyéndome porque te preocupa que quiera que seamos algo más.

—¡No, qué va! ¡Para nada!, ¡en absoluto! ¡Qué tontería! ¡Je, je, je! —Me planteé hincarme la horquilla en el ojo como medida de distracción.

—¿Podrías callarte de una vez? La verdad es que me estás poniendo de los nervios, y creo que para que podamos ser amigos hay que aclarar antes un par de cosas.

—¿Ah, sí?

—En primer lugar: sí, me pareces una mujer atractiva. Fuiste mi primer amor. Fue contigo con quien...

—¿Echaste tu primer polvo?

—Bueno, sí. Iba a expresarlo de forma más madura, como...

—¿Mojaste el churro?, ¿hiciste ñaca ñaca?, ¿echaste un clavo?

—Hice por primera vez el amor.

Vale, la verdad es que su sugerencia suena mejor que las mías.

—Y admito que cuando volví a verte de nuevo se me pasó por la cabeza la posibilidad de que pasara algo; de hecho, albergué la esperanza de que fuera así. Y si estuvieras soltera puede que hubiera acabado por suceder. Pero no lo estás, ¿verdad?

—Es obvio que no, nunca fingí estarlo. Supiste desde el principio que estaba casada.

—Joder, ¿podrías dejar de interrumpirme?

—¡Me has hecho una pregunta!

—¡Era una pregunta retórica! En fin, la cuestión es que no estás soltera y tampoco eres de esa clase de chicas, ¿verdad?

Abrí la boca para preguntarle a qué clase de chicas se refería exactamente, pero volví a cerrarla al ver la mirada que me lanzó. Aunque admito que me gusta que me llamen «chica».

—Una de esas dispuestas a tener una aventura. Porque todavía te conozco bastante bien a pesar de no haberte visto en años, Ellen. Ya sé que puedes ser caprichosa, y que eres superficial con bastante frecuencia, y que a menudo eres egoísta y puedes llegar a ser desquiciante.

Pensé para mis adentros que, si lo que quería era convencerme de que tuviera una aventura con él, la verdad es que le hacía falta pulir bastante su técnica.

—Y el único hombre para ti es Simon, jamás habrá nadie más. Creo que lo supe aquella primera noche que os vi juntos; además, no creo que fueras capaz de romper el hogar de tus hijos, de hacerles lo mismo que te hicieron a ti los tuyos..., tener que ir cambiando de casa cada semana, tener que acostumbrarse a padrastros y hermanastros. Así que no tardé en darme cuenta de que no tenía sentido plantearme siquiera que pudiera haber algo entre nosotros.

—¡Claro que sería capaz de tener una aventura! —protesté con indignación.

No me gustaba en absoluto la imagen de la aburrida, reprimida y caprichosa madre suburbana que Charlie estaba describiendo. Yo podía ser esa otra mujer, la del club de *jazz* con el ambiente cargado a la que un hombre que no le convenía le susurraba al oído. ¡Sí, claro que sí!

—¿Sabes por qué se rompió mi matrimonio? —me preguntó él.

—No.

Murmuré enfurruñada aquella escueta respuesta mientras pensaba para mis adentros: «¡Dios mío!, ¿se me olvidó preguntarle por el divorcio? ¿Es esa otra prueba más de lo caprichosa, superficial y egoísta que soy? No, no puede ser, claro que le pregunté al respecto, aunque solo fuera por pura curiosidad. Sí, estoy bastante segura de que se limitó a darme una respuesta bastante vaga, algo así como que los dos empezaron a distanciarse y a querer cosas distintas».

—Tuve una aventura —admitió él con calma.

—¿¿¿QUÉ??? ¿Lo dices en serio? —No me lo podía creer.

—¿Por qué te sorprendes tanto? ¿Acaso es tan descabellado pensar que hay más de una mujer en este mundo a la que puedo resultarle lo bastante atractivo como para querer acostarse conmigo?

—¡No! Pero se supone que tú perteneces al grupo de los buenos chicos, los chicos que valen la pena, los que no engañan a su pareja. Eres el buenazo de Charlie, así era como te llamábamos. El buenazo de Charlie, por tu franqueza y tu decencia.

—Pero no era lo bastante bueno para ti, ¿verdad? Ser el chico bueno no me sirvió de mucho en ese sentido. En cualquier caso, no soy un buenazo. Yo también soy superficial y egoísta, y me sentía aburrido e insatisfecho con mi matrimonio y me resultó halagador y excitante el hecho de que otra persona me ofreciera todo cuanto Rachel parecía negarme. Así que tuve una aventura, y Rachel se enteró y ese fue el fin de nuestro matrimonio; y al final resultó que la aventura en sí, lejos de ser tan excitante y glamurosa como parecía en un principio, en realidad era algo bastante sórdido donde abundaban los hotelitos y las alfombras beige y que, una vez que la excitación del primer momento fue apagándose, me creó un sentimiento de culpa constante que me carcomía. Pero lo hice de todas formas. Así que disto mucho de ser ese caballeroso y noble caballero de reluciente armadura que tú imaginas, en realidad soy un poco gilipollas. Pero me parece que cuando tú y yo coincidimos de nuevo por casualidad tu situación era parecida a la mía cuando conocí a Sarah. Estabas harta, y Simon te tenía molesta y querías algo más. Pero no creo que hubieras sido capaz de llevar adelante lo de la aventura, porque amas demasiado a tu marido, mientras que yo nunca estuve realmente enamorado de Rachel. Y sí, es probable que eso tuviera algo que ver contigo, porque no debería haber empezado a salir con ella para intentar olvidarte y entonces, no sé cómo, estábamos haciendo planes de boda en una sucesión vertiginosa de acontecimientos que fui incapaz de detener, y no me siento orgulloso de ello. Pero entonces empezaste a sentirte incómoda por haber ido a tomar unas copas conmigo, porque pensaste que estabas dándome falsas esperanzas de nuevo, así que decidiste rehuirme debido a ese miedo tan absurdo que tienes a hablar las cosas, y eso nos ha traído hasta aquí. ¿Estoy en lo cierto?

Me quedé mirando fijamente la mesa y me pregunté si sería buena idea intentar cambiar de tema.

—Ellen, por favor, di algo. Y no cambies de tema. ¿Has estado rehuyéndome porque creías que yo quería algo más que una amistad? Anda, dime.

—Vale, sí, lo admito. Pero no sé por qué era tan necesario que habláramos del tema. Si no quieres follar conmigo, ¿por qué no te limitaste a dejar que siguiera rehuyéndote? ¿Por qué has sido tan insistente?

—No he dicho en ningún momento que no quiera follar contigo. Lo que pasa es que creo que no sería una buena idea, ni aun en el improbable caso de que te emborracharas hasta tal punto que llegaras a hacerlo. Mira, me mudé a esta zona hace poco y conozco a muy poca gente aparte de los compañeros del trabajo; el puesto en el St. Catherine's me pareció una buena oportunidad para empezar de cero, pero no me di cuenta de lo solo que podría llegar a sentirme, sobre todo teniendo en cuenta que perdí a un montón de amigos con lo del divorcio. Es comprensible que la mayoría de ellos se pusiera de parte de Rachel, aunque yo creo que ella se pasó interpretando el papel de víctima martirizada; en fin, la verdad es que le puse los cuernos, así que supongo que me lo merecía. Pero me encantaría que tú y yo fuéramos amigos, porque en este momento me hace más falta tener unas buenas amistades que embarcarme en otra relación enrevesada y complicada, y tener una aventura con una mujer casada entraría en esa categoría. Necesito amigos de verdad, eso es todo; nada de preocuparse de que pueda haber algo subyacente, nada de ideas equivocadas por parte de ninguno de los dos. Pero no podemos ser amigos si estás tan nerviosa y me sigues viendo como al pobrecito de Charlie, el chico que estaba loquito por ti. Además —esbozó una sonrisa traviesa—, ha sido divertidísimo verte pasándolo tan mal al verte obligada a hablar de sentimientos en vez de obviar el tema y salir huyendo.

—¡Qué grosero!

Se puso más serio al añadir:

—Además, aún te tengo cariño. Durante todo este tiempo, cuando oía algún comentario sobre ti, me decía: «¡Vaya, me alegro de que Ellen y Simon sigan juntos! Puede que me rompieran el corazón, pero al menos no fue por una relación sin futuro que terminó en un par de años». Me decía a mí mismo que está claro que vosotros estáis hechos el uno para el otro, y supongo que tan solo quería recordártelo a ti también. Ahora se te ve mucho más feliz, da la impresión de que tu relación con él se encuentra en un punto mucho mejor que cuando coincidí contigo en aquella galería. Puede que ese sea el motivo de que no llegara a pasar nada entre nosotros, pero, si alguna vez vuelves a encontrarte en una situación difícil y te sientes tentada por otra persona, ten en cuenta que puede que no sea alguien que te tenga cariño y quiera lo mejor para ti, y es posible que la cosa termine por causarte muchos problemas.

—Estás aconsejándome que sea una buena chica, ¿no? —murmuré enfurruñada.

—No, estoy aconsejándote que recuerdes que son muy pocas las personas que tienen la suerte de encontrar lo que tú tienes con Simon. Así que no lo tires a la basura a cambio de un poco de excitación cuando las cosas se pongan difíciles o aburridas, porque la vida en sí es difícil y aburrida, al igual que el matrimonio. Eso es todo. Bueno, fin del sermón. ¿Pedimos otra botella?

—Puede que sí. Oye, has dicho que todavía quieres follar conmigo, así que ¿cómo vamos a poder ser amigos?

—¡Ah, no te preocupes por eso! —contestó él, sin darle la

menor importancia al asunto—. Tienes un buen culo y soy un hombre soltero que lleva bastante tiempo sin mantener relaciones sexuales. Así que sí, admito que la idea se me pasó por la mente, pero, para serte sincero, en este lugar hay bastantes mujeres con las que no me importaría echar un polvo, no eres la única.

—Te lo he dicho y te lo repito: ¡QUÉ GROSERO! Pero si no es más que eso entonces vale, pidamos otra botella. Y vas a tener que pagar tú, por obligarme a hablar de sentimientos.

El resto de la velada transcurrió en un ambiente mucho más relajado, incluso diría que agradable. Hablamos de Hannah, y le di su número de teléfono a Charlie y le sugerí que la llamara... en plan de amigos, le dije. Espero que lleguen a ser algo más que eso, pero no quise decirle: «Llama a Hannah, por favor, porque teme ser una loca con un montón de gatos durante un buen número de años hasta que al final incluso ellos la abandonen y tenga que pasar los últimos días de su vida en un lóbrego sótano, llorando en soledad la pérdida de su juventud y, al igual que tú, está deseando follar», por temor a que no le pareciera una idea demasiado tentadora.

Durante el trayecto de regreso a casa busqué a Lucy Worsley en Google, y me llevé una decepción al ver que en Internet no ponía nada sobre si había sido delegada o capitana de algún equipo en el colegio; por otra parte, si alguna vez me veo en la necesidad de forzar un cerrojo con una horquilla, ahora ya sé cómo hacerlo.

JULIO

Miércoles, 6 de julio

Louisa aún sigue aquí. Los niños aún siguen aquí. Por lo menos ha dejado de llorar casi por completo, pero, por lo demás, no hace nada por buscar trabajo ni por empezar a rehacer su vida ni para encontrarles un hogar a sus hijos. En vez de llorar, lo que hace ahora es salir a pasear sola al caer la tarde, con lo que Simon y yo tenemos que lidiar con ocho niños (ocho. ¿He mencionado que hay ocho jodidos niños en mi casa? ¡Ocho, joder!).

Tengo la impresión de que a Louisa le molesta sobremanera que no podamos proporcionarle unos páramos azotados por el viento que ella pueda recorrer con la debida teatralidad, lamentándose ante los brezos y las rocas de lo que le tenía deparado el destino. A falta de páramos, tiene que conformarse con deambular por el parque murmurando para sí (Sam la vio cuando sacó a su perro), así que su actuación recuerda más a la primera esposa del señor Rochester que a Cathy Earnshaw buscando a Heathcliff.

Hoy era mi día libre en el trabajo, así que esta mañana le sugerí con firmeza (la verdad es que me limité a ordenárselo. A la hora de lidiar con ella me he convertido en algo intermedio entre Mary Poppins y la enfermera Ratched, no admito réplicas y hablo con esa voz alegre que una emplea en público al hablar con un crío rebelde porque no puede limitarse a gritarle «¡Haz lo que te digo de una vez, mocoso insoportable!» cuando hay testigos) que se llevara a los niños de tiendas y comprara algo de pan y de leche porque andábamos bastante escasos de ambas cosas. Siempre andamos escasos de pan y de leche, tenemos que alimentar a siete bocas más.

Como me sentía incapaz de afrontar el desorden caótico que reina en la casa (¡ocho jodidos niños!), había decidido intentar arrancar las malas hierbas del borde delantero para que el lugar no se pareciera tanto a un basurero abandonado. Hay que tener en cuenta que la autocaravana de mi cuñada (llamada Gunnar, no se nos permite olvidar su nombre) está aparcada enfrente de la casa, que va escorándose poco a poco hacia estribor conforme las ruedas se van deshinchando y que debajo va formándose un charco de aceite que va creciendo día a día.

Se le ha dicho a Louisa en repetidas ocasiones que tiene que hacer algo con esa tartana, que la venda como chatarra o que por lo menos la lleve a algún taller mecánico para que le digan cuánto costaría repararla y que pueda volver a circular, pero ella tiene dos posibles reacciones ante eso: la primera es echarse a llorar y a berrear de nuevo porque queremos «asesinar» a su querido Gunnar, que la «salvó» de Bardo/Kevin y de Sgathaich/Carol (quien, según afirma ahora ella, es sin duda una bruja malvada que hechizó a Bardo y habría esclavizado a sus pobres hijitos de no ser porque el valiente Gunnar los condujo a la libertad. Me parece que ha estado viendo demasiadas películas de Disney); la segunda consiste en soltar un trémulo suspiro, porque le horroriza el hecho de que se le esté pidiendo que piense en algo tan sórdido como son los temas financieros cuando es obvio que es presa de emociones mucho más elevadas.

Yo creo que no falta mucho para que alguno de los vecinos presente una queja en el ayuntamiento por la herrumbrosa tartana que fastidia a toda la calle porque le quita lustre al barrio y, más importante aún, hace que baje el valor de las casas.

Mientras escarbaba con brío la tierra seca con mi pala de jardinería, intentando decidir si el mustio espécimen que tenía ante mí

348

era una hierba mala o algo que sí debía estar allí, oí una tosecita nerviosa a mi espalda y al girarme vi a la aburrida Katie, la vecina de enfrente, quien vive en la casa de los Jenkins... No, ya no debo pensar en ese lugar como la casa de los Jenkins; ahora es de Katie y de su marido, Comosellame (de verdad que intento recordar su nombre, pero siempre se me olvida).

—Eh..., Ellen, disculpa que te moleste, pero..., eh..., ¿ese de ahí es el vehículo de tu cuñada?

Yo suspiré con resignación antes de contestar.

—Sí. Lamento mucho que esté ahí y sí, ya sé que aparcar en la calle supone un problema en este barrio y no, no sé por cuánto tiempo va a seguir viviendo aquí ni lo que piensa hacer con esa cosa.

—No es la primera vez que mantengo esta misma conversación con algún vecino desde que Louisa llegó.

—¡No, no te lo preguntaba por eso!

Su rostro se tiñó de un bonito tono rosado; puede que sea aburrida a más no poder, pero la verdad es que tiene un rubor que la favorece y le da un aire de timidez (yo adquiero un tono tirando a morado la mar de atractivo).

—Me refería a que he visto su autocaravana, y me preguntaba si está en casa —añadió.

Me pregunté si no se había dado cuenta de que aquel jodido montón de chatarra no se había movido en cerca de un mes, desde la llegada de Louisa.

—No, ha salido a comprar —contesté con tono cortante.

—Ah. Qué pena, iba a invitarla a que viniera a tomar una infusión. He comprado esas bolsitas orgánicas especiales que le gustan.

No me lo podía creer. ¿Katie iba a invitar a Louisa a que fuera a tomar una infusión a su casa? ¡A Louisa! En los meses que llevan aquí, Katie y Comosellame no nos han invitado ni a tomar un vaso de agua a pesar de (o puede que debido a) la extremadamente generosa hospitalidad de la que hicimos gala el Domingo de Pascua. Y ahora resulta que a Louisa no solo la invitan a tomar una infusión a su casa, sino que ¡se trata de unas bolsitas especiales que han sido compradas para la ocasión! Aquello no estaba nada bien, era una verdadera grosería. Ese no es el comportamiento debido de la gente que vive en esta calle. Somos gente respetable, seguimos un estricto código en lo que respecta a fiestas navideñas, barbacoas, fiestas con fuegos artificiales que hay que admitir que acaban siendo un poquitín peligrosas e incluso jodidas infusiones.

No puedes aceptar la invitación de alguien y, en primer lugar, no devolverle la invitación, y pensar después que puedes dejar a un lado a esa persona e invitar a la mugrienta de su cuñada a tomar una infusión que encima está hecha con unas bolsitas especiales. ¡NO ES ASÍ COMO FUNCIONAN LAS COSAS!

Es posible que en mi rostro se reflejara lo que estaba pensando (sobre todo teniendo en cuenta que entorné los ojos y fruncí el ceño), porque Katie añadió entonces con nerviosismo:

—¡Tú también estás invitada, por supuesto! ¿Quieres venir a tomarte una infusión?

¡No, Katie, no quiero ir! Lo que me ofreces es muy poca cosa y llega demasiado tarde, porque ¡está claro que para que estés enterada de lo de las bolsitas especiales has tenido que estar tomando infusiones tan feliz con mi jodida cuñada mientras yo estaba trabajando para poner comida en la mesa para los ocho niños que están viviendo en mi casa en este momento! Pero Katie no iba a irse de rositas así como así y, además, yo sentía curiosidad por ver lo que Comosellame y ella habían hecho en la casa desde que estaban viviendo allí, así que dejé en el suelo mi pala y contesté sonriente.

—¡Gracias! ¡Me encantaría!

La casa de Katie es..., no sé, parece salida de un catálogo. Da la sensación de que alguien ha arrancado una serie de ilustraciones del catálogo de una tienda de muebles de categoría media y las ha materializado. Es un lugar increíblemente carente de alma y de personalidad, y eso me alegró sobremanera porque me habría sentido muy molesta si la pequeña Katie, la insulsa y aburrida y TRAIDORA Katie, estuviera ocultando un talento exquisito para el diseño de interiores.

Resulta que Katie siente una gran admiración hacia Louisa y eso me desconcertó en un principio, porque es una mujer tan limpia que cualquiera diría que se lava a fondo con desinfectante y un cepillo de alambre todas las mañanas; Louisa, por el contrario, tiene pinta de que habría que lavarla a fondo con desinfectante y un cepillo de alambre, y puede que fumigarla también. Y, para ir sobre seguro, limpiarla a vapor, a ver si así hay suerte.

Pero Katie cree que mi cuñada es maravillosa; «un verdadero espíritu libre», esas fueron sus palabras exactas al describirla. Parece ser que Louisa consideró oportuno confiarle a Katie sus planes de viajar por Europa con sus hijos en Gunnar, para que aprendan lo que es la vida. Después de Europa, ¿quién sabe? A lo mejor recorre África con ellos, puede que opte por ir a Asia; al parecer, todo depende del karma y del caprichoso destino y de a dónde quieran llevarla los vientos de la fortuna.

Louisa parece no haberse dado cuenta de que incluso la primera fase de su plan maestro, fase que tan solo consistiría en llegar a Folkestone, requeriría de un vehículo que funcione y de dinero para el combustible y los billetes del transbordador, y no tiene ni una cosa ni la otra. Y ese no es más que el comienzo, porque no hemos entrado aún en tediosas realidades tales como el hecho de que tendrá que alimentarse a sí misma y a seis niños mientras trota por el mundo para que los críos «aprendan lo que es la vida»; además, yo creo que Coventina puede poner serias objeciones, porque es una niña sensata dotada de una ética de trabajo notable que me dijo el otro día que, cuando crezca, solo comprará sus cosas en John Lewis. Tratándose de una hija de Louisa, no hay mayor rebelión que esa.

Pero a Katie le brillaban los ojos mientras alababa la valentía y la fortaleza de las que hacía gala Louisa al querer acometer semejante empeño. Me planteé desilusionarla enumerando las cuestiones prácticas que impiden que mi cuñada lleve a cabo sus planes, al menos hasta que consiga que Bardo empiece a pagarle algo de manutención para la tribu, pero Katie estaba entusiasmada ensalzando a Louisa y no había quien la parara.

—¡Debe de ser tan increíble estar tan liberada de una vida rutinaria! —dijo con un anhelante suspiro.

Yo no pude seguir soportando aquello. No sabía qué cojones habría estado contándole mi cuñada a aquella mujer, pero estaba harta de oír las maravillas de santa Louisa de la Gran Pringue.

—¡Sí, Katie, debe de ser realmente increíble! —le espeté con sequedad—. A todos nos encantaría no tener que pensar en llenar el lavavajillas, ni en ir al supermercado, ni en ver si hay suficiente leche en la nevera para el desayuno, ni en hacerle una revisión al coche, ni en limpiar los desagües, ni en lavar bien la bañera con el estropajo, ni en todas esas jodidas tareas realmente aburridas que hacen que la vida vaya siguiendo su curso, pero, lamentablemente, lo cierto es que alguien tiene que encargarse de hacer esas cosas.

Ella me miró como si acabara de abofetearla, y le tembló el labio visiblemente cuando me dijo con voz trémula:

—¡Eso no es verdad! ¡Louisa no tiene necesidad de preocuparse por nada de eso! Ella es libre, ¡puede ir adonde quiera y hacer lo que le plazca!

Me sentí un poco mal al ver las lágrimas que le inundaban los ojos, que habían brillado enfervorizados hasta que yo le había amargado la fiesta, pero una vez que empecé ya no pude parar.

—Louisa no tiene que hacer todas esas cosas porque Louisa es una inmadura irresponsable que ha decidido no responsabilizarse de su propia vida, y que ese peso recaiga en otras personas mientras ella se dedica a soltar por la boca un montón de chorradas de la nueva era, como que hay que ser fiel a uno mismo y que hay que dejar que el Universo se encargue de proveerte de lo que puedas necesitar. Si ha podido vivir así durante tanto tiempo es porque su jodido padre y Simon han estado solucionando sus problemas económicos durante años, pero la cuestión es que es una mujer de treinta y ocho años que tiene seis hijos y ya es hora de que madure y empiece a responsabilizarse de su propia vida y de la de sus hijos. No va a irse con ellos a recorrer Europa, ni Asia ni África porque esa herrumbrosa tartana que tiene ni siquiera se pone en marcha y no tiene dinero para comprarse otro vehículo; de hecho, ni siquiera tiene para alimentar a sus hijos, porque es un inútil desperdicio de espacio, y mañana ya puede dejar de flotar de acá para allá como un duendecillo etéreo y afrontar la realidad y empezar a buscar un empleo y un lugar donde vivir, porque ¡Simon y yo no vamos a financiar otro de sus planes absurdos! ¿Qué le da derecho a vivir sus sueños a nuestras expensas? ¿Qué, Katie? ¿QUÉ?

Me di cuenta de que me había dejado llevar un poco, y resulta que estaba aporreando la pobre mesa de la cocina con el puño con tanta fuerza que una de las letras de madera que componían la palabra C-O-M-E se había caído de la pared; ah, y Kati estaba llorando abiertamente. Mierda. Su marido y ella ya me consideraban una loca, y acababa de confirmarlo montando una escenita en aquella impecable cocina donde incluso los colores estaban coordinados.

—¡Perdona, Katie, cuánto lo siento! De verdad que lo siento, perdona que me haya dejado llevar así. No era mi intención, es que puede ser increíblemente frustrante vivir con Louisa e intentar que deje de ser una... —iba a decir «total y absoluta soplapollas», pero ya la había conmocionado bastante con mi incontinencia verbal. Da la impresión de que es una de esas personas que no solo procuran no decir tacos, sino que ni siquiera los piensan para sus adentros, así que me contenté con decir—: una persona que se limita a ignorar todo cuanto no encaja en su realidad. No tendría que haber gritado, lo siento. ¡Por favor, Katie, deja de llorar!

Ella sollozó con más fuerza todavía y farfulló algo incoherente.

—Lo siento, no te he entendido. ¿Quieres que me vaya?

Katie negó enfáticamente con la cabeza y exclamó a voz en grito:

—¡Es que era un sueño tan maravilloso! Las ideas de Louisa..., hacer las maletas y marcharte sin más, ir adonde te plazca, hacer algo nuevo y diferente cada día, ¡dejar atrás todo esto! —Indicó con un violento gesto su inmaculada cocina—. ¡Siempre es LO MIS-MO, Ellen! ¡Cada día lo mismo, joder!

Vale, corrección: mi vecina sí que dice tacos.

—Me levanto, les doy el desayuno a las niñas, vamos a alguna estúpida clase infantil donde todas las madres sonríen y están radiantes y perfectas y a todas les encanta su propia vida y todo el mundo me dice lo afortunada que soy, y es verdad que lo soy, eso lo sé, ¡quiero muchísimo a mis niñas y a Tim!

¡Tim, eso es! ¡Ese es el nombre de Comosellame!

—¡Pero es que todo es tan repetitivo y tedioso, y yo antes era alguien, Ellen! Era la directora de *marketing* de una empresa realmente grande, y la gente respetaba mis opiniones y prestaban atención a lo que yo decía cuando se celebraba alguna cena, y de verdad que tengo claro que soy increíblemente afortunada por poder quedarme en casa con las niñas, pero es que también estoy harta de que se me conozca como la mamá de Ruby y Lily en vez de como una persona con identidad propia, y entonces Tim llega a casa y me dice que está muy cansado debido a lo ocupado que ha estado haciendo cosas muy pero que muy importantes, y por sus palabras se sobreentiende que yo me he pasado todo el día jugando con muñequitas, y le grito que él al menos puede ir al lavabo y mear en paz, que ya es más de lo que puedo hacer yo, y me siento sola, Ellen, muy sola, y me siento fatal por sentirme así, porque a todas las demás mamás se les da mucho mejor todo esto, y soy una mierda de persona y la idea de Louisa sonaba tan bien, qué maravilla poder dejarlo todo atrás. Marcharse a la aventura, ¡¡¡¡yo quiero una aaaventuuuuuraaaaaaaaaa!!!!

Me quedé mirándola boquiabierta. Me sentí fatal por haber juzgado mal su casa, por pensar que es insulsa y que carece de alma y personalidad cuando está claro que lo único que pasa es que la pobre está pasando por una etapa dura, que está costándole adaptarse al hecho de ser una mamá que se queda en casa cuidando de sus hijas. Charlie tenía razón, soy una persona superficial. Y había más pruebas aún que demostraban mi superficialidad, porque, aunque lamentaba que Katie estuviera pasándolo mal, había una pequeñita parte de mí que estaba pensando: «¿Se puede saber por qué mi vida siempre está llena de mujeres lloronas? Me parece que ahora sé lo que Simon siente todos los meses».

Le di unas pequeñas palmaditas en el hombro con cautela (sí, da la impresión de que estoy convirtiéndome en mi marido, pero es que llevaba puesta una camiseta nueva y no quería que se me pusiera perdida de rímel; además, hay que tener en cuenta mis manías en lo que respecta al espacio personal).

—Tranquila, lo que sientes es normal. Casi todas nos sentimos así.

—¡¡¡NOOOO!!! —Estaba claro que, una vez que había decidido desahogarse, estaba dando el todo por el todo—. ¡Esto no es normal! ¡Sé que soy la única a la que le pasa! Todas las demás son tan perfectas y yo intento serlo también, de verdad que lo intento, pero ¡no lo consiiiiigooooo! ¡Tengo la sensación de que lo hago todo mal! —Se calló y se quedó allí, cabizbaja y angustiada.

—Katie, todas nos sentimos igual, te lo aseguro. —Me sentía como una sabia e influyente mujer mayor de la tribu, a pesar de que Katie debía de tener una edad similar a la mía—. Todas estuvimos sentadas en esas clases y sacudimos las maracas y bebimos ese café tan malo que hay en Mamás y Niños, y mirábamos a las demás y nos preguntábamos cómo era posible que ellas lo tuvieran todo bajo control, por qué nosotras éramos tan inadecuadas. Lo que pasa es que nadie habla de ello. Es más adelante, mientras estás tomando una copa de vino con alguien una noche, cuando esa persona admite que se planteó seriamente darse cabezazos contra el suelo del salón parroquial si los críos tenían que repetir una vez más no sé qué canción infantil, y entonces te das cuenta de que no estás sola, y que todas estamos intentando arreglárnoslas lo mejor que podemos, y que probablemente habría sido mucho mejor que nos hubiéramos atrevido a admitirlo. Apuesto a que, si mañana vas a la clase de «música con mi mamá» y admites que todo esto te está resultando realmente difícil y te sientes un poco perdida, el noventa y nueve por ciento de las madres te dirán que les pasa lo mismo.

—¿No me juzgarán por ello?

—¡Lo más probable es que te consideren una jodida heroína por tener las narices de admitirlo ante todo el mundo! Yo tenía la sensación de que era la peor madre del mundo porque no hacía adornos navideños de masa de sal con mis hijos; creía que era la peor mamá del colegio porque trabajo, tenía la sensación de que las que se quedaban en casa con sus hijos me juzgaban duramente, y entonces creé esa estúpida aplicación, más a modo de terapia que por cualquier otra cosa, y miles de personas la han comprado y resulta que todas las madres de la escuela se sentían igual que yo y lo único que teníamos que hacer era hablar del tema en vez de fingir que todas estamos genial y que todo es perfecto y que nos va espléndidamente bien y no tenemos ni la más mínima preocupación. Salir huyendo como Louisa no es la solución, ¡lo que tenemos que hacer es HABLAR UNAS CON OTRAS!

Había empezado a dar puñetazos en la mesa de nuevo. Se cayó otra letra de la pared.

—¡No tenía ni idea de que te sintieras así! —admitió—. ¡Jamás me lo habría imaginado siquiera! Da la impresión de que Simon y tú tenéis una vida perfecta, ¡se os ve muy glamurosos e interesantes! Después de la fiesta aquella de Pascua te tenía un miedo atroz, ¡me parecías inteligentísima y con una gran personalidad! ¡Incluso tu aparador destila personalidad!

Me eché a reír al oír aquello.

—Ese aparador ha sido la fuente de la discordia desde que lo pinté, y no somos glamurosos ni especialmente interesantes. El perro vomitó encima de mis zapatos anoche, a menudo me dan ganas de apuñalar a Simon por ser un idiota condescendiente y nadie tiene una vida tan perfecta como puede parecer desde fuera. ¡NADIE!

Las dos últimas letras se cayeron de la pared.

—¡No soporto esas jodidas letras! —gritó Katie—, ¡vamos a

quemarlas! ¡Y vamos a abrir una botella de vino! ¡Claro que sí, joder!

Jueves, 21 de julio

Drama a porrillo, ha llegado la artillería pesada (en otras palabras: Michael y Sylvia). Después de lo sucedido aquel día con Katie, ni que decir tiene que le conté a Simon los planes que había hecho su hermana; él puso el grito en el cielo y señaló la multitud de agujeros que tenían dichos planes, y Louisa le gritó a su vez que él no es su padre y no puede decirle lo que debe hacer (ah, y que jamás estaría dispuesta a gobernar el universo con él).

Mi cuñada se cabreó también con Katie y conmigo por haberla «traicionado» al revelarle a su hermano lo que planeaba hacer. Parece ser que no solo la traicionamos a ella, sino también a la Hermandad y a la Diosa. Me lo ha repetido varias veces. Para ser una persona que afirma un mínimo de tres veces al día que no me dirige la palabra, la verdad es que me dice un montón de cosas. Preferiría que cumpliera su promesa de no volver a hablarme.

Otra contradicción en la que parece ser que no le importa caer es el hecho de que, aunque asegura que apenas puede soportar estar cerca de mí, vive bajo mi techo tan contenta, y a mis expensas. En cuanto a Simon, aunque no es su padre (tal y como ella le recuerda a menudo), parece ser que está dejando caer todo el peso del patriarcado sobre la pobrecita de Louisa, y sin más motivo que oprimirla. Debe de ser por pura diversión, claro.

Al final, presa de la desesperación, Louisa se negó a atender a razones y siguió sosteniendo que iba a marcharse a recorrer el mundo y que Gunnar estaba en perfectas condiciones (aunque, para ser alguien con tantas ganas de viajar, en ningún momento se la vio dispuesta a subirse a esa dichosa carraca y marcharse, y eso suponiendo que el trasto ese se pusiera en marcha), y que por lo tanto no iba a buscar trabajo ni una casa; y, dado que las vacaciones de verano se acercaban con rapidez y la sensación de aglomeración y claustrofobia que se había adueñado de la casa aumentaba día a día, Simon llamó a sus padres y les pidió que intervinieran y hablaran con su obstinada hija.

Michael y Sylvia llegaron hoy y, aunque debo admitir que tenía mis dudas acerca de si iban a ser de mucha ayuda a la hora de lograr que Louisa entrara en razón, al final resulta que lo hicieron maravillosamente bien.

Tal y como cabía esperar, Louisa tuvo un berrinche de padre y muy señor mío en cuanto los vio llegar, y empezó a gritarle a Simon que era un acusica que había acudido corriendo a papi y a mami; Michael, al que siempre he visto como un hombre espléndidamente jovial pero un poco payaso, alguien que lo único que se toma en serio es su puntuación en el campo de golf, le pegó un grito aterrador.

—¡LOUISA CATHERINE RUSSELL, SIÉNTATE Y COMPÓRTATE COMO ES DEBIDO! Ellen y tu hermano han sido más que hospitalarios contigo, os han aguantado a tus hijos y a ti durante cerca de un mes. No son muchas las personas que harían algo así. ¡Pídeles disculpas en este mismo momento!

—Acepto pedirle disculpas a Simon, pero no voy a dirigirle la palabra a Ellen —masculló ella.

—¡VAS A PEDIRLES DISCULPAS A LOS DOS! ¡YA! ¡Y DALES LAS GRACIAS POR TODO LO QUE HAN HECHO POR VOSOTROS!

—Perdona, Simon, perdona, Ellen. Gracias a los dos, habéis sido muy amables —balbuceó ella, ante mi más absoluta incredulidad.

—Muy bien. A ver, jovencita, ¿eres consciente de que si Ellen y Simon han intentado convencerte de que no lleves a cabo tus planes no es, tal y como tú has estado gritando hasta desgañitarte, con la intención de destrozarte la vida, sino para evitar que acabes en prisión? Si intentas presentarte en un cruce de frontera y un agente ve esa carraca herrumbrosa que es una trampa mortal...

—¡Gunnar!, ¡se llama Gunnar!

—*¿Qué?* ¿Quién es Gunnar? ¡Yo creía que el idiota ese con el que te casaste se llamaba Nardo o algo así! ¡Por Dios, dime que no te has emparejado ya con otro *hippy* de esos! No estarás embarazada otra vez, ¿verdad? ¡Simon! ¿Por qué no me habías dicho nada de ese tal Gunnar?

—¡Gunnar es mi autocaravana, se llama así! —le explicó Louisa llorosa.

—¡Por el amor de Dios! —le espetó su padre con exasperación—, ¡tienes treinta y ocho años, Louisa! Yo tengo sesenta y ocho y no pienso referirme a un jodido trasto como si fuera una persona. ¡Hazme el favor de crecer de una vez! Como iba diciendo, si un policía te ve en esa cosa, sobre todo con esa multitud de niños dando tumbos dentro, te arrestarán en un periquete y se llevarán a tus hijos. ¿Es eso lo que quieres? —al ver que ella farfullaba algo en voz baja, le gritó—: ¡TE HE DICHO QUE SI ES ESO LO QUE QUIERES!

—No, papi —contestó ella con un hilo de voz.

—¡MUY BIEN! Parece que vamos avanzando. Anda, explícame cómo acabaste metida en este aprieto, a ver si podemos decidir qué es lo que vas a hacer a partir de ahora.

Mientras mi cuñada procedía a explicar que estaba prácticamente sin fondos debido a que Bardo había hecho que tanto el lugar de retiro como todo lo que había en él figurara como una sociedad limitada (con lo que ella no tenía derecho a nada), y que no tenía ningún documento donde figurara ni el dinero que ella misma había aportado al principio gracias a la venta del piso ni la multitud de ayudas que Michael había ido dándole cuando tenía problemas financieros, Sylvia me miró y señaló hacia la puerta con un ademán de cabeza para indicarme que era mejor que saliéramos de allí.

Cuando llegamos a la cocina, se sentó en la mesa pesadamente y suspiró. De repente se la veía muy avejentada y frágil.

—¿Podría tomar algo? Suponiendo que la gorrona de mi hija

te haya dejado alguna botella en la casa, claro. ¡Por Dios, qué desastre de muchacha, en qué lío tan absurdo se ha metido! La culpa la tengo yo en el fondo, porque la malcrié. Michael siempre fue el único capaz de manejarla, y al final yo solía ceder a sus caprichos si él no estaba en casa porque eso era más fácil que aguantar sus berrinches. Y, como él siempre estaba trabajando en esa época, ella se salía con la suya muy a menudo, supongo que ese es el motivo de que ahora sea tan insoportable. Tendría que haber sido más estricta con ella, en vez de permitir que creciera pensando que le bastaba con estampar el pie en el suelo para conseguir lo que quería. Muchísimas gracias por acogerla en tu casa, Ellen, no tienes ni idea de lo agradecida que te estoy. Me puedo imaginar lo insoportable que ha sido su comportamiento.

Yo apenas daba crédito a lo que estaba viviendo. Sylvia estaba siendo humana, estaba admitiendo que podía haber cometido algunos errores, estaba admitiendo que uno de sus hijos no era perfecto ni mucho menos. Y todo ello en un día en que alguien había logrado cerrarle el pico a Louisa y la había obligado a comportarse con un mínimo de educación. Me daba un poco de miedo pensar en lo que podría pasar a continuación en un día en el que tanto Sylvia como Louisa estaban teniendo un comportamiento tan fuera de lo común.

Oímos que Michael se ponía a gritar de nuevo en la sala de estar, que estaba justo al lado, y al cabo de un momento Simon entró en la cocina como una exhalación.

—¡Me parece que será mejor que los dejemos solos! —exclamó, mientras los gritos de Michael se imponían a las protestas llorosas de Louisa—. Parece ser que mi hermana ha permanecido aquí y se ha negado a mover el culo y a empezar a reorganizar su vida porque, a pesar de decir una y otra vez lo mucho que odia a Bardo, tenía la esperanza de que él viniera tras ella, le declarara su amor eterno y renunciara a la mujer esa, con lo que podrían vivir felices por siempre. Papá está haciéndole entender en este momento que eso no sucederá jamás. —Había alzado la botella de vino para servirse un poco, pero volvió a dejarla sobre la mesa—. Cariño, ¿tenemos algo más fuerte?

Por supuesto que sí. Ahora que era una ricachona gracias a mi aplicación, había empezado a comprar grandes cantidades de ginebra artesanal en vez de la de la marca Waitrose. Saqué varias botellas y propuse llevar a cabo una cata para distraernos.

Puede que, dadas las circunstancias, la ginebra no fuera la opción más sensata. Michael llamó a gritos a Simon para que regresara a la sala de estar, así que Sylvia y yo nos quedamos a solas con las botellas; al cabo de una hora las dos estábamos bastante sensibleras y ella comentó, un poco llorosa:

—¡Renuncié a todo por mis hijos! ¡A todo! Había días en que ya ni siquiera sabía quién era, hoy en día todavía tengo días *desos*. Y ¿para qué? ¡Para que Louisa desperdicie su vida con ese jodido *hippy* mugriento! *Laculpasssmía*, le di un mal ejemplo al hacerle creer que una mujer necesita de un hombre. ¡No los *necestamos*! ¡A la mierda con ellos, son unos capullos! Yo tendría que haber sido como tú, Ellen. Trabajas con los horribles *denadores* esos, pero tienes tu in... independencia. Podrías dejar mañana mismo a Simon y no tendrías ningún problema, ¡ninguno! Pero *nolorás*, ¿verdad? ¡Prométeme que no *dejrás* a Simon! Eres un buen *jemplo* para Jane. ¡Independencia! Tienes tu propio dinero. ¡Ojalá yo hubiera tenido mi propio dinero! ¡Y una carrera!

Yo solté un hipido antes de contestar.

—¿No *cres* que soy una mala madre por *pashar* tanto tiempo fuera de casa, por dejarlos al cuidado *dotra* gente? ¡Muy mal hecho por mi parte! ¡Muy mal! Me siento fatal. Sí, me siento culpable. Siempre ocupada, sieeeempre.

—¡Qué va! Yo *siempressshtuve* con mis hijos ¡y mira cómo ha terminado la cosa! ¡Mira! También me *shento* culpable, me preocupaba demasiado lo que pensara la gente. Demasiado ocupada asegurándome de que los cojines fueran a juego con las cortinas. ¡Las *pariencias* no lo son todo! Tendría que haber sido más..., ¿cómo se dice...? ¡Relajada! No los dejaba *ntrar* en la sala *destar* para que no ensuciaran, ¡tendría que haberles dejado *ntrar*! ¿Crees que Louisa sería mejor persona si la hubiera dejado *ntrar* en la sala *destar*? Puede que toda esta chorrada *hippy* sea una... una... una rebelión, contra mí y mis cortinas de Laura Ashley. Aunque... bueno, Simon no ha salido mal. *Tencontró* a ti. *Tústásbien*, aparte de lo de los *denadores*. No me gustan los *denadores*. No, no me gustan. Internet. Internet caca. Da miedo. ¿Hay más ginebra?

—¡Ya lo tengo! —exclamé mientras le servía más. Por algún extraño motivo, en el vaso apenas quedaba espacio para la tónica—. ¡Yo podría *ensñarte* a usar Internet! ¡Puedes comprar cosas!, ¡muuuchas cosas! Y puedes entrar en eBay y ganar otras cosas, y aprender a hacer de todo gracias a YouTube; bueno, menos a ponerte lápiz de ojos elegante y ligero, *esssosmuuuuydifícil*. ¡Podrías hacer montones de cosas! *Mencanta* ganar cosas en eBay. ¡La semana pasada gané tres lámparas de araña y una piña gigante de cristal en eBay! Lo de las arañas fue por error, no me di cuenta de que había *pujjjado* por todas, las pondré en mi casa de recreo de Wells-next-the-Sea junto con los zapatos. ¿Quieres una? —añadí en un acto de generosidad.

Para cuando Michael, Simon y Louisa entraron en la cocina, Sylvia y yo estábamos cantando a coro con Kate Bush y practicando los movimientos del baile de *Cumbres borrascosas* gracias a YouTube.

—¡Mira, Michael! —gritó ella—, ¡YA SÉ USAR LOS *DENADORES*! ¡Ellen *manseñado*, yo *también* voy a ganar cosas en eBay! ¡*Denadores* son *fablosos*! Ellen, ¿puedo ganar un *denador* en eBay?

—¡Madre de Dios! ¿Qué cojones ha pasado aquí? —exclamó Michael, horrorizado, justo antes de que su mujer perdiera el equilibrio al intentar dar una patada al aire y se precipitara hacia sus brazos.

Viernes, 29 de julio

Las críticas conversaciones sobre «cómo solucionar un problema como Louisa» aún continúan, aunque, a decir verdad, ahora que han empezado las vacaciones de verano, mi cuñada ha sido razonablemente útil durante toda la semana y se ha encargado de cuidar a Peter y a Jane mientras yo estoy en el trabajo. Michael ha debido de hablar con ella al respecto, porque incluso intenta ordenar un poco la casa y pasa la aspiradora cuando yo estoy fuera. Se le da fatal, por supuesto, y yo tengo que repasarlo todo cuando llego a casa, pero supongo que por lo menos está haciendo un esfuerzo.

Estoy intentando mostrarme comprensiva, pensar en el dinero que me ahorro en niñeras gracias a ella y no en el que me he gastado por su culpa en estos últimos meses, incluyendo el coste de la licuadora nueva que tuve que comprar debido a los batidos de esperma (aunque, después de saber lo espléndido que ha sido Bardo con su ingrediente especial, doy por más que bien empleado ese dinero, porque no hay suficiente Milton en este mundo para esterilizar algo así).

Esta noche quedé con Hannah y con Sam para ponernos al día y tomar una copa en esta primera semana de las vacaciones escolares. Invité también a Katie porque creo que lo que necesita es pasar más tiempo en compañía de adultos y menos llorando mientras ve *La patrulla canina* y se muere de aburrimiento.

Katie ha resultado ser un espíritu afín, ojalá me hubiera dado cuenta de ello meses atrás. En los últimos tiempos he ido a su casa en más de una ocasión para refugiarme de las discusiones entre Louisa y Simon y sus padres, y hemos pasado ratos muy agradables solucionando entre las dos los males del mundo mientras compartimos una botella de vino.

Simon deambulaba por la habitación con cara larga mientras yo intentaba arreglarme. No le apetecía nada tener que pasar otra velada más en compañía de sus padres y de su hermana, quien va alternando entre el llanto y la furia porque Sylvia y Michael se han negado a costear la reparación de Gunnar y no le permiten marcharse a recorrer mundo. Mi suegro, sin embargo, les ha ordenado a sus abogados que vayan a por Bardo para intentar sacarle algo de dinero, así que al *hippy* ese le espera una desagradable sorpresa.

Mientras estaba maquillándome, Hannah me mandó un mensaje de texto donde me avisaba de forma bastante misteriosa que iba a ir acompañada de «alguien», así que me apiadé de mi marido.

—¿Quieres venirte? Louisa puede cuidar a los niños, que haga algo útil.

Él se animó de inmediato.

—¿En serio? ¿No te importa que vaya? ¡Me encantaría!

Pobre Simon. Qué mal tiene que estar para que salir y estar en compañía de Gente le parezca preferible a quedarse en su sagrado sofá.

No me sorprendí demasiado al ver que ese «alguien» que iba a traer Hannah resultaba ser Charlie. Él y yo habíamos quedado a tomar un café un par de semanas después de aquella trascendental conversación, y entonces sus mensajes y propuestas de quedar para tomar algo habían ido yendo a menos y Hannah también había empezado a comportarse de forma bastante elusiva. Yo albergaba la esperanza de que él hubiera seguido mi consejo de llamarla y parece ser que así fue, porque parecían una parejita de adolescentes enamorados.

Simon se mostró un poco frío con él al principio, pero, como Charlie es un alma buena y notó la hostilidad de mi marido, no mencionó las veces que habíamos quedado y se limitó a decir que coincidió conmigo por casualidad varios meses atrás y, tras enterarme de que ahora vive en la zona y está soltero, yo le había pasado el número de teléfono de Hannah.

Simon se mostró un poco más cordial después de esas explicaciones, bromeó diciendo que siempre me ha gustado hacer de casamentera e incluso llegó a decir que Charlie tenía suerte de que yo no me hubiera enterado de que estaba soltero antes de que Louisa llegara, porque, llevada por la desesperación de querer deshacerme de mi cuñada, puede que se me hubiera ocurrido emparejarle con ella.

—¡No me imagino lo que tendrías que haberle hecho a Ellen para merecer semejante castigo! —añadió en tono de broma.

Me sentí un poco celosa de Hannah y Charlie. No por él, sino por lo enamorados que se veían y por el hecho de que parecían incapaces de dejar de tocarse el uno al otro.

—¡Qué bonito! —dijo Sam—, ¡qué dulzura! Nuestra pequeña Hannah ha encontrado el amor, y sin una sola foto *pollil*. Porque supongo que no le habrás enviado una foto de tu polla, ¿verdad?

Charlie lo miró con desconcierto, y entonces hubo que explicarle la fallida incursión de Hannah en el mundo de la búsqueda de pareja por Internet.

—¿Y tú qué? —le preguntó ella a Sam—. Ahora que has roto con Mark, ¿estás buscando pareja?

—¡Uf! No, la verdad es que no. Lo de Mark estuvo bien, pero requería de mucho esfuerzo por mi parte. A ver, el sexo era genial, pero no sé si me compensaba porque después tenía que mostrar interés en sus opiniones sobre *Made in Chelsea* y *Geordie Shore*. No sé si estoy para tomarme tantas molestias. Tengo a los niños y el perro, y a mis amigos, y me parece que con eso me doy por satisfecho. Ya sé que estoy echando por tierra los clichés sobre los gais, que debería estar ligando como un loco, pero me siento bastante feliz tal y como estoy. A ver, nunca se sabe lo que puede pasar; si conozco a mi alma gemela, pues genial, pero si no es así no será el fin del mundo. Puedo acurrucarme en mi camita con mis calcetines de cachemira y ver *Poldark*.

—¡Mmmm, *Poldark*! ¡Oh, capitán Ross!

Katie, Hannah, Sam y yo exclamamos aquello al unísono con un suspiro, y Charlie y Simon intercambiaron miradas de resignación.

AGOSTO

Jueves, 4 de agosto

Esta tarde se ha celebrado una reunión en la cumbre. Parece ser que se ha encontrado una solución para Louisa y los niños que resulta satisfactoria para todos.

Hay una casa a la venta adyacente a la finca francesa de Michael y Sylvia. No se trata de una mansión enorme y habrá que hacer algunas reformas, pero es lo bastante grande para Louisa y los niños. Mis suegros estarán a mano para apoyarla y echarle una mano con los críos, y tanto Michael como Simon han tirado de todos los contactos que les debían algún favor para conseguirle trabajo como diseñadora gráfica independiente. Así podrá estar en casa con los niños y ganar algo de dinero, la idea es que cuando complete un par de trabajos empiece a correrse la voz y vayan llegándole más. Aunque en la casa de mis suegros no hay espacio suficiente para que Louisa viva con ellos a largo plazo (en palabras de Sylvia, «no es más que un pequeño *chateau*», puede quedarse allí hasta que se formalice la compra de la casa y se realicen las reformas necesarias. Todo eso sonaba maravilloso, pero yo tuve un inquietante presentimiento al ver que todos me miraban expectantes.

Michael carraspeó antes de decir:

—Lo único es que..., en fin, se trata de algo un tanto delicado. El dinero.

—¿El dinero?

—Sí. La cuestión es que, si lo sumamos todo, estamos hablando de un total de unas cien mil libras. Me temo que Sylvia y yo ya no estamos en condiciones de invertir una cantidad como esa, así que nos preguntamos si Simon y tú podríais echar una mano.

—¿Yo y Simon? —Mi madre siempre había puesto especial empeño en que se me metiera en la cabeza que no hay que decir «Yo y X», sino «X y yo», pero estaba tan atónita que se me olvidó.

—Tenemos ese dinero, Ellen —me dijo Simon con voz suave—. Ya hemos liquidado nuestra hipoteca, y el dinero que te queda de lo que has ganado con la aplicación es suficiente para emplearlo en esto.

—¡Pero la aplicación ha dejado de generar dinero! —exclamé, mientras ocultaba debajo de la mesa con una sutil patadita el bolso de mano que me había comprado recientemente.

—No del todo, cariño. No genera las cantidades enormes de antes, pero aún sigue dándonos varios miles al mes.

—¿Estáis diciendo que queréis que le regale a Louisa todo el dinero que he ganado con mi aplicación? ¿Que se lo dé para que pueda irse a vivir a Francia y ponerse a hacer dibujitos?

Santo Dios, me sentí como si estuviera viviendo una experiencia extracorpórea. Oía mi propia voz gritando y me veía a mí misma dando puñetazos en la mesa como una loca, pero era incapaz de detenerme.

Simon y Michael estaban diciendo algo así como que no, que no estaríamos regalando el dinero, que Simon y yo seríamos los propietarios de la casa y del terreno y que Louisa viviría allí, pero lo único que yo alcanzaba a oír era el rugido del torrente de sangre en mis oídos mientras luchaba por reprimir las ganas de tirarme al suelo y chillar y patalear como una niñita frustrada, una niñita que berreaba que iba a gritar y a gritar hasta desgañitarse. No podía evitar sentir que eso me daría una profunda satisfacción, y si me contenía era en gran medida porque llevaba una faldita bastante corta y, en caso de llevar a la práctica semejante berrinche, casi seguro que todos verían mis bragas y eran de un anodino tono gris con la goma bastante desgastada; además, mi depilación en la zona del biquini también dejaba bastante que desear.

Todo el mundo seguía hablándome mientras yo respiraba con dificultad, el único pensamiento que ocupaba mi cabeza en ese momento era «¡MI DINERO!, ¡MI DINERO!, ¡MI DINERO!», y también estaba furiosa con Simon por haberme pillado desprevenida con aquello delante de todos. Era obvio que él era conocedor de la petición que se me iba a hacer, que era algo que había hablado tanto con sus padres como con Louisa y, aun así, no se le había ocurrido pensar que sería buena idea hablar antes conmigo al respecto. ¿Qué cojones esperaban que les dijese?

—¡Uy, sí, qué plan tan maravilloso! Me parece genial, por supuesto, démosle a Louisa (quien en realidad no ha trabajado lo más mínimo en los últimos diez años) todo el dinero que he ganado para salvaguardar el futuro de mi familia, para que pueda despilfarrarlo en el extranjero y vivir mi sueño en su adorable villa antigua, donde casi seguro que habrá olivares y hasta un viejo sirviente llamado Pascal que perdió al amor de su vida, Marie Claire, en la guerra, y Louisa se ganará la vida haciendo dibujitos y, mientras tanto, yo seguiré trabajando en un jodido despacho, intentando organizarme para poder lidiar con los niños y con el trabajo y con todo lo demás, y no podré tener una casa de recreo en Wells-next-the-Sea donde guardar mi multitud de zapatos, y ni siquiera podré tener un sueño porque ¡LOUISA ME LO HA ROBADO! No sé si comprarle también una pamela, PARA QUE NO SE QUEME CON EL SOL CUANDO CAMINE ENTRE LOS OLIVOS MIENTRAS SE DEDICA A ROBARME MI SUEÑO. ¿Qué hago, se la compro para que su sueño robado quede completo? ¿OS DARÉIS POR SATISFECHOS ENTONCES?

No fui consciente de que estaba gritando todo eso en voz alta hasta que me percaté de que todo el mundo estaba mirándome con una mezcla de confusión y consternación (debían de estar preguntándose quiénes eran Pascal y Marie Claire). Así que me puse en pie tan dignamente como pude y anuncié que iba a salir y que quizás tardara algo de tiempo en regresar, y entonces salí hecha una furia de la casa. No llegué muy lejos, estaba al final del camino de entrada cuando me di cuenta de que no llevaba dinero, ni mi móvil ni las llaves, así que no tuve más remedio que regresar a la casa hecha una furia y, después de agarrar mi bolso, volver a salir con paso airado; eso le restó bastante dramatismo a mi impactante salida, ya que esa segunda vez que sales hecha una furia no resulta nunca tan efectiva como la primera por muy fuerte que sea el portazo.

Domingo, 7 de agosto

El escándalo de «Louisa la roba sueños» aún no ha amainado. Simon ha intentado apelar a mis buenos sentimientos alegando que, desde un punto de vista realista, Louisa no sería capaz de sobrevivir en el mundo real por sus propios medios y que al final serían los niños los que acabarían sufriendo; al parecer, tiene que vivir en un lugar donde pueda contar con el apoyo de su familia para que se la ayude con los niños y, dado que no sería factible comprarle ni alquilarle una casa aquí ni aun contando con el dinero generado por la aplicación (¡MI dinero!, ¡MI aplicación!), la mejor opción es que se vaya a vivir cerca de sus padres, donde todo es mucho más barato. Comprendo la parte racional de ese argumento, pero, lamentablemente, parece ser que carezco de buenos sentimientos. No sé, supongo que ese tipo de sentimientos están reservados para las personas que tienen casas de recreo ¡y a las que no les han ROBADO SUS SUEÑOS!

Al final, cuando ya estaba hasta las narices de que la jodida familia Russell me diera la lata y, dado que tanto Sam como Hannah se habían ido de vacaciones, llamé a Jessica para preguntarle si le apetecía quedar a comer en algún sitio para ver si así recibía algo de solidaridad por parte de mi propia familia.

Le relaté toda la historia mientras comíamos unas ensaladas

carísimas; Jessica iba tomándose con decorosos sorbitos una copita de vino mientras que yo, por mi parte, engullía enormes tragos con abandono.

—¿Lo ves? —dije al fin—, ¡todos están siendo muy poco razonables! ¡Es que no es justo, Jessica! ¡No lo es! ¿Por qué se creen con derecho a pedirme algo así? —Me recliné en mi silla, dispuesta a dejar que la indignación de mi hermana fuera un bálsamo para mi maltrecha alma.

—Ya sé que parece injusto, pero la verdad es que yo creo que deberías darles ese dinero.

Esperaba que me diera la razón, así que aquellas palabras hicieron que me enderezara en la silla como un resorte.

—¿*Qué?* ¿Por qué diantres debería hacerlo?

—En primer lugar, no se trata de que vayas a regalárselo, sino que estás invirtiéndolo en una propiedad a la que Louisa se irá a vivir.

—¡Esos son meros detalles! ¡La cuestión es que está robándome mi sueño! ¡Será a ella a quien Pascal le confíe su historia de amor con Marie Claire, no a mí!

—¿Qué dices? ¿A qué te refieres? ¿Quiénes son esos? Lo que dices no tiene ningún sentido, Ellen. —Apartó a un lado la botella de vino para ponerla fuera de mi alcance—. La verdadera cuestión es que el dinero seguirá siendo tuyo, solo que de otra forma; además, estarías haciendo lo correcto al ayudarla.

—No es verdad —rezongué enfurruñada.

—Sí, sí que lo es —me reprendió ella con severidad—. Yo te daría a ti ese dinero en caso de que lo necesitaras.

—¡No lo harías!

—Claro que sí, porque eres mi hermana.

—¡Ni siquiera te caigo bien!

—Esa no es la cuestión; además, no estamos hablando de nosotras dos.

—Podrías fingir al menos que te caigo bien. Se supone que deberías decir: «¡Claro que me caes bien, Ellen! ¡Te quiero mucho!», aunque no te cayera bien. Pero claro, la realidad es que no te caigo bien.

—Ellen, acabas de pasar los últimos tres cuartos de hora quejándote de que Louisa es una niñata petulante, pero tú misma estás comportándote como tal. ¿Qué será de ella si no la ayudas? Más importante aún: ¿qué será de sus hijos?

—Me da igual.

—¡Ellen, eres desquiciante! ¡Madura de una vez!

—No quiero.

—Louisa terminará en alguna vivienda de protección oficial con alguna ayuda del estado; lo más probable es que no tenga a nadie conocido alrededor y que esté a kilómetros y kilómetros de su familia, así que no podrán apoyarla. Como no tendrá quien la ayude con los niños, es probable que no pueda dedicarle tiempo a ese trabajo que dices que puede hacer desde casa, lo que significa que, cuando el bebé esté lo suficientemente mayor, acabará por tener que buscarse algún empleo sin futuro que apenas le dará lo suficiente para mantener a los niños. Será una vida muy dura para todos ellos. Y sí, Louisa es una inútil y una irresponsable y no tendría que haber tenido tantos hijos sin plantearse antes cómo iba a poder mantenerlos, pero la cuestión es que los ha tenido y ahora hay que lidiar con eso. Además, ¿cómo crees que se sentirá Simon si condenas a su hermana, sus sobrinas y sus sobrinos a semejante vida?

Me sentí muy tentada a meterme los dedos en los oídos y gritar «¡Lalalalalala, no te oigooo!». Joder con mi hermana, ¿por qué tiene que ser una persona de moral tan recta en todo? ¡Se suponía que debía estar de mi parte! ¡No es justo! Y, por si fuera poco, se negó a devolverme la botella de vino.

Seguí enfurruñada y murmurando con indignación mientras regresaba a casa en tren. Eso me granjeó alguna que otra mirada de extrañeza por parte del resto de los pasajeros, pero la parte buena fue que me evitó tener que aguantar que alguien intentara entablar una conversación conmigo, porque por regla general parece ser que tengo una de esas caras que dicen: «¡Sí, adelante, siéntese a mi lado y cuénteme detalladamente su vida/hágame preguntas impertinentes sobre mi vida/invada mi espacio personal!».

Viernes, 12 de agosto

Michael y Sylvia regresan mañana a Francia junto con Louisa y los niños. Gunnar está en el desguace, y ha sido reemplazado por un viejo *miniván* con el volante a la izquierda que los llevará hasta allí. Yo todavía seguía negándome a entregar el dinero, y todo el mundo me odiaba.

Después de tener otra fuerte pelea más con Simon por ese tema, volví a salir de la casa porque no podía soportar las miradas llenas de resentimiento ni los incómodos silencios que me perseguían allí. Era muy injusto que todo el mundo me culpara a mí, cuando era Louisa quien había causado todo aquello debido a sus malas decisiones. Lo único que quería yo era una casa de recreo digna de Pinterest o unos olivares con viejos sirvientes. No era mucho pedir, ¿no?

Al final, sin saber qué hacer, tomé el autobús y me planté en casa de Hannah. Fue Charlie quien abrió la puerta, y al ver mi rostro mojado de lágrimas exclamó con preocupación:

—¡Santo cielo! ¿Qué ha pasado?

Me tomé varias enormes copas de vino mientras narraba mi triste historia entre lágrimas y sollozos, y Hannah me escuchó comprensiva mientras me daba tranquilizadoras palmaditas en la mano y emitía esos sonidos de solidaridad que yo tanto quería oír. Por eso es mi mejor amiga, hicimos un pacto hace mucho tiempo en el que acordamos que, pasara lo que pasase, siempre íbamos a apoyarnos mutuamente. ¡Nosotras dos contra el mundo! Terminé de contar llorosa lo sucedido, y entonces esperé alegremente a ver la reacción llena de indignación que mi dichosa hermana me había negado.

Charlie y Hannah intercambiaron una mirada. ¿Dónde estaba mi indignación? ¿Dónde? Él suspiró con fuerza.

—Ellen, tú no eres así.

—¡Claro que lo soy! ¡Se trata de mi dinero! ¡Es mío!

—Sí, por supuesto que lo es —asintió Hannah—, pero no es nada propio de ti ser tan mezquina.

—Bueno, a ti te daría el dinero sin pensármelo dos veces, pero ¡es que mi cuñada no me cae bien!

Fue Charlie quien contestó.

—Pero la cuestión no es esa, ¿verdad? La verdadera cuestión es que se trata de la hermana de Simon, y darle ese dinero sería lo correcto.

—Charlie tiene razón y lo sabes, Ellen —afirmó Hannah.

—¡Se supone que tienes que estar de mi parte! —protesté indignada—. ¿Qué ha sido de lo de estar unidas contra el mundo?

—¡Lo estoy! ¡Estoy de tu parte! ¡Estoy intentando evitar que cometas un error terrible y destruyas tu matrimonio!

Charlie asintió y me dijo muy serio:

—A ver, míralo de esta forma: piensa en cómo te sentirías estando sentada en tu casa de recreo de Wells-next-the-Sea (por cierto, ¿a qué viene esa obsesión tuya por ese lugar?), sabiendo que Louisa y los primos de tus hijos están sentados a su vez en alguna horrible habitación alquilada con papel desconchado en las paredes.

—Me sentiría bien, puede que de lo más ufana. Y lo busqué en Google y parece un sitio muy bonito, hay playas y salones de té. Y es más barato que Cornwall. Y no está tan lejos.

—De eso nada, te sentirías fatal. Y en el fondo lo sabes. Haz lo correcto —insistió él.

¡¡¡Oh, por el amor de Dios!!!

Regresé a casa, entré con paso airado, cerré con un sonoro portazo (si iban a obligarme a hacer aquello, al menos iba a sacarle todo el jugo y el dramatismo posible a ese momento).

Simon estaba viendo *Jodidas joyas sobre ruedas*; Louisa y los niños se habían ido varios días atrás al hotel donde se hospedaban mis suegros.

—¡ESTÁ BIEN, les daré el dinero!

Simon se puso en pie de un salto.

—¿Lo dices en serio?

—Sí —masculló a regañadientes. Aún no acababa de creerme que estuviera diciendo aquello.

En un abrir y cerrar de ojos Simon estaba abrazándome y besándome y diciéndome lo fantástica y maravillosa que soy y lo mucho que me ama y admito que todo eso estuvo muy bien, aunque no fuera una casa de recreo. Y entonces llamó por teléfono a Michael y ambos convinieron en que sí, soy sin duda una mujer maravillosa, y empecé a pensar que quizás, después de todo, puede que aquella no fuera la decisión más absurda que había tomado en toda mi vida.

Más tarde, después de tomar un poco más de vino, Simon me enseñó en su ordenador la nueva casa de Louisa. Yo no había querido ni verla porque no quería que me restregaran en las narices la prueba física de mi sueño robado, y vi que se trataba de un feúcho chalé moderno con un interior bastante oscuro y deslucido que no podía compararse con mi propia casa. La verdad es que eso hizo que me sintiera mucho mejor, no hay duda de que soy una persona horrible.

—¿Dónde están los olivares?, ¿dónde llorará Pascal la pérdida de Marie Claire, el gran amor de su vida? —me lamenté con teatralidad.

—Me parece que ya has bebido suficiente vino por hoy, cielo.

—Simon me condujo a la cama y me ayudó a mantener el equilibrio al ver que me tambaleaba un poco.

Jueves, 25 de agosto

Estamos en Cornwall, siendo como somos una familia de clase media en toda regla. Los niños han jugueteado alegremente en las playas (se han lanzado arena a la cara mutuamente y se han puesto a chillar porque alguien ha pisado su castillo de arena) y han chapoteado en charcos formados entre las rocas (han intentado ahogarse el uno al otro).

Hemos comido al aire libre hasta reventar y debo decir que espero no volver a ver un huevo duro ni un sándwich de pollo en mucho mucho tiempo. A Peter y a Jane les ha parecido muy entretenido empezar a lanzarse huevos, y ha sido el perro quien ha terminado comiéndoselos. Una vomitona de perro repleta de huevo no encaja demasiado en el sueño de la clase media.

Todavía sigo apretando anhelante la nariz contra las ventanas de todas las agencias inmobiliarias que encuentro a mi paso y lloro la pérdida de mi sueño, pero sé que hice lo correcto por mucho que me pesara. Coventina me mandó una carta poco después de que llegaran a Francia en la que me daba las gracias por su nueva casa y su nueva vida, y eso contribuyó en buena medida a apaciguarme. Me recuerdo a mí misma esa carta cada vez que veo la «perfecta casita de recreo», y el resquemor se mitiga bastante.

Esta noche, una vez que Peter y Jane estuvieron acostados y yo estaba sacudiendo los trajes de baño en un esfuerzo inútil por quitarles la arena mientras, al mismo tiempo, mantenía bien vigilado al perro por si se ponía a vomitar de nuevo (todo ello mientras murmuraba «qué asco de vida» de vez en cuando), Simon se me acercó por atrás y me rodeó con los brazos.

—Te amo, Ellen. Tendría que decírtelo más a menudo.

—Sí, es verdad. Mucho más a menudo.

—Me esforzaré mucho más en demostrarte cuánto te valoro, lo importante que eres para mí.

—Muy bien, me gusta cómo suena eso. Podrías demostrármelo regalándome cosas brillantes. Me gustan ese tipo de cosas.

—Puedo traerte cosas brillantes, mi pequeña urraca. El mes que viene es tu cumpleaños, he pensado que a lo mejor te gustaría un regalito especial.

—Estoy intentando no pensar en eso. No quiero tener cuarenta años, ¡fingiré que no está ocurriendo!

—Ah. ¿Significa eso que no quieres ir a París?

—¡Claro que sí! Pero ¿qué hacemos con los niños?, ellos no son muy parisinos que digamos.

—Todo está arreglado —me dijo, muy satisfecho de sí mismo—. Uno pasará el fin de semana con Hannah y el otro con Sam. Nosotros dos iremos a la Ciudad del Amor para disfrutar de algo de romance. Y para beber vino.

—¿Iremos a clubes de *jazz*?

—Tú no soportas el *jazz*, Ellen. Podemos ir a ese tipo de clubes si quieres, pero cuando estemos allí te limitarás a quejarte de que no te gusta la música.

—Bueno, ¿qué te parece entonces si vamos a sentarnos a algún bar de Montmartre y vemos el ir y venir de la gente mientras me susurras dulces naderías al oído?

—Pero Montmartre es un lugar muy concurrido, ¿verdad? Seguro que hay mucha gente y...

—¡SIMON!

—¡Vale, vale! Nos sentaremos en un bar de Montmartre y te susurraré dulces naderías al oído, ¡aunque lo más probable es que no puedas oírlas por culpa del bullicio de toda esa gente!

—¡Perfecto! —le dije sonriente—. Yo también te amo.

Parece ser que, después de todo, cumplir los cuarenta no será tan horrible como yo pensaba.

Ya no tenemos problemas de dinero, y siempre es una alegría poder decir algo así.

Mi suegra ya no puede lanzarme sutiles pullitas (aunque estoy casi segura de que seguirá intentándolo), porque soy la Salvadora de la Familia... y también porque estrechamos lazos aquella vez que estuvimos bebiendo ginebra juntas.

Ya no voy alternando entre el terror y el odio al encontrarme a las demás madres en la puerta del cole porque he descubierto que en realidad todas ellas son seres humanos; aun así, estoy resistiéndome con firmeza a entrar en el club de lectura de Fiona Montague, porque parece ser que obliga a todo el mundo a leer unos libros terriblemente intelectuales y después se limita a descargar de Internet críticas ajenas y se las apropia para que parezca que es la más culta e inteligente de todas.

Tengo tres maravillosos amigos nuevos. Sí, no uno ni dos, sino tres: Charlie, Katie y Sam. Ah, y me siento bastante orgullosa de mí misma por haber sido la artífice de que Hannah y Charlie estén juntos, así que si hay boda es casi seguro que se me otorgue el puesto de invitada de honor; además, tengo la suerte de tener a Katie viviendo enfrente, así que tengo justo al otro lado de la calle un espíritu afín con quien tomar unas copas de vino.

Y lo mejor de todo es que ya no anhelo sentarme en clubes de *jazz* de ambiente cargado mientras hombres que no me convienen me susurran dulces naderías al oído, resulta que me basta con tener a uno que sí que me conviene, que es perfecto para mí, quejándose gruñón porque «Esto está lleno de gente» y «¡Hace demasiado calor!».

Me parece que esto de tener cuarenta años va a estar bien; de hecho, incluso me hace albergar la esperanza de conseguir que Peter y Jane se vuelvan algún día un poco más civilizados y dejen de intentar matarse entre sí. ¡En fin, todos tenemos que soñar con algo!

AGRADECIMIENTOS

Cuando llegaba a las páginas de agradecimientos al final de un libro solía preguntarme cómo era posible que hiciera falta tanta gente para escribirlo (pensaba que como mucho se necesitaría al autor junto con el editor y un corrector, puede que también alguien que se encargara de mecanografiar si el autor no podía hacerlo). Y entonces escribí uno yo misma, y me di cuenta de la cantidad de gente que necesitas a tu alrededor. ¡Así que aquí están algunas de las muchas, muchísimas personas, a las que debo agradecerles tantísimo la ayuda que me han prestado con esta obra!

En primer lugar, muchas gracias al fabuloso equipo de Harper-Collins por darme esta increíble oportunidad, pero en especial a Grace Cheetham, Polly Osborn y Katie Moss por su infinita paciencia con los correos electrónicos llenos de preguntas tontas que yo les enviaba.

Unas gracias gigantescas a mi fantástico agente, Paul Baker, de Headway Talent, que también tiene una paciencia extraordinaria.

Un agradecimiento especial a mi querida amiga Donna Pilcher por toda la ayuda y los consejos que me ha dado, y porque su mera presencia ejercía un efecto tranquilizador en mí. También debo darles las gracias a todos los Dahlings (vosotros sabéis quiénes sois), que me apoyaron y me animaron y me dieron la confianza necesaria para creer que iba a ser capaz de llevar adelante todo esto.

Gracias al equipo de la FIAF (Tanya y Mairi y Eileen) por ayudarme a mantener la cordura.

Jim Peters también merece un agradecimiento enorme por su paciencia, sus conocimientos de fotografía y sus anécdotas.

Helen y Martin: gracias por confiarme a Judgy Dog; Judgy Dog, gracias por mantener mis pies calentitos mientras escribía.

Los miembros de mi familia política merecen que les dé unas gracias enormes, pero no solo por todas las veces que tuvieron que cuidar a los niños de improviso y por todas las comidas calentitas que prepararon mientras yo escribía este libro, sino por estar ahí siempre a lo largo de los años y apoyarme y rescatarme de mis diversas crisis.

Y por encima de todo, por supuesto, a mi pirado de la tecnología y a mis adorados muñequitos: gracias por las tazas de té y las copas de vino y por aguantarme.

Y, por último (pero no por ello menos importante), gracias a Claire Scott por dar comienzo a todo esto un día con un comentario casual.